本书为教育部后期资助项目（项目编号：20JHQ060）申报成果，本书出版得到浙江省自然科学基金项目（项目编号：LY20G010010）、浙江理工大学人文社科科研繁荣计划（项目编号：19096066-Y）和浙江理工大学科研启动基金（项目编号：14092102-Y）支持

计量模型中的加总偏误理论与实证研究

JILIANG MOXING ZHONG DE
JIAZONGPIANWU LILUN YU SHIZHENG YANJIU

覃琼霞 著

中国财经出版传媒集团
经济科学出版社
Economic Science Press
· 北京 ·

图书在版编目（CIP）数据

计量模型中的加总偏误理论与实证研究/覃琼霞著
. --北京：经济科学出版社，2023.12
ISBN 978-7-5218-1215-2

Ⅰ.①计… Ⅱ.①覃… Ⅲ.①计量经济模型-参数估计-研究 Ⅳ.①F224.0

中国版本图书馆 CIP 数据核字（2020）第 021810 号

责任编辑：王柳松
责任校对：王苗苗
责任印制：邱 天

计量模型中的加总偏误理论与实证研究
覃琼霞 著
经济科学出版社出版、发行 新华书店经销
社址：北京市海淀区阜成路甲 28 号 邮编：100142
总编部电话：010-88191217 发行部电话：010-88191522
网址：www.esp.com.cn
电子邮箱：esp@esp.com.cn
天猫网店：经济科学出版社旗舰店
网址：http://jjkxcbs.tmall.com
固安华明印业有限公司印装
710×1000 16 开 13.5 印张 210000 字
2023 年 12 月第 1 版 2023 年 12 月第 1 次印刷
ISBN 978-7-5218-1215-2 定价：58.00 元
（图书出现印装问题，本社负责调换。电话：010-88191545）

序　言

初识覃琼霞老师，是在2016年11月我应邀去浙江理工大学作学术报告时，覃琼霞老师全程细致入微的陪同与照顾给我留下了深刻的印象。三天的深入了解与交流，让我了解到覃琼霞老师对学术的不懈追求与持之以恒的努力，更惊叹于她在数量经济理论、技术经济理论方面的研究深度与研究成果。后来，她多次来北京学习都会看望我，和我深入交流她的研究近况。我曾一度考虑收她为我的博士后，但因各种原因未能如愿。作为中国老一代技术经济学家及数量经济学家，我对她能够潜心地进行数量经济及其技术方法研究感到无比骄傲。看到她拿着这本已经成文的《计量模型中的加总偏误理论与实证研究》书稿让我作序，我深感责任重大。她研究的主题计量模型中的加总偏误问题，是我们做经济政策效应分析时不可忽视却又常常被忽视的重要问题，我觉得其研究意义非常重大。如何科学地解决计量模型中的加总偏误问题，是长期以来国际数量经济学界一直关注的重大理论问题，它关系到基于加总数据的计量经济学模型分析的科学性和准确性。特别是在强调数据信息和数据信息质量是发展基础性资源的数字经济时代，正视政策效应测度中的加总偏误问题，也是提升政府经济政策调控精准度、科学评估经济政策效应的根本前提。

本书以计量模型加总偏误为研究对象，基于加总形式、偏误类型和加总统计特性，在理论上创新性地探究了计量模型加总偏误的两类内生性成因（细分数据模型内生性和加总过程内生性）及其本质、提出了基于逐步分类加总（classified aggregation）、分层检验法（stratified test）

和有限剔除法（limited elimination）基础上的工具变量（instrumental variable）的校正方法（简称 Castle-IV）。这突破了国际学术界将加总偏误归因于模型个体异质性、多重共线性和模型误设等原因，以及采用方差比较和拟合优度来检验加总偏误的局限性。本书的研究成果具有十分重要的学术创新性和较高的理论价值与应用价值，而且作者已有多篇论文成果发表在《数量经济技术经济研究》等重要期刊上，也表明该研究已得到学术界的认可与肯定。我很高兴为她的著作作序，希望她能再接再厉，在今后的科研道路上更上一层楼！

李京文

2021 年 1 月

前 言

如何科学地解决计量模型中的加总偏误问题，是长期以来国际数量经济学界一直关注的重大理论问题，它关系到基于加总数据的计量经济学模型分析的科学性和准确性。计量分析是经济理论与政策制定的重要工具，广泛应用于经济研究的各个领域。而以加总偏误为代表的参数测度偏误严重影响了计量分析的准确性，进而削弱了计量分析的科学应用价值（Yellen，2016）。正视计量分析中的加总偏误问题，加快推进加总偏误问题的研究，是重振总量数据分析在经济实证研究中基础性地位的迫切需要，也是提升政府经济政策调控精准度、科学评估经济政策效应的根本前提。从理论研究的基本逻辑来看，加总偏误研究要解决的是什么是加总偏误？什么原因导致了加总偏误？如何识别、检验与校正加总偏误？这是三个相互依存的基本问题。既有文献对于什么是加总偏误给出了较为详尽的解答（Pesaran et al.，1989），但至今对于什么原因导致了加总偏误，如何识别、检验与校正加总偏误仍缺乏系统研究。

加总偏误的理论研究始于泰尔（Theil，1954），泰尔在微观数据加总偏误方面做出了开创性的研究，提出了加总偏误的均值标准。泽尔纳（Zellner，1960）提出了加总偏误的等值标准，并将研究推向深入。帕瑟瑞，皮尔斯和库马尔（Pesaran，Pierse and Kumar，1989）提出了完美加总标准，使加总偏误的理论研究进一步深化。然而，对于加总偏误的三个核心问题仍然缺乏有效、系统的研究：一是加总偏误产生的原因；二是加总偏误的识别方法与检验方法；三是加总偏误的校正问题。据笔者对现有文献的检索来看，现有文献对第一个问题和第二个问题有初步的研究，但是不够深入。首先，在加总偏误产生的原因上，现有文献指出，细分数据模型中的个体异质性、自变量多重共线性、误差项相关以及模型误设等因素是产生加总偏误的主要原因（Grunfeld and Griliches，1960；Pesaran et al.，1989；Barker and Pesaran，1990；Timmermann，2006；Yan，2010）。但是，上述研究始终未提及计量模型内生性对加总偏误的影响；其次，在加总偏误的识别方法与检验方法的研究中，现有文献大多采用方差比较检验和拟合优度检验，并未有效地利用参数无偏估计的基准检验方法（Pesaran et al.，1989；Lee et al.，1990；Byrne et al.，2007）；最后，对于加总偏误的校正问题，既有文献并未作正面回应，而是倾向于选择回避总量数据模型，选择微观数据或其他替代方法实施计量分析，进而存在总量分析被忽视和边缘化的威胁（Yellen，2016；袁志刚和高虹，2016）。上述三个问题的研究不足，直接导致了加总偏误理论研究停滞不前，以及应用于经济政策实践较易出现偏差。因此，剖析加总偏误成因、提出加总偏误识别与检验的有效方法、创新加总偏误校正方法，是应对加总偏误理论研究与实证研究困境的关键，也正是本书致力于研究的主要内容。

本书基于加总形式、偏误类型和相关加总统计特性，在对既有文献中的加总偏误成因进行总结的基础上，深入挖掘加总偏误的内生性本质，构建加总偏误的内生性分类结构，据此提出有针对性的加总偏误识别方案、检验方案与校正方案。具体包括：基于内生性分类特征的加总偏误有效识别方法与检验方法构建及其数值模拟与实证检验；基于加总偏误有效识别与检验的 Castle-IV 校正方法的理论研究与实证研究。

本书的理论意义在于，挖掘了计量模型加总偏误的细分数据模型内生性和加总过程内生性两类本质成因，这有助于正确理解加总偏误成因和打破加总偏误理论研究停滞不前的困局，并为打开计量模型加总偏误的破解之门找到了一把宝贵的钥匙。在方法论层面上，本书基于加总偏误的两类内生性因素，进一步创新性地提出了逐步分类加总（classified aggregation）和分层检验（stratified test）的方法对计量模型中的加总偏误进行识别与检验，体现了加总偏误识别与检验层面上的重要方法创新。另外，在加总校正方法研究中，本书再一次创新性地提出了针对内生性细分数据模型回归量有限剔除法（limited elimination）以及基于有限剔除法基础上的工具变量校正方法（Castle-IV）校正加总偏误，体现了加总偏误校正研究的重要方法论创新。在实践意义上，本书提出的计量模型加总偏误识别、检验与校正的创新性方法将显著提高计量分析的准确性，为政府经济政策调控的有效性和精准度保驾护航，为科学评估经济政策效应提供了有效的工具。

本书作为计量经济学理论与方法论研究的专著，所涉及的数据都是为研究主题中的加总偏误问题进行检验与佐证的。其中，加总偏误问题主要涉及国别维度、产品类别维度上的加总过程，而时序特征维度不参与加总过程，进而不影响加总偏误的识别与检验。因此，与其他有关实证问题的研究范式不同，本书中的时序样本并不存在因时效性而影响本书的核心观点、相关假说与研究主题的有效性与稳健性的问题。

覃琼霞

2022 年 10 月

目　录

第1章

导　论

1.1　研究背景与研究意义

计量分析是经济理论与政策制定的重要桥梁，广泛应用于经济研究的各个领域，而以加总偏误为代表的总量模型参数测度偏误严重削弱了计量分析的准确性，进而弱化了计量分析的科学应用价值。因此，正视计量分析中的加总偏误问题，加快推进加总偏误问题的研究，是提升计量分析有效性和科学性，重振总量数据分析在经济实证研究中基础性地位的迫切需要。面对世界经济的不确定性以及中国经济进入新常态，计量分析的准确性将是提升政府的经济政策调控精准度、科学评估经济政策效应的根本前提。因此，从理论和实证两个层面开展计量模型中的加总偏误识别与校正问题研究，具有重要的理论意义与现实意义。

加总偏误在计量分析中普遍存在，萨缪尔森（Samuelson，1948）的“合成谬误”、里昂惕夫（Trefler，1995）的“贸易消失之谜”等著名现象，都是加总偏误的具体表现。近年来，大量实证研究发现，加总偏误问题广泛存在于通货膨胀（Byrne and Fiess，2010；Karadi and Reiff，2010）、货币需求（Fujiki and Hsiao，2013）、物价指数（黄新飞等，2014）、购买力平价与汇率（Imbs et al.，2005；Chen and Engel，2005；Byrne et al.，2007）、国际贸易（Feenstra and Hanson，2000）、证券指数

（Abraham，2005）等领域。加总偏误也常与选择偏误、同步偏误等内生性因素混杂在一起，进而增加了识别与检验的难度（余淼杰，2014）。

加总偏误的理论研究始于泰尔（1954）。泰尔（1954）在微观数据加总偏误方面做出了开创性的研究，提出了加总偏误的均值标准。泽尔纳（1960）提出了加总偏误的等值标准，将研究推向深入。帕瑟瑞、皮尔斯和库马尔（Pesaran，Pierse and Kumar，1989）提出了“完美加总”标准，使加总偏误的理论研究进一步深化。然而，对于加总偏误的以下三个核心问题，仍然缺乏有效和系统的研究：其一是加总偏误产生的原因；其二是加总偏误的识别方法与检验方法；其三是加总偏误的校正问题。据笔者对既有文献的检索来看，既有文献对加总偏误产生的原因和加总偏误的识别方法与检验方法有初步研究，但是不够深入、系统。在加总偏误产生的原因上，既有文献认为，细分数据模型中的个体异质性、自变量多重共线性、误差项相关以及模型误设等因素是加总偏误产生的主要原因（Grunfeld and Griliches，1960；Pesaran et al.，1989；Barker and Pesaran，1990；Timmermann，2006；Yan，2010）。但是，上述研究始终未提及计量模型内生性对加总偏误的影响。在加总偏误识别方法与检验方法的研究中，既有文献大多采用方差比较检验和拟合优度检验，并没有有效地利用参数无偏估计的基准检验方法（Pesaran et al.，1989；Lee et al.，1990；Byrne et al.，2007）。对于加总偏误的校正问题，既有文献并没有作正面回应，而是倾向于选择回避总量数据模型，选择微观数据或其他替代方法实施计量分析，进而存在总量分析被忽视及边缘化的现象（Yellen，2016；袁志刚和高虹，2016）。上述三个问题的研究不足，直接导致了加总偏误理论研究停滞不前。因此，剖析加总偏误成因、提出加总偏误识别与检验的有效方法、创新加总偏误的校正方法，是应对加总偏误理论与实证研究困境的关键内容，也正是本书致力于研究的主要内容。

因此，本书以加总数据模型为例，基于加总形式、加总偏误类型和加总统计特性，纠正既有文献中有关加总偏误成因和加总偏误识别与检验的片面处理方法，通过深入挖掘计量模型加总偏误的内生性本质，构建加总偏误的内生性分类特征，提出对症下药式的“治疗”加总偏误的校正方法。研究的核心内容包括，加总偏误的内生性本质成因剖析，基于内生性分类特征上的加总偏误有效识别方法与检验方法构建、数值模拟检验与实证检验，以及基于加总偏误有效识别与有效检验基础之上的加总偏误校正方法的理论分析与实证研究。

本书研究的理论意义在于，挖掘了计量模型加总偏误的细分数据模型内生性和加总过程内生性两类本质成因，这为正确理解加总偏误成因，打破加总偏误理论研究停滞不前的困局，打开计量模型加总偏误的破解之门找到了一把宝贵的钥匙。在方法论层面上，本书基于加总偏误的两类内生性因素，进一步创新性地提出了逐步分类加总（classified aggregation）方法和分层检验（stratified test）方法，对计量模型中的加总偏误进行识别与检验，体现了加总偏误识别层面与检验层面上的重要方法创新。另外，在上述识别与检验基础上的加总校正方法研究中，本书再次创新性地提出了针对内生性细分数据模型回归量有限剔除法（limited elimination）以及基于有限剔除的代理变量基础上的工具变量（instrumental variable）校正方法（Castle-IV）校正加总偏误，体现了加总偏误校正研究的重要方法论创新。在实践意义上，本书提出的计量模型加总偏误识别、检验与校正的创新性方法，将显著提高计量分析的准确性，为政府经济政策调控的有效性和精准度保驾护航，为科学评估经济政策效应提供有效的工具。

1.2 研究思路与主要研究内容

从理论研究的基本逻辑来看，计量模型加总偏误研究要解决的是三个相互依存的基本问题，即什么是加总偏误，什么原因导致了加总偏误，以及如何识别、检验与校正加总偏误。既有研究对于什么是加总偏误给出了较为详尽的解答（Pesaran et al.，1989）。但是，对于什么原因导致了加总偏误，如何识别、检验与校正加总偏误则缺乏系统的研究。既有研究对加总偏误成因本质上并未完全挖掘，异质性、误差项相关以及模型误设等因素只是说明了加总偏误的局部表面成因，而内生性才是加总偏误的根本症结，也是有效处理加总偏误问题的根本前提。因此，既要与上述研究逻辑相一致，又要有效地解决加总偏误理论研究的缺陷，应当将加总偏误成因作为加总偏误问题研究的一个有效切入点。

本书从加总偏误成因研究出发，探究加总偏误的两类内生性本质，通过理论分析、数值模拟和实证研究等方法，逐一证实细分数据模型内生性和加总过程内生性是产生加总偏误的两类根本性原因。在此基础上，分别沿着细分数据模型内生性和加总过程内生性两条路径设计、构建加总偏误的有效识别与检验方法，并运用数值模拟与实证研究对创新性的识别与检验方法进行研究。最后，在基于加总偏误有效识别方法与检验方法的基础上，设计加总偏误校正方法，并进行相应的理论研究与实证研究。因此，本书将按照以下主要内容和研究思路展开。

1.2.1 计量模型加总偏误的基本事实：存在性与表现形式

在挖掘加总偏误成因之前，对加总偏误的基本事实进行详尽刻画。首先，对加总偏误的研究文献进行综述。关注线性加总数据模型中的三类简单加总形式，即单边加总、部分加总和完全加总，在加总数据结构研究的基础上，针对不同的加总形式分析加总偏误的具体表现类型；其次，分析加总偏误的理论基础——加总数据模型与细分数据模型无偏估计特性的理论与数值模拟分析；最后，在此基础上，开展加总偏误的经验事实分析，研究加总偏误在理论与现实中的客观存在性及其基本表现形式。

1.2.2 加总偏误的本质研究

通过计量模型加总偏误的存在性研究，对加总偏误的内生性因素进行系统分析，提出细分数据模型内生性和加总过程内生性两类产生加总偏误的本质原因。主要内容包括两点。一是从加总数据的基本类型出发，依据无偏性条件研究发现，细分数据模型的内生性与加总过程中的内生性是产生加总偏误的根本原因，进而指出了解决内生性的一般性思路。在加总偏误的统计特性检验方面，先通过构建瓦尔德（Wald）统计量进行无偏性检验分析，接着，通过方差分析得出了方差最小性的条件，并对加总数据模型和细分数据模型的拟合优度进行了比较研究。该分析有助于认识加总偏误的本质，进一步推动线性计量模型加总偏误问题的研究。二是对加总数据模型中的各类变量进行设定和有效控制，运用数值模拟方法分析加总数据计量模型中的加总偏误存在性及内生性对加总偏误的影响，为加总偏误问题的研究提供一个理想且有效的实验方法。数值模拟分析过程将加总数据模型区分为三类简单加总形式、回归量随机性特征以及两类内生性因素分别进行。

1.2.3 加总偏误的识别方法与检验方法研究

研究加总偏误的识别方法与检验方法，基于加总偏误内生性的本质研究，提出加总偏误识别与检验的具体方法。一是针对细分数据模型内生性导致的加总偏误，运用一般性的识别方法与检验方法，进行理论研究与经验研究。在加总偏误的统计特性检验方面，构建 Wald 统计量进行无偏性检验分析，运用中日茶叶贸易细分数据模型与加总数据模型对因细分数据模型内生性导致的加总偏误进行实证分析。二是提出逐步分类加总与分层检验的创新性方法，对加总过程中的加总偏误进行识别与检验。首先，对逐步分类加总与分层检验方法进行理论分析，对该方法的有效性与适用性进行理论论证；其次，采用数值模拟方法生成细分数据结构与加总数据结构，并采用逐步分类方法与分层检验方法，对数值模拟过程中的加总偏误存在性、存在节点进行检验；最后，基于逐步分类加总方法与分层检验方法，运用美国、加拿大与欧盟五国①大豆贸易的经验数据，依据加总的一般形式对欧盟转基因政策贸易效应研究中的加总偏误问题进行分路径、分步骤的识别与检验，考察加总偏误的存在性及其来源，有效地诊断加总过程内生性的存在路径与存在节点。

1.2.4 加总偏误的校正方法研究

研究加总偏误的校正方法，基于识别与检验基础之上，对计量模型

---

① 中国与欧盟进行大豆贸易额的前五位国家为：德国、法国、英国、意大利和荷兰。

中的加总偏误问题进行校正。首先，是校正方法的理论研究；其次，是加总偏误校正的实证研究。在理论研究中，提出了加总偏误校正的前置性方法和创新性校正方法。其中，前置性方法，即内生性细分数据模型回归量有限剔除法（limited elimination）。有限剔除法是实施加总偏误有效校正的基本前提，该方法是基于逐步分类加总（classified aggregation）和分层检验而实施的内生性细分数据模型回归量的有限剔除。首先，通过逐步分类加总方法和分层检验方法识别加总过程内生性存在的节点，并运用多重逐步分类加总方法和分层检验方法逐步锁定内生性存在的节点，继而对相应的内生性细分数据模型回归量进行精确剔除。若加总模型中存在多个导致加总偏误的内生性节点，则需要重复上述有限剔除步骤，进而将内生性细分数据模型的回归量进行逐一剔除。其次，运用基于内生性细分数据模型回归量有限剔除法的工具变量法（Castle-IV）进行校正。Castle-IV 方法的加总偏误校正方法包括两个步骤。第一步，通过前置性的有限剔除法将内生性细分数据模型的回归量进行精确剔除，并将这一剔除了内生性细分数据模型回归量的加总数据模型的新回归量设计为原加总数据模型回归量的 IV 变量，进而运用 IV 变量进行加总数据模型的参数估计与校正。针对 IV 变量中的多重性特征，当回归方程存在过度识别时，基于加总偏误校正的前置性方法基础之上的 Castle-IV 方法可以获得有效估计量。第二步，实证研究，运用美国、加拿大与欧盟五国大豆贸易的经验数据，采用 Castle-IV 方法进行加总偏误的校正实证，并考察加总效果。

1.3　研究方法与技术路线

主要研究方法包括数理理论建模、定量分析、数值模拟等。

（1）利用矩方法构建加总偏误研究基准模型。利用回归量与扰动项正交的矩方法，构建加总数据模型和细分数据模型无偏性结构的基准方程。在此基础上，分析了细分数据模型参数估计偏误的内生性来源和加总数据模型参数估计偏误的内生性来源，进而为挖掘加总偏误的两类内生性因素提供有效的分析方法。

（2）构建逐步分类加总与分层检验方法识别加总偏误。在给定细分数据和加总数据的前提下，基于细分数据加总维度上的类别特征，将原本由细分数据到总量数据的一次性加总过程细化为分步骤、分类别的逐步分类加总过程。加总步骤的离散性和稀疏性，需要运用多重逐步分类加总方法，即按照多个加总过程进行多次逐步分类加总，进而从不同的加总过程考察加总过程中的内生性，精确捕捉加总偏误的存在节点。基于逐步分类加总方法，构建对应的分层加总数据模型，利用分层加总数据模型和细分数据模型的估计参数构建距离函数，并选择有效的统计量进行显著性检验，以此识别每一步加总过程中加总偏误的存在性与存在节点。

（3）设计 Castle-IV 方法对加总偏误进行校正。在实施了多重逐步分类加总与分层检验之后，加总数据模型中加总偏误存在的节点及相关的细分数据模型回归量被精确地锁定并进行有限剔除。运用有限剔除法得到的局部加总数据回归量，设计加总数据回归量的 Castle-IV 方法进行加总数据模型参数的检验与估计。

（4）利用蒙特卡洛数值模拟方法对加总偏误的识别、检验和校正方法进行研究。为检验上述理论和方法的合理性与有效性，本书将在样本分布可控的理想状态下，以数据结构为主线，兼顾不同加总形式进行数值模拟。分析考察数据模型中加总过程的内生性特征，证明逐步分类加总方法、分层检验方法和 Castle-IV 方法等在各类数据模型结构中对加总偏误识别、检验与校正的有效性。

（5）利用计量实证方法对加总偏误的识别、检验和校正问题进行研究。实证研究主要涉及两个方面：一是数据的选择；二是对现实问题的分析。本书在扩充样本容量的基础上，运用中日茶叶贸易数据、以美国和加拿大为核心的北美自由贸易协定集团（NAFTA）和欧盟五国之间的花生贸易面板数据，并以美国和加拿大为核心的北美自由贸易协定集团和欧盟五国的大豆贸易时间序列数据进行相关实证研究。运用相应的加总数据与细分数据对模型中的加总偏误问题进行逐步分类加总与分层检验，并设计工具变量（Castle-IV 方法）进行加总数据模型参数估计的校正。本书将通过“理论建模—数值模拟—实证检验—理论修正”的逻辑循环，有效地解决这一加总偏误难题。

本书的研究逻辑结构与技术路线，如图 1.1 所示。

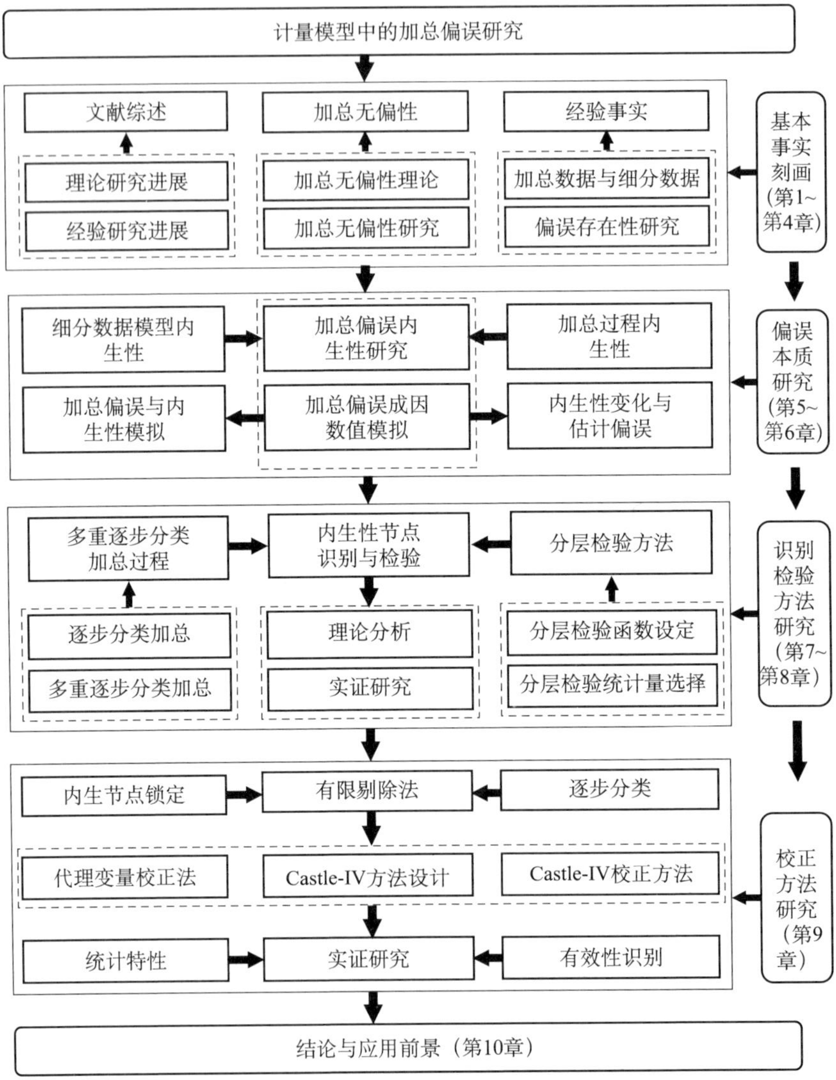

图 1.1　本书的研究逻辑结构与技术路线

资料来源：笔者绘制。

1.4 主要创新点

本书从计量模型加总偏误存在的根本原因、加总偏误的识别方法与检验方法以及加总偏误校正方法三方面，研究计量模型加总偏误问题。本书涵盖了理论分析、数值模拟和经验分析等研究手段，对深入认识加总偏误成因、寻找加总偏误解决之道以及提升经济政策分析准确性做出了边际贡献。本书可能的创新之处主要有以下三点。

（1）在理论贡献上，运用理论分析和数值模拟方法解释了加总偏误的根本原因，为理解加总偏误的本质，判断和剖析计量模型加总偏误提供了新的方法和分析框架，进而打开了一扇通往加总偏误识别方法、检验方法与校正方法研究的大门，为进一步推动经济数据分析的准确性提供了技术支持。

（2）在研究方法上，本书创新性地提出了逐步分类加总方法和分层检验方法来识别加总过程内生性，提出了作为加总偏误校正前置性方法的有限剔除法以及基于有限剔除法的工具变量（Castle-IV）方法，体现了加总偏误问题研究中的重要方法论创新。

（3）在实践价值上，本书将有效地提高计量模型分析的准确性，规避由细分数据模型与加总数据模型加总偏误问题带来的政策偏差，从而显著地提升政府的经济政策调控精准度，并为评估经济政策效应提供有效的科学工具。

第2章

文献综述

为了获取对计量模型中加总偏误问题的准确把握，本章将按递进的逻辑结构，从最基本的加总形式出发，依次对加总偏误类型、加总偏误成因、加总偏误检验方法、加总偏误校正方法以及相应的加总偏误经验研究现状方面，展开对中外文文献研究现状及发展动态的综述。

2.1 加总形式

加总偏误问题的研究，应当始于数据的加总形式。经济管理领域的实证研究，离不开数据选择与数据处理。数据选择的首要问题，是如何正确选择数据类型。基本的数据类型包括加总数据和细分数据。其中，加总数据都是通过某种形式由微观数据加总而成的。事实上，各种类型的数据大多有细分数据与加总数据之分，贸易数据有详尽的分类结构。如，按照联合国商品贸易数据库 HS 编码，可以分为 HS 2 位码数据、HS 4 位码数据、HS 6 位码数据甚至 HS 8 位码数据。国内生产总值（GDP）也可区分为国家加总数据，省（区、市）、地区的细分数据。金融数据也存在年度加总数据、季度细分数据及月度细分数据。在证券市场，大量交易数据可以由高频数据或者甚高频数据加总而成。依据既有文献的数据处理方式，数据的加总处理一般采用简单加总、算术加总、几何加总及连续加总形式。统计学告诉我们，越原始的数据拥有的信息量越充足，一旦将数据加以处理，就可能发生信息扭曲、信息损失等问题。因此，在金融学研究中，高频数据和甚高频数据越来越受到研究者的欢迎。在传统的国际贸易领域研究框架下，加总数据运用较为频繁，但是，随着新新贸易理论的发展，微观层面的经济行为和细分数据开始直接进入经验研究，极大地拓展了国际贸易理论的研究视角。

2.1.1 简单加总①

在经济理论与经验研究中，简单加总是最常见的加总形式，其基本公式为：

$$Y = \sum_{i-1}^{m} y_i \tag{2.1}$$

在式（2.1）中，y_i 为细分数据，Y 为加总数据。在国际贸易数据处理中，HS 协调目录下 HS 2 位码商品数据就是由 HS 4 位码商品数据简单加总而成的，HS 4 位码商品数据是由 HS 6 位码商品数据简单加总而成的。鲍晓华和朱钟棣（2006）采用简单加总形式下的 HS 2 位码商品数据和 HS 4 位码商品数据进行了计量分析。覃琼霞等（2010）对中日茶叶贸易效用的测度分析中，也采用了加总方法对茶叶贸易数据从 HS 6 位码商品数据加总成 HS 4 位码商品数据。

2.1.2 算术加总

算术加总是通过一个权重系数 γ_i 对细分数据进行加总，进而得到新的加总形式。算术加总是一种线性加总形式，也是简单加总的一般形式：

$$Y = \sum_{i-1}^{m} \gamma_i y_i \tag{2.2}$$

显然，由式（2.2）容易得到，当 $\gamma_i = 1$ 时，算术加总退化为简单加总形式。算术加总常用于经济指数表述，如价格指数、物价指数、股票价格指数、出口指数等。艾姆贝斯等（Imbs et al.，2005）、陈和恩格尔（Chen and Engel，2004）对算术加总结构下的购买力平价（PPP）

① 对于简单加总形式，后文还将依据计量分析模型，进一步分为三种形式。

汇率进行分析，剖析加总偏误理论在“购买力平价之谜”（the PPP puzzle）问题上的解释能力。

2.1.3 几何加总

几何加总表现为细分数据的乘积形式，如式（2.3）所示。

$$Y = \prod_{i=1}^{m} y_i^{\gamma_i} \tag{2.3}$$

在宏观经济研究中，很多文献对宏观经济变量也常采用对数变量形式。这类对数变量形式，实质上就是几何加总的逆过程。如进一步对式（2.3）两边取自然对数，容易得到：

$$\ln Y = \sum_{i}^{m} \gamma_i \ln y_i \tag{2.4}$$

式（2.4）转化成算术加总形式。在宏观经济增长理论和宏观经济波动理论中，总量生产函数多采用上述几何加总形式（Romer，2014）。进一步地，将式（2.4）转化成动态形式，并对时间求导，容易得到相应的变化率的线性加总形式。另外，在国际贸易的贸易效应研究中，相关宏观引力模型的大量文献，均采用式（2.4）的自然对数形式（Moenius，2006；鲍晓华，2010，2011）。

2.1.4 复合加总

事实上，算术加总是简单加总的一般形式，几何加总又可以转化为算术加总形式。更重要的是，复合加总又是简单加总、算术加总和几何加总的最一般形式。其中，复合加总的形式，见式（2.5）。

$$Y = [\gamma_i (y_i)^{\rho} + \gamma_j (y_j)^{\rho}]^{\frac{1}{\rho}} \tag{2.5}$$

阿西莫格鲁（Acemoglu，2002，2003）描述总产出水平、价格和总消费量时采用的加总形式，即 $\gamma_i = \gamma_j = 1$ 时的复合加总结构。相应的总产出水平的加总形式为：

$$Y = [(y_i)^{\rho} + (y_j)^{\rho}]^{\frac{1}{\rho}} \tag{2.6}$$

在式（2.6）中，价格的单位化加总形式为：

$$1 = [(p_i)^{\rho} + (p_j)^{\rho}]^{\frac{1}{\rho}} \tag{2.7}$$

在式（2.7）中，总消费的加总形式为：

$$C = [(c_i)^{\rho} + (c_j)^{\rho}]^{\frac{1}{\rho}} \tag{2.8}$$

容易得到，当 $\rho = 1$ 时，式（2.5）的复合加总形式转化为算术加总形式；当 $\rho = 0$ 时，式（2.5）的复合加总形式转化为几何加总形式。

2.1.5 连续加总

另外，在经济管理研究中很多变量具有连续性特征。连续性变量的积分加总形式，称为连续加总。宏观经济中的新增长理论的部分关键变量常采用连续加总形式。如宏观经济增长理论中的基准模型——拉姆齐—卡斯—库普曼斯（Ramsey-Cass-Koopmans）模型（Romer，2002）中消费者的效用函数，采用时间意义上的连续加总形式：

$$U = \int_0^{\infty} u(t)e^{(n-\rho)t}dt \tag{2.9}$$

罗默（Romer，1990）内生增长理论中的生产要素加总，也采用连续加总形式：

$$K = \int_0^{A} k(i)di \tag{2.10}$$

在经验研究中，投资收益经常采用连续加总形式。

2.2 加总偏误类型

加总偏误类型的界定，是加总偏误理论研究的重要环节。计量模型加总偏误，来源于细分数据模型与加总数据模型的参数估计偏误。依照既有文献来看，计量模型中的加总偏误，可以界定为均值偏误、等值偏误和完美加总偏误三大类型。

2.2.1 均值偏误

泰尔（1954）最早提出了均值偏误，其将加总偏误定义为总量数据模型参数与细分数据模型参数均值之差。这一均值偏误类型，适用于简单加总过程的偏误测度（Garrett，2003）。李等（Lee et al.，1990）

运用均值偏误类型，构建加总偏误的检验方法。均值偏误的基本公式，见式（2.11）。

$$AD = \beta - \frac{1}{m}\sum_{i=1}^{m}\beta_i \tag{2.11}$$

在实证研究过程中，艾姆贝斯等（2005）运用均值偏误的测度方法对购买力平价（PPP）之谜进行了分析，其考察的加总偏误类型，由加总层面的 PPP 汇率和均值层面的国别细分数据汇率的差值构成，相关的基本公式见式（2.12）。

$$AD_{ij} = q_t - \frac{1}{N}\sum_{i=1}^{N}q_{i,t} \tag{2.12}$$

此外，伊斯卡拉（Isiklar，2004）采用式（2.11）的均值偏误测度方法，研究预期加总偏误。伯恩和菲斯（Byrne and Fiess，2010）在分析欧盟内的国家层面的通货膨胀率与欧盟加总层面的通货膨胀率之间的收敛性时，也采用了最简单的均值偏误测度方法。均值偏误是检验加总偏误的基本形式。但是，均值偏误类型因为均值特征掩盖了部分细分数据模型参数差异性带来的偏差问题，所以，属于弱偏误类型。

2.2.2 等值偏误

在均值偏误的基础上，泽尔纳（1962）进一步提出了等值偏误。相比均值偏误，等值偏误采用更加严格的细分数据模型各参数之间的偏差来定义加总偏误。等值偏误关注每个细分数据模型的参数估计值之间的偏差，属于强偏误类型。泽尔纳（1962）经典的等值偏误模型为：

$$AD_{ij} = \beta_i - \beta_j \tag{2.13}$$

在相应的实证研究中，福兰特（Franta，2008）在研究时间加总偏误问题时，采用季度失业率和跨季度失业率之差，构建时间维度上的加总偏误测度类型。艾姆贝斯等（2011）运用等值偏误思想对欧盟内的国家层面加总通货膨胀率的收敛性以及部门层面的细分数据通货膨胀率的收敛性进行了研究。国家层面的通货膨胀率偏误采用式（2.14）：

$$AD_{ij} = \pi_{it} - \pi_{jt} \tag{2.14}$$

在式（2.14）中，π_{it}为 i 国 t 期的通货膨胀率，π_{jt}为 j 国 t 期的通

货膨胀率。另外，国别部门层面的细分数据通货膨胀率偏误定义为：

$$AD_{ikj} = \pi_{ikt} - \pi_{jkt} \tag{2.15}$$

在式（2.15）中，π_{ikt}为i国k部门t期的通货膨胀率，π_{jkt}为j国k部门t期的通货膨胀率。在测度时间加总偏误时，罗德美尔（Nordmeier，2012）采用连续劳动转换率与离散劳动转换率之间的差值来定义工人流动率测度中的加总偏误。

$$\delta_t^i = i_t - \bar{i}_t \tag{2.16}$$

在式（2.16）中，δ_t^i为偏误程度，i_t为连续劳动转换率，$\bar{i}_t$为离散劳动转换率。

2.2.3 完美加总偏误

第三种加总偏误类型，是帕瑟瑞等（Pesaran et al.，1989）采用总量数据模型参数推导出的完美加总（perfect aggregation）偏误。完美加总偏误已被证明是泰尔（1954）均值偏误和泽尔纳（1962）等值偏误的一般化形式（覃琼霞，2011）。事实上，完美加总偏误也已成为加总偏误研究中的主流类型（Forni et al.，2001；Barkbu et al.，2005；Kim，2010；Casasnovas and Aldanondo，2014）。经典的完美加总偏误形式，见式（2.17）。

$$AD = \sum_{i=1}^{m} x\beta_i - \sum_{i=1}^{m} x_i\beta_i \tag{2.17}$$

艾姆贝斯等（Imbs et al.，2005）在实证研究中运用完美加总偏误类型进行了经验研究，构建了相应的固定效应面板数据计量模型，见式（2.18）。

$$q_{i,j,t} = \alpha_{i,j} + \sum_{p=1}^{P} \lambda_p q_{i,j,t-p} + \varepsilon_{i,j,t} \tag{2.18}$$

罗伯逊等（Robertson et al.，2009）沿用艾姆贝斯等（2005）的式（2.18）对墨西哥的购买力平价测度中的加总偏误进行了研究。蒙特福特（Monteforte，2004）运用完美加总偏误类型研究加总偏误问题，该文献将加总数据模型和细分数据模型参数估计的加总偏误定义为式（2.19）：

$$\hat{e}_{at} = \sum_{i=1}^{m} (v'_{it}\hat{\beta}_i + \hat{e}_{it}) \tag{2.19}$$

依据上文表述，加总偏误类型，见表 2.1。

表 2.1　　加总偏误类型

序号	加总偏误类型	检验一般形式	代表性文献
1	均值偏误	$\beta = \frac{1}{m}\sum_{i=1}^{m}\beta_i$	泰尔（Theil，1954）
2	等值偏误	$\beta = \beta_1 = \cdots = \beta_m$	泽纳尔（Zellner，1962）
3	完美加总偏误	$\sum_{i=1}^{m} x_i\beta_i = \sum_{i=1}^{m} x_i\beta$	帕瑟瑞等（Pesaran et al.，1989）

资料来源：笔者编制。

2.3 加总偏误成因研究

加总偏误成因是探究加总偏误问题的关键。是什么导致了加总偏误？目前，存在以下四种观点。

第一种观点，是细分数据模型自变量相关性导致了加总偏误。格伦菲尔德和格里利谢斯（Grunfeld and Griliches，1960）指出，是细分数据模型中的自变量相关性导致了加总偏误。事实上，细分数据模型中的自变量相关性并不影响细分数据模型参数的测度偏误。同样地，在加总数据模型中，细分数据模型中的自变量相关性会引起加总数据模型中的自变量相关性，但是，这一相关性强度只会减少，不会增强，这一相关性也不会影响加总偏误。加总过程只要不产生完全共线性，由高斯—马尔科夫定理可知，参数估计仍然是无偏的。覃琼霞等（2011）指出，加总过程可能会减弱而不是增加多重共线性。因此，格伦菲尔德和格里利谢斯（1960）的细分数据模型自变量相关性的观点并不成立。

第二种观点，是细分数据间的个体异质性导致了加总偏误。巴克和帕瑟瑞（Barker and Pesaran，1990）指出，细分数据间的个体异质性导致了加总偏误。从等值偏误类型的角度进行考察，上述观点确实可能引起细分数据模型参数估计之间的差异性，并与加总数据模型参数估计值也存在偏误。但是，从均值偏误类型和完美加总偏误类型角度来看，个体异质性并不一定引起加总偏误。艾伦比和罗西（Allenby and Rossi，1991）运用线性对数模型研究发现，个体异质性与加总偏误不存在必然联系，异质性只会通过异方差形式，影响参数估计的方差及拟合优度。覃琼霞等（2011）也支持艾伦比和罗西（1991）的观点。

第三种观点，是细分数据模型误差项相关性导致加总偏误。蒂默曼（Timmermann，2006）提出细分数据模型之间的误差项相关性会导致加总偏误。事实上，细分数据模型的误差项进入加总数据模型之后，误差项相关性会改变方差协方差矩阵以及拟合优度的大小，进而影响参数估计的有效性。而误差项相关本身不会影响细分数据模型的内生性问题或加总数据模型的内生性问题，因此，加总数据模型参数估计依然是无偏的（覃琼霞等，2011）。

第四种观点，是细分数据模型中的参数估计偏误导致了加总偏误。帕瑟瑞等（1989）和严（Yan，2010）指出，细分数据模型中的参数估计偏误直接导致了加总偏误。细分数据模型中的参数估计偏误，确实会引起加总偏误。但是，细分数据模型参数估计偏误的成因是什么？不深入、有效地挖掘这一成因，就不能有力地解释加总偏误，特别是在加总过程中出现偏误相互抵消的情形时，加总偏误程度还会变弱（Grunfeld and Griliches，1960）。因此，在此类情形下，先要处理的是如何进一步挖掘细分数据模型参数估计偏误的原因，并构建有效的细分数据模型（覃琼霞等，2011）。

加总偏误成因研究，见表2.2。

表2.2　　加总偏误成因研究

加总偏误成因解释	支持文献	反对文献
1. 细分数据模型中的自变量相关性	格伦菲尔德和格里利谢斯（1960）	覃琼霞等（2011）
2. 数据间的个体异质性	巴克和帕瑟瑞（1990）；格瑞特（Garrett，2003）；伯纳德等（Bernard et al.，2009）	艾伦比和罗西（1991） 覃琼霞等（2011）

续表

加总偏误成因解释	支持文献	反对文献
3. 细分数据模型之间的误差项相关	蒂默曼（2006）	覃琼霞等（2011）
4. 细分数据模型中的偏误直接导致加总偏误	帕瑟瑞等（1989）；严（2010）	格伦菲尔德和格里利谢斯（1960）；覃琼霞等（2011）

资料来源：笔者根据相关文献整理而得。

但是，上述加总偏误的成因解释并不准确、全面，或部分解释了加总偏误的成因，或未挖掘出加总偏误的真正成因。

2.4 加总偏误检验方法分析

基于加总偏误类型界定基础之上，加总偏误的检验方法研究是识别与解决加总偏误的前提之一。在参数检验的总体方法论指引下，加总偏误检验基于加总偏误类型结构，构建相应的统计量并实施参数检验。相应的检验方法主要包括，在时序数据加总偏误中的单位根检验、基于偏误程度的瓦尔德（Wald）检验、杜宾—豪斯曼（Durbin-Hausman）检验以及 F 统计量检验和 T^2 统计量检验。

2.4.1 单位根检验

单位根检验是基于加总偏误测度基础上的偏误显著性检验和收敛性检验。伯恩等（2007）运用单位根检验方法，研究英国通货膨胀加总数据中的内生趋势问题。伯恩和菲斯（2010）运用一阶面板单位根检验方法对国别层面的加总通货膨胀率和国别部门层面的细分数据通货膨胀率的差异性和收敛性进行检验，发现国别层面的加总通货膨胀率呈现发散趋势，而国别部门层面的细分数据通货膨胀率呈现收敛趋势。该文献研究发现，加总数据导致了非收敛特性，进而证实了加总偏误的存在性。因此，单位根检验更多地应用于时序加总数据，相关的通货膨胀偏误检验统计量为：

$$Z_{IPS}=\frac{\sqrt{N}\left[\bar{\tau}-E(\tau_i)\right]}{\sqrt{Var(\tau_i)}} \tag{2.20}$$

另外，伯恩和菲斯（2010）还采用了极大似然估计（LM）统计量检验通货膨胀的收敛性特征：

$$\ln L=\sum_{i=1}^{N}\left(\frac{-T}{2}\ln 2\ pi\sigma_i^2-\frac{1}{2\sigma_i^2}SSE_i\right) \tag{2.21}$$

2.4.2 瓦尔德（Wald）统计量

瓦尔德（Wald）检验是参数估计无偏性问题的基本方法。加总偏误检验最常见的方法，应当是构建基于加总偏误距离函数的瓦尔德（Wald）检验。帕瑟瑞等（1989）提出了一个基于完美加总偏误类型的加总偏误检验方法，即通过完美加总偏误类型构建一个加总数据模型参数估计值与实际值存在差异性的瓦尔德（Wald）统计量。相应的假设条件为：

$$\varepsilon=\sum_{i=1}^{m}x_i\beta_i-x_a b=0 \tag{2.22}$$

令差距 ε 服从标准正态分布，进一步构建服从卡方分布的一般化的瓦尔德（Wald）统计量，见式（2.23）。

$$Wald=\varepsilon'\Omega^{-1}(x)\varepsilon \tag{2.23}$$

李等（1990）基于均值偏误和等值偏误分别构建了加总偏误检验的瓦尔德（Wald）统计量。其中，均值偏误结构下的加总偏误瓦尔德（Wald）统计量为：

$$q^*=\left[g(b)-\frac{1}{m}\sum_{i=1}^{m}g(\hat{\beta}_i)\right]'\hat{\Omega}_n^{-1}\left[g(b)-\frac{1}{m}\sum_{i=1}^{m}g(\hat{\beta}_i)\right] \tag{2.24}$$

在式（2.24）中：

$$\hat{\Omega}_n=\frac{1}{m^2}\sum_{i,j=1}^{m}\hat{G}_i Cov(\beta_i,\beta_j)\hat{G}_j' \tag{2.25}$$

在等值偏误结构下，相应的加总偏误瓦尔德（Wald）统计量为：

$$q^*=[g(b)-h(\hat{\beta})]'\hat{\Omega}_n^{-1}[g(b)-h(\hat{\beta})] \tag{2.26}$$

覃琼霞等（2011）沿用了帕瑟瑞等（1989）的方法，从完美加总形式出发，构建了相应的瓦尔德（Wald）统计量。

$$W = \chi^2(J) = d'(var[d])^{-1}d = (Rb - q)'[\sigma^2 R(x'x)^{-1}R']^{-1}(Rb - q) \tag{2.27}$$

$R\beta = q$ 形式为：

$$\left(x_1 x_2 \cdots x_m \quad -\sum_{i=1}^{m} x_i\right)\begin{pmatrix}\beta_1\\ \beta_2\\ \vdots\\ \beta_m\\ \beta\end{pmatrix} = 0 \tag{2.28}$$

在实证研究方面，骏（Jun，2011）在分析韩国进口牛肉需求时，运用瓦尔德（Wald）统计量检验了国家层面和产品层面的加总偏误存在性。

2.4.3 杜宾—豪斯曼（Durbin-Hausman）检验

杜宾—豪斯曼（Durbin-Hausman）检验，是基于 Wald 统计量的扩展。基于此，李等（1990）进一步采用杜宾—豪斯曼（Durbin-Hausman）方法，检验细分数据模型误设引起的加总偏误。定义加总数据模型参数的一致估计量为$\hat{b}$，$\hat{C}_i$ 为 $C_i = \sum_{aa}^{-1}\sum_{ai}$，i = 1，2，…，m 的一致估计：

$$\hat{\eta}_s = \hat{b} - \sum_{i=1}^{m} \hat{C}_i \hat{\beta}_i \tag{2.29}$$

若使用最小二乘估计法$\hat{C}_i = (X_a'X_a)^{-1}X_a'X_a$，式（2.29）改写为：

$$\hat{\eta}_s = (X_a'X_a)^{-1}X'e_d \tag{2.30}$$

在式（2.30）中：

$$e_d = \sum_{i=1}^{m} M_i y_i \tag{2.31}$$

2.4.4 F 统计量和 T^2 统计量

覃琼霞等（2011）在三类加总形式之上，构建了带约束的 F 统计量检验加总偏误及其成因。

$$F=\frac{(Rb-q)'[s^2R(x'x)^{-1}R']^{-1}(Rb-q)}{J} \tag{2.32}$$

相类似地，在宋玉华等（2011）的实证研究中，也选择运用误差项形式的F统计量：

$$F=\frac{(e^{*}{}'e^{*}-e'e)/J}{e'e/(n-k)} \tag{2.33}$$

以及相应的T^2检验统计量：

$$T^2=(\sum \mu_t)'S_*^{-1}(\sum \mu_i) \tag{2.34}$$

在上述检验方法中，单位根检验只是探究加总数据模型中的一类内生性因素——时间趋势问题；其他四类检验方法则是基于计量模型自变量外生性的假设前提下进行的一阶矩估计，实质上都与F检验相类似。但是，针对细分数据与加总数据的F检验只能判断加总偏误的存在性，还可能存在因诸类内生性因素导致的假设检验识别不足问题。加总偏误检验方法，见表2.3。即便如此，上述方法也无法识别加总数据模型中产生加总偏误的具体节点。本书将结合逐步分类加总方法和分层检验方法实施加总偏误的识别与检验，不仅可以检验加总偏误的存在性，还可以识别加总偏误的存在节点，进而为加总偏误问题的解决提供有效的途径。

表2.3 加总偏误检验方法

序号	加总偏误检验方法	分布形式	代表性文献
1	Wald 统计量	χ^2 分布	帕瑟瑞等（Pesaran et al.，1989）
2	Durbin-Hausman 方法	F 分布	李等（Lee et al.，1990）
3	单位根检验	DF 分布	伯恩等（Byrne et al.，2007）
4	带约束的F检验	F 分布	覃琼霞等（2011）
5	T^2 统计量	近似 t 分布	宋玉华等（2011）

资料来源：笔者根据相关文献整理而得。

2.5 加总偏误校正方法研究

加总偏误校正是解决加总偏误问题的根本途径，但是，相关研究却是当前的薄弱环节。既有文献在处理加总偏误时，存在四条基本路径。

一是退守到细分数据模型分析框架，运用细分数据进行宏观问题研究，进而试图回避加总偏误问题（Stocker，1993；Tenn，2006；Lai and Bessier，2010）。加总数据模型存在加总偏误时，一个自然的反应便是利用微观数据进行分析。藤（Tenn，2006）指出，采用加总数据估计需求会产生加总偏误，而采用消费者微观层面数据进行需求估计可以避免这一问题。斯托克（Stocker，1993）提出了三种加总偏误校正办法，其中一种方法是采用个体经济微观数据进行校正。莱和贝茜尔（Lai and Bessier，2010）选择采用细分数据模型进行消费者需求测度。但是，无论从现实的数据统计体系还是经济理论上，都无法回避加总数据。

二是在加总变量和数据基础上做部分调整以减弱加总偏误。这一方法不放弃加总数据，利用新的数据或方法对加总数据模型进行修正或校正。斯托克（1993）运用对数均值变量作为非线性加总数据模型中加总偏误的校正方法。林登和瑞（Linden and Ray，2017）利用1970～2010年148个国家（地区）的生命期望值和单位资本GDP数据，研究健康与收入关系分析中的加总偏误校正方法。运用詹森不等式构建非线性加总数据模型回归量代理变量以校正加总偏误，见式（2.35）。

$$\sum_{i=1}^{N} f(x_i) = f\left(\sum_{i=1}^{N} x_i - \theta\right) \tag{2.35}$$

霍尔沃森和拉森（Halvorsen and Larsen，2008）讨论的加总偏误多来自个体异质性效应和时间异质性效应，因此，该文献在校正总量数据模型参数时，运用个体效应参数和时间效应参数进行调整。事实上，斯托克（1993）与林登和瑞（2017）所指的加总偏误，是由加总数据模型误设导致的估计偏误，这一问题只需在传统的模型误设框架内加以修正即可。在实践中，并非所有加总变量都存在理想的代理变量（黄新飞，2014）。

三是由斯托克（1993）提出的结合加总数据和细分数据的分析框架。斯托克（1993）指出，可以将加总数据和细分数据结合起来建模分析。该文献将加总需求按照个体异质性的需求和时序层面上的个体异质性收入水平进行加总，进而规避了使用平均个体需求和平均收入水平实施加总时产生的加总偏误，相应的总需求函数刻画为：

$$\bar{y}_t = b_0(p_t)p_{0t}\bar{M}_{0t} + b_1(p_t)(1-p_{0t})\bar{M}_{1t} \tag{2.36}$$

在式（2.36）中，$\bar{y}_t$ 为总需求，$b_0(p_t)$ 为个体需求，p_{0t} 为个体价格，$\bar{M}_{0t}$ 为个体时间维度上的加总收入。

四是由覃琼霞（2015）提出的基于有限剔除法的代理变量法，即采用由内生性细分数据模型回归量有限剔除法后的加总数据作为代理变量进行参数估计。该方法构建了一个有限剔除法后的回归量作为原有回归量的代理变量对加总数据模型进行参数估计，但是，代理变量方法的固有局限性导致其估计结果的有偏和不一致。因此，用另一种估计偏误应对加总偏误，并不是最有效的方法。将上述加总偏误校正方法进行总结，见表2.4。

表2.4　加总偏误校正方法

序号	加总偏误校正方法	代表性文献
1	细分数据模型代替	藤（2006）
2	加总数据调整方法	斯托克（1993）；林登和瑞（2017）
3	宏观、微观结合方法	斯托克（1993）
4	有限剔除法	覃琼霞（2015）

资料来源：笔者根据相关文献整理而得。

2.6　加总偏误的经验研究

在加总偏误的经验研究方面，既有文献表现出两大新趋势：一是采用的数据类型趋于多样化。许多文献采用截面数据、时间序列数据或面板数据，考察宏观金融和国际贸易等领域计量分析中加总偏误的存在性（Forni et al.，2001；Giacomini and Granger，2004；Barkbu et al.，2005；Franta，2008；Kim，2010；Jun；2011；Giray，2014；Casasnovas and Aldanondo，2014；Abhishek et al.，2015；Aftab et al.，2017）。另一些文献则进一步拓展加总形式，对简单加总、算术加总到各类综合指数的测算与计量中的加总偏误问题进行了探索性研究（Lettau，1998；Saisana and Tarantola，2002；Chen and Engel，2004；Imbs et al.，2005；Hoffman et al.，2008；余淼杰，2014）。

帕瑟瑞和皮尔斯（Pesaran and Pierse，1990）采用瓦尔德（Wald）统计量，检验了英国劳动力市场的面板数据加总时产生的偏误。埃斯瓦尔（Eswar，1995）分析了同质性劳动加总数据在经济周期中产生的加总偏误问题，并进一步研究了异质性消费者对经济周期中加总偏误的减弱效应。勒褟（Lettau，1998）运用雇用成本指数和雇员补偿成本指数研究经济周期中的个体劳动补偿和平均劳动补偿之间的加总偏误，发现这种加总偏误是反经济周期的。帕瑟瑞、皮尔韦和库马尔（Pesaran，Pierwe and Kumar，1990）运用英国劳工数据研究发现，细分数据比加总数据更有效，假设检验拒绝了完美加总的有效性假定。

艾姆贝斯等（2002）和陈（2004）将加总偏误与购买力平价之谜联系起来。艾姆贝斯等（2002）通过经验研究发现，加总偏误可以在很大程度上解释购买力平价之谜。而陈（2004）指出，测量误差、小样本偏误等问题使得时间序列具有不一致性，而剔除这类因素之后，加总偏误对购买力平价之谜解释能力很弱。艾姆贝斯（2005）指出，艾姆贝斯等（2002）的研究不存在陈（2004）所说的测量误差和小样本偏误问题，但是，加总偏误对购买力平价之谜解释能力依然很弱。

芬斯特拉和汉森（Feenstra and Hanson，2000）将加总偏误问题引入国际贸易研究。芬斯特拉和汉森（2000）通过美国 HS 2 位码海关商品目录和 HS 4 位码海关商品目录进行加总研究发现，两者之间存在显著的加总偏误，但是，该文献并没有进一步指出产生加总偏误的原因。该文献第一次将加总偏误问题引入国际贸易研究领域，试图运用加总偏误解释里昂惕夫（1953）提出的“贸易迷失”之谜，其基本分析结构如下：

$$AT_i - \overline{AT}_i = \begin{bmatrix} \sum_{m=1}^{M} Cov[(T_{ij}/Y_{ij}), a_{1j}] \sum_{j \in J_m} Y_{ij} \\ \sum_{m=1}^{M} Cov[(T_{ij}/Y_{ij}), a_{2j}] \sum_{j \in J_m} Y_{ij} \\ \sum_{m=1}^{M} Cov[(T_{ij}/Y_{ij}), a_{Kj}] \sum_{j \in J_m} Y_{ij} \end{bmatrix} \tag{2.37}$$

在式（2.37）中，加总数据的贸易要素为 AT_i，细分数据的贸易要

素为 $\overline{AT}_i$，Y_{ij}为总产出水平，a_{kj}为第 j 产业单位产出的要素 k 的投入量。从式（2.37）中可以看出，加总数据的贸易要素 AT_i 与细分数据的贸易要素 $\overline{AT}_i$ 之间的差额，主要由 $\sum_{m=1}^{M} Cov[(T_{ij}/Y_{ij}), a_{kj}]$ 决定。因此：

$$AT_i = \overline{AT}_i, \text{当} \sum_{m=1}^{M} Cov[(T_{ij}/Y_{ij}), a_{kj}] = 0 \quad (2.38)$$

$$AT_i \neq \overline{AT}_i, \text{当} \sum_{m=1}^{M} Cov[(T_{ij}/Y_{ij}), a_{kj}] \neq 0 \quad (2.39)$$

考虑到 $\sum_{m=1}^{M} Cov[(T_{ij}/Y_{ij}), a_{kj}] = 0$ 的问题，芬斯特拉和汉森（2000）构建了一个简单线性关系。

$$(T_{ij}/Y_{ij}) = \alpha_{km} + \beta_{km} a_{kj} \quad (2.40)$$

由此判断，加总数据的贸易要素 AT_i 与细分数据的贸易要素 $\overline{AT}_i$ 是否相等，只要检验参数 β_{km}是否为零。在经验研究中，芬斯特拉和汉森（2000）采用美国 HS 2 位码海关商品目录和 HS 4 位码海关商品目录研究发现，AT_i 与 $\overline{AT}_i$ 之间存在显著的加总偏误。

显然，上述大部分实证研究文献采用各类加总偏误识别方法与检验方法探究了加总偏误的存在性，但是依然存在两个缺陷：一是即便发现了加总偏误的存在性，也无法确定加总偏误的存在节点，进而约束了加总偏误的解决进程；二是没有深入、系统地探讨加总偏误的有效校正问题，而是倾向于采用相关的细分数据或代理变量等方法加以处理。事实上，正面回避了加总偏误的有效校正问题。

第3章

加总数据模型无偏估计理论研究

加总数据模型的无偏估计理论研究，是全书的理论分析起点。本章对加总数据模型的最小方差无偏性特征进行理论研究。理论研究的逻辑起点是经典的高斯—马尔科夫定理，并将其拓展到加总数据模型层面，以分析加总模型参数线性无偏估计的具体形式；探讨加总数据模型最优线性无偏估计与细分数据模型最优线性无偏估计之间的关系；依据误差项正态性假定，证明加总模型中的最优线性无偏估计量达到克莱姆—劳（Cramer-Rao）下界，以此说明，该估计量不仅是线性最优无偏估计量，而且是所有形式加总模型的最优无偏估计量。

尽管已有文献在加总偏误原因解释和加总有效性检验方面做了较为深入的研究，但仍存在三点不足。一是文献对于线性加总数据模型的加总类型没有依据事实进行科学分类，而这是计量模型加总偏误研究的起点；二是没有深入挖掘加总偏误最本质的原因，所提出的加总偏误原因只是从异方差、多重共线性、细分数据模型误设等方面考虑，这一研究现状直接导致加总偏误研究偏离正确的方向；三是现有文献并未系统地从加总无偏性角度和有效性角度对加总偏误进行分析，仅侧重于方差最小性和拟合优度的研究（Barke and Resaran，1990）。因此，本书分析的逻辑起点是加总类型及其无偏性特征，从无偏性特征推导出加总偏误的本质原因，进而通过方差和拟合优度分析检验加总的有效性。通过上述分析，以期形成较为系统的加总偏误本质及其检验方法的研究框架，进而为经验研究提供更扎实的理论基础。

本章将以线性加总数据模型为例，从加总无偏性条件入手分析加总类型、偏误原因和加总统计特性，纠正已有文献中有关加总偏误的片面处理方法，以期形成更为系统的加总偏误理论，促进对加总偏误更深入的理解与研究。

3.1　加总类型

研究加总偏误首要探讨的问题，是产生加总偏误的原因。既有相关文献指出，异方差性、自变量多重共线性、误差相关性、细分数据模型误设等因素，是导致加总偏误的原因。然而，上述因素并不是产生加总偏误的根本原因。因此，本章力图从加总偏误的另一面——加总无偏性去考察加总偏误产生的原因。先介绍简单加总的三种类型：变量 y 加总，自变量 x 不加总；变量 y 加总，自变量 x 部分加总；变量 y 加总，自变量 x 全部加总。在第 2 章中，已经介绍了加总形式，提出了简单加总、算术加总、几何加总、复合加总和连续加总五种加总形式。本章将关注加总计量模型中常用的简单加总的具体加总类型。

不妨考虑一个总量线性方程：

$$y = x\beta + \varepsilon \tag{3.1}$$

假设 x 与 y 是随机向量，y 是 $n\times1$ 矩阵，x 是 $n\times k$ 矩阵，β 是 $k\times1$ 的向量，ε 是 $n\times1$ 的向量。x 与 y 都存在细分数据 y_i 和 x_i：

细分数据的线性方程：

$$y_i = x_i\beta_i + \varepsilon_i \tag{3.2}$$

在式（3.2）中，$i=1, 2, \cdots, n$，y_i 是 $n\times1$ 矩阵，x_i 是 $n\times k$ 矩阵，β_i 是 $k\times1$ 的向量，ε_i 是 $n\times1$ 的向量。

假设细分数据式（3.2）满足高斯—马尔科夫经典假定。①

① 若细分数据模型不满足高斯—马尔科夫经典假定，则细分数据模型参数的 OLS 估计是有偏或无效的。

3.1.1 y 加总，x 不加总

假设 $y = \sum_{i=1}^{m} y_i$，$x = x_i$，称之为 y 加总，x 不加总形式。此时的回归参数估计为：

$$b = (x'x)^{-1}x'y = (x'x)^{-1}x'(x\sum_{i=1}^{m}\beta_i + \sum_{i=1}^{m}\varepsilon_i) = \sum_{i=1}^{m}\beta_i + (x'x)^{-1}x'\sum_{i=1}^{m}\varepsilon_i \tag{3.3}$$

假设细分数据式（3.2）满足高斯—马尔科夫经典假定，则：

$$E(x'\sum_{i=1}^{m}\varepsilon_i) = 0 \tag{3.4}$$

由此，第一种加总类型中的 b 无偏估计量为 $\sum_{i=1}^{m}\beta_i$。

3.1.2 y 加总，x 部分加总

假设 $x_i = x_{i1} + x_{i2}$，令 $x^* = x_{11} + x_{21} + \cdots + x_{m1}$，$x\hat{} = [x_{12} \quad x_{22} \quad \cdots \quad x_{m2}]$，$i = 1, 2, \cdots, m$，$y_i$ 是 $n \times 1$ 矩阵，x_i 是 $n \times k$ 矩阵，β_i 是 $k \times 1$ 的向量。

x 和 y 的加总形式分别为：

$$x = [x^* \quad x\hat{}],\ y = \sum_{i=1}^{m} y_i \tag{3.5}$$

式（3.5）的加总形式为 y 加总，x 部分加总。

在此种情形下，加总数据模型变为：

$$y = x\beta + \varepsilon = [x^* \quad x\hat{}]\beta + \varepsilon \tag{3.6}$$

此时，回归参数估计方程为：

$$b = (x'x)^{-1}x'[(x_{11} + x_{12})\beta_1 + (x_{21} + x_{22})\beta_2 + \cdots + (x_{m1} + x_{m2})\beta_m + \varepsilon] \tag{3.7}$$

假设细分数据式（3.2）满足高斯—马尔科夫经典假定，则：

$$E(x_{ij}'\varepsilon_i) = 0,\ i = 1, 2, \cdots, m,\ j = 1, 2 \tag{3.8}$$

因此，须满足：

$$E(\sum_{i=1}^{m} x'_{i1} \sum_{i=1}^{m} \varepsilon_i) = 0 \tag{3.9}$$

和：

$$E(x'_{i2} \sum_{i=1}^{m} \varepsilon_i) = 0 \tag{3.10}$$

此时，b 的无偏估计量条件为：

$$\sum_{i=1}^{m} x_i \beta_i = x\beta \tag{3.11}$$

3.1.3　y 加总，x 全部加总

考虑总量线性方程式（3.1），同时存在细分数据 y_i 和细分数据 x_i，满足加总条件：

$$y = \sum_{i=1}^{m} y_i,\ x = \sum_{i=1}^{m} x_i \tag{3.12}$$

式（3.12）为 y 加总，x 加总类型。那么，加总数据模型式（3.7）参数的最小二乘估计量为：

$$\begin{aligned} b &= (x'x)^{-1}x'y = (x'x)^{-1}(x')(\sum_{i=1}^{m} x_i\beta_i + \sum_{i=1}^{m} \varepsilon_i) \\ &= (x'x)^{-1}(x')\sum_{i=1}^{m} x_i\beta_i + \sum_{i=1}^{m}(x'x)^{-1}(x')\varepsilon_i \end{aligned} \tag{3.13}$$

则：

$$E(b) = E\{(x'x)^{-1}(x)'(\sum_{i=1}^{m} x_i\beta_i) + (x'x)^{-1}(\sum_{i=1}^{m} x'_i)(\sum_{i=1}^{m} \varepsilon'_i)\} \tag{3.14}$$

另外，假设细分数据方程满足无偏一致性假定，则：

$$E(x'_i\varepsilon_i) = 0 \tag{3.15}$$

式（3.14）变为：

$$E(b) = \{(x'x)^{-1}x'(\sum_{i=1}^{m} x_i\beta_i) + (x'x)^{-1}\sum_{i\neq j} E(x'_i\varepsilon_j)\} \tag{3.16}$$

那么，要使 E（b）＝β 无偏估计的条件为：

$$\sum_{i=1}^{m} x_i\beta_i = \sum_{i=1}^{m} x_i\beta \tag{3.17}$$

$$\sum_{i \neq j} E(x_i' \varepsilon_j) = 0 \tag{3.18}$$

式（3.17）是帕瑟瑞、皮尔斯和库马尔（Pesaran，Pierse and Kumar，1989）提出的完美加总的形式，可以得到它的两种特殊形式。

$$\beta = \frac{1}{m}\sum_{i=1}^{m} \beta_i \tag{3.19}$$

$$\beta = \beta_1 = \cdots = \beta_m \tag{3.20}$$

式（3.19）是均值参数标准的具体形式，式（3.20）是等值参数标准的具体形式。

另外，条件式（3.18）包含一种特殊情形：

$$E(x_i' \varepsilon_j) = 0 \tag{3.21}$$

即，x_i 与 ε_j 独立。

但是，在一般意义上，式（3.18）的解释为 x_i 与 ε_j 的协方差之和恰好为零。这意味着，x_i 与 ε_j 可以不独立。这是一个比既有文献更弱的条件。

更为重要的，前两类加总形式中的无偏性条件式（3.4）和无偏性条件式（3.11），均为第三类无偏性条件式（3.17）的特殊形式。

3.2 加总无偏性特征

既有文献对加总数据模型的加总形式、偏误形式和检验方法进行了较为深入的研究，指出了加总数据模型参数无偏性的外生性条件。但是，上述文献并没有将外生性条件和无偏性分析纳入统一的分析框架内。本章拟在覃琼霞等（2011）关于线性计量模型中的三类加总形式基础之上，探讨不同类型加总数据模型参数无偏估计量的表现形式，并证明其满足扩展的高斯—马尔科夫定理，进而将加总数据模型参数无偏性分析回归到主流分析框架之中。下面，在三类加总形式上，分别从加总数据模型满足高斯—马尔科夫定理表现出的不同形式来考察加总偏误特征。

因此，考虑一个总量线性方程：

$$y = x\beta + \varepsilon \tag{3.22}$$

y是$n\times1$的随机向量，x是$n\times k$矩阵，β是$k\times1$的向量，ε是$n\times1$的向量。x与y都存在细分数据x_i的细分数据y_i。

细分数据的线性方程为：

$$y_i = x_i\beta_i + \varepsilon_i \tag{3.23}$$

在式（3.23）中，$i=1, 2, \cdots, n$，y_i也是$n\times1$随机向量，x_i是$n\times k$矩阵，β_i是$k\times1$的向量，ε_i是$n\times1$的向量。

依据覃琼霞等（2011）给出的三类细分数据的加总形式，先分析第一类加总形式。

3.2.1 y加总，x不加总

假设$y=\sum_{i=1}^{m}y_i$，$x=x_i$，称之为第一类加总形式。

在此情形下，给出如下定理：

定理3.1 在y加总，x不加总的形式中，线性加总数据模型回归参数β的最小方差线性无偏估计量为b，其中，b又是细分数据模型中$\sum_{i=1}^{m}\beta_i$的最小方差线性无偏估计量。

证明：（1）无偏性证明

①证明线性加总数据模型回归参数β的无偏估计量为b。

此类证明方法等同于细分数据模型的无偏估计量证明：

$$b = (x'x)^{-1}x'y = (x'x)^{-1}x'(x\beta+\varepsilon) = \beta + (x'x)^{-1}x'\varepsilon \tag{3.24}$$

$$E(b) = \beta + (x'x)^{-1}E(x'\varepsilon) \tag{3.25}$$

当$x\perp\varepsilon$时，

$$E(b) = \beta \tag{3.26}$$

因此，线性加总数据模型回归参数β的最小方差线性无偏估计量为b。

②证明b是细分数据模型中的$\sum_{i=1}^{m}\beta_i$的无偏估计量。

因为，

$$y = \sum_{i=1}^{m}y_i \tag{3.27}$$

$$b = (x'x)^{-1}x'y = (x'x)^{-1}x'\left(x\sum_{i=1}^{m}\beta_i + \sum_{i=1}^{m}\varepsilon_i\right)$$

$$= \sum_{i=1}^{m} \beta_i + (x'x)^{-1}x'\sum_{i=1}^{m} \varepsilon_i \tag{3.28}$$

当

$$E(x'\sum_{i=1}^{m} \varepsilon_i) = 0 \text{ 时} \tag{3.29}$$

$$E(b) = \sum_{i=1}^{m} \beta_i \tag{3.30}$$

所以，线性加总数据模型回归参数 β 的最小方差线性无偏估计量为 $\sum_{i=1}^{m} \beta_i$。

式（3.29）比哈亚希（Hayashi，2000）提出的严格外生性条件要弱。哈亚希（2000）提出的严格外生性条件指出，回归量x 必须与每一个 ε_i 独立，即 E（$x'\varepsilon_i$）=0。而式（3.29）只要求回归量 x 与 ε_i 之和独立。因为在求和过程中可能出现误差项相互抵消的情形，所以，式（3.29）比严格外生性条件更弱。

（2）方差最小性证明

①证明线性加总数据模型回归参数 β 的最小方差无偏估计量为 b。

此类方差最小性证明，等同于细分数据模型最小方差的证明方法。

先假定 b 为无偏估计量，考虑存在另一个无偏估计量 $\tilde{b}$，$\tilde{b} = Cy = (D + A)y$，其中，C 为 n×k 的矩阵，$A = (x'x)^{-1}x'$。

$$\tilde{b} = Dy + Ay = D(x\beta + \varepsilon) + Ay = Dx\beta + D\varepsilon + b \tag{3.31}$$

则：

$$E(\tilde{b}|x) = Dx\beta + E(D\varepsilon|x) + E(b|x) \tag{3.32}$$

因为 b 和 $\tilde{b}$ 均为无偏估计量，所以：

$$Dx\beta + E(D\varepsilon|x) = 0,\ E(\tilde{b}|x) = E(b|x) \tag{3.33}$$

又因为 $E(D\varepsilon|x) = DE(\varepsilon|x) = 0$，所以：

$$Dx\beta = 0 \tag{3.34}$$

于是：

$$\tilde{b} = D\varepsilon + b \tag{3.35}$$

$$\tilde{b} - \beta = D\varepsilon + (b - \beta) = (D + A)\varepsilon \tag{3.36}$$

依据方差分解公式：

$$var(\tilde{b}) = E_x[var(\tilde{b}|x)] + var_x[E(b|x)] \tag{3.37}$$

因为，$var_x[E(b|x)]=0$，所以：

$$\begin{aligned} var(\tilde{b}) &= E_x[var(\tilde{b}|x)] \\ &= E_x[var(\tilde{b}-\beta)|x] \\ &= E_x[var((D+A)\varepsilon|x)] \\ &= E_x[(D+A)var(\varepsilon|x)(D+A)'] \\ &= \sigma^2(DD'+AD'+DA'+AA') \end{aligned} \tag{3.38}$$

因为 $DA'=AD'=0$，所以：

$$\begin{aligned} var(\tilde{b}) &= \sigma^2(DD'+AA') \\ &= \sigma^2[DD'+(xx')^{-1}] \geqslant var(b) \end{aligned} \tag{3.39}$$

综上所述，线性加总数据模型回归参数 β 的最小方差无偏估计量为 b。

②证明 b 是细分数据模型的最小方差线性无偏估计量。

证明：

$$\begin{aligned} var(b|x) &= E[(b-\sum_{i=1}^{m}\beta)(b-\sum_{i=1}^{m}\beta)'|x] \\ &= E[\varepsilon\varepsilon'|x](x'x)^{-1} \\ &= E[\sum_{i=1}^{m}\varepsilon_i\sum_{i=1}^{m}\varepsilon_i'|x](x'x)^{-1} \\ &= \Omega(x'x)^{-1} \end{aligned} \tag{3.40}$$

同时，存在另一个无偏估计量 $\tilde{b}$，使得 $\tilde{b}=C\sum_{i=1}^{m}y_i=(D+A)\sum_{i=1}^{m}y$，其中，C 为满足 $n\times k$ 的矩阵，$A=(x'x)^{-1}x'$；

$$\begin{aligned} var(\tilde{b}) &= \sigma^2(DD'+AA') \\ &= \Omega[DD'+(xx')^{-1}] \geqslant var(b) \end{aligned} \tag{3.41}$$

3.2.2　y 加总，x 部分加总

假设 $x_i=x_i^*+x_i^{\wedge}$，令 $x^*=x_1^*+x_2^*+\cdots+x_m^*$，$x^{\wedge}=[x_1^{\wedge}\ x_2^{\wedge}\cdots x_m^{\wedge}]$，$i=1,2,\cdots,m$，$y_i$ 是 $n\times1$ 矩阵，x_i 是 $n\times k$ 矩阵，β_i 是 $k\times1$ 的向量。

x 的加总形式和 y 的加总形式分别为：

$$x=[x^*\quad x^{\wedge}],\ y=\sum_{i=1}^{m}y_i \tag{3.42}$$

式（3.42）为第二类加总形式。对于第二类加总形式中的加总数据模型的参数估计，给出如下定理：

定理 3.2 在第二类加总形式中，即在 y 加总，x 部分加总形式中，线性加总数据模型中 β 的最小方差线性无偏估计量是 b；同时，细分数据模型中 $\sum_{i=1}^{n} x_i \beta_i$ 的最小方差线性无偏估计量是 xb。

证明：无偏性证明

①证明线性加总数据模型中 β 的最小方差线性无偏估计量是 b。

此证明方法与定理 3.1 的第一类无偏性证明相似。

回归参数估计方程为：

$$b = (x'x)^{-1}x'y = (x'x)^{-1}x'\left[(x^* x^\wedge)\begin{pmatrix}\beta^* \\ \beta^\wedge\end{pmatrix} + \varepsilon\right]$$

$$= (x'x)^{-1}x'[(x^*\beta^* + x^\wedge\beta^\wedge) + \varepsilon] \tag{3.43}$$

$$E(b) = (x'x)^{-1}x'(x^*\beta^* + x^\wedge\beta^\wedge) = (x'x)^{-1}x'x\beta = \beta \tag{3.44}$$

②证明线性细分数据模型中 $\sum_{i=1}^{n} x_i \beta_i$ 的最小方差线性无偏估计量是 xb。

$$b = (x'x)^{-1}x'y = (x'x)^{-1}x'\sum_{i=1}^{m} y_i = (x'x)^{-1}x'\left[\sum_{i=1}^{m} x_i^* \beta_i^* + x^\wedge \sum_{i=1}^{m} \beta_i^\wedge + \sum_{i=1}^{m} \varepsilon_i\right]$$

$$= (x'x)^{-1}x'\left[\sum_{i=1}^{m} x_i^* \beta_i^* + x^\wedge \sum_{i=1}^{m} \beta_i^\wedge\right] + (x'x)^{-1}x'\sum_{i=1}^{m} \varepsilon_i \tag{3.45}$$

当 $x'\sum_{i=1}^{m} \varepsilon_i = 0$ 时，

$$E(b \mid x) = (x'x)^{-1}x'\sum_{i=1}^{n} (x_i^* \beta_i^* + x^\wedge \beta^\wedge{}_i) \mid x$$

$$= (x'x)^{-1}x'\sum_{i=1}^{n} (x_i^* x^\wedge)\begin{pmatrix}\beta_i^* \\ \beta_i^\wedge\end{pmatrix} \mid x$$

$$= (x'x)^{-1}x'\sum_{i=1}^{n} (x_i^* x^\wedge)\begin{pmatrix}\beta_i^* \\ \beta_i^\wedge\end{pmatrix} \mid x$$

$$= (x'x)^{-1}x'\sum_{i=1}^{n} (x_i \beta_i) \mid x \tag{3.46}$$

式（3.46）两边同时左乘以 $(xx')^{-1}x(x'x)$，得到：

$$E(xb \mid x) = \sum_{i=1}^{n} x_i \beta_i \mid x \tag{3.47}$$

$$E(xb) = E_x[E(xb \mid x)] = \sum_{i=1}^{n} x_i \beta_i \tag{3.48}$$

因此，线性加总数据模型中 $\sum_{i=1}^{n} x_i \beta_i$ 的最小方差线性无偏估计量是 xb。

3.2.3　y 加总，x 全部加总

考虑总量线性方程（3.1），同时存在细分数据 x_i 和细分数据 y_i，满足如下加总条件：

$$y = \sum_{i=1}^{m} y_i,\quad x = \sum_{i=1}^{m} x_i \tag{3.49}$$

对于此类加总形式中的参数估计，给出如下定理：

定理3.3　古典线性加总数据模型中参数 β 的最小方差线性无偏估计量是 b，同时，细分数据模型中参数估计的线性组合 $\sum_{i=1}^{m} x_i b_i$ 是线性组合 $\sum_{i=1}^{m} x_i \beta_i$ 的最小方差线性无偏估计量。

定理3.3 的前半部分“古典线性加总数据模型中 β 的最小方差线性无偏估计量是 b”，证明略；定理 3.3 的后半部分“细分数据模型 $\sum_{i=1}^{m} x_i b_i$ 是 $\sum_{i=1}^{m} x_i \beta_i$ 的最小方差线性无偏估计量”，证明如下：

从细分数据模型角度看：

$$E(x_i b_i \mid x_i) = (x_i \beta_i) \mid x_i \tag{3.50}$$

进而得到：

$$E\left(\sum_{i=1}^{m} x_i b_i \mid x_i\right) = \left(\sum_{i=1}^{m} x_i \beta_i\right) \mid x_i \tag{3.51}$$

因此：

$$E\left(\sum_{i=1}^{m} x_i b_i\right) = \sum_{i=1}^{m} x_i \beta_i \tag{3.52}$$

综上所述，对加总数据模型中的最小无偏估计量满足高斯—马尔科夫定理的基本形式进行了探讨，将高斯—马尔科夫定理扩展到加总数据模型层面。

3.3 加总数据模型无偏估计量与细分数据模型无偏估计量的关系

由定理 3.1、定理 3.2 和定理 3.3 得到了加总数据模型无偏估计量与细分数据模型无偏估计量之间的相互关系。在第一类加总结构中，估计量 b 是细分数据模型中 $\sum_{i=1}^{m}\beta_i$ 的最小方差线性无偏估计量；在第二类加总结构中，细分数据模型中 $\sum_{i=1}^{m}x_i\beta_i$ 的最小方差线性无偏估计量是 xb；在第三类加总结构中，$\sum_{i=1}^{m}x_ib_i$ 是细分数据模型中 $\sum_{i=1}^{m}x_i\beta_i$ 的最小方差线性无偏估计量，因此，加总数据模型参数估计与细分数据模型参数估计存在如下特征关系。

命题 3.1 细分数据模型无偏估计量的线性组合是加总数据模型线性组合的无偏估计量。

推论 3.1 由第一类加总形式得到细分数据模型无偏估计量 b_i 的线性组合 $\sum_{i=1}^{m}b_i$，是加总数据模型无偏估计量 b 的线性组合。

证明： 因为：

$$E(b_i)=\beta_i,\ \sum_{i=1}^{m}E(b_i)=\sum_{i=1}^{m}\beta_i \tag{3.53}$$

又因为：

$$E(b)=\sum_{i=1}^{m}\beta_i \tag{3.54}$$

所以：

$$E(b)=\sum_{i=1}^{m}E(b_i) \tag{3.55}$$

推论 3.2　由第二类加总形式可以得到细分数据模型中的无偏估计 $\sum_{i=1}^{m} x_i b_i$ 的线性组合，等价于加总数据模型中的无偏估计量 xb 的线性组合。

证明：　因为：

$$E(xb \mid x) = \sum_{i=1}^{n} x_i \beta_i , \quad \sum_{i=1}^{m} E(x_i b_i) = \sum_{i=1}^{m} x_i \beta_i \tag{3.56}$$

所以：

$$E(xb \mid x) = \sum_{i=1}^{n} x_i \beta_i = \sum_{i=1}^{m} E(x_i b_i) \tag{3.57}$$

推论 3.3　由第三类加总形式的无偏估计 $\sum_{i=1}^{m} x_i b$ 的线性组合，等价于细分数据模型无偏估计量 $\sum_{i=1}^{m} x_i b_i$ 的线性组合。

因为：

$$E\left(\sum_{i=1}^{m} x_i b_i\right) = \sum_{i=1}^{m} x_i \beta_i , \quad E\left(\sum_{i=1}^{m} x_i b\right) = \sum_{i=1}^{m} x_i \beta_i \tag{3.58}$$

所以：

$$E\left(\sum_{i=1}^{m} x_i b\right) = \sum_{i=1}^{n} x_i \beta_i = \sum_{i=1}^{m} E(x_i b_i) \tag{3.59}$$

通过上述加总数据模型与细分数据模型无偏估计量之间关系的研究可以发现，三类加总形式本质上都可以得到加总数据模型与细分数据模型中完全一致的无偏估计量的线性组合。这一研究结果将为加总偏误的统计检验提供新的方法和途径，即可以利用细分数据模型无偏估计量的线性组合，作为加总数据模型无偏估计量的参考值构建相关的统计量进行假设检验。

3.4　加总数据模型的最优无偏估计量特性

哈亚希（2000）已经证明了线性细分数据模型中的参数估计不仅是最优线性无偏估计量（BLUE），而且是最优无偏估计量（BUE）。本节进一步分析线性加总数据模型中参数估计的最优无偏性，证明加总数据模型中参数估计同样达到 Cramer-Rao 下界，也是最优无偏估计量，即其他任何无偏估计量的条件方差都比 OLS 估计量的条件方差大。在误差项正态性假定下，由线性回归模型的基本结构可得，$y \sim N(x\beta, \sigma^2 I)$。

3.4.1 第一类加总形式下的最优无偏估计

在第一类加总形式下：

$$y = \sum_{i=1}^{m} y_i = \sum_{i=1}^{m} x\beta_i + \sum_{i=1}^{m} \varepsilon_i,\ X = X_i \tag{3.60}$$

针对式（3.60），有：

$$E[\varepsilon\varepsilon'] = E[\sum_{i=1}^{m} \varepsilon_i \sum_{i=1}^{m} \varepsilon_i'] = \Omega I_n \tag{3.61}$$

$$y \sim N(x\sum_{i=1}^{m} \beta_i,\ \Omega I_n) \tag{3.62}$$

因此，似然函数为：

$$L = (2\pi\Omega)^{-n/2}\exp[-0.5\Omega^{-1}(y - x\sum_{i=1}^{m} \beta_i)'(y - x\sum_{i=1}^{m} \beta_i)] \tag{3.63}$$

$$\ln L = -\frac{n}{2}\ln \Omega - \frac{1}{2\Omega}(y - x\sum_{i=1}^{m} \beta_i)'(y - x\sum_{i=1}^{m} \beta_i) \tag{3.64}$$

求导得到：

$$\frac{\partial \ln L}{\partial \beta_i} = \frac{1}{\Omega}(x'y - x'x\sum_{i=1}^{m} \beta_i) \tag{3.65}$$

$$\frac{\partial \ln L}{\partial \Omega} = -\frac{n}{2\Omega} + \frac{1}{2\Omega^2}(y - x\sum_{i=1}^{m} \beta_i)'(y - x\sum_{i=1}^{m} \beta_i) \tag{3.66}$$

$$\frac{\partial^2 \ln L}{\partial \beta_i \partial \beta_i'} = -\frac{1}{\Omega}x'x \tag{3.67}$$

$$\frac{\partial^2 \ln L}{\partial \Omega^2} = \frac{n}{2\Omega^2} - \frac{1}{2\Omega^4}(y - x\sum_{i=1}^{m} \beta_i)'(y - x\sum_{i=1}^{m} \beta_i) \tag{3.68}$$

$$\frac{\partial^2 \ln L}{\partial \beta_i \partial \Omega} = -\frac{1}{2\Omega^4}(x'y - x'x\sum_{i=1}^{m} \beta_i) \tag{3.69}$$

因此：

$$-E\frac{\partial^2 \ln L}{\partial\beta_i\partial\beta_i'}=\frac{1}{\Omega}x'x \tag{3.70}$$

$$-E\frac{\partial^2 \ln L}{\partial\Omega^2}=\frac{n}{2\Omega^2} \tag{3.71}$$

$$-E\frac{\partial^2 \ln L}{\partial\beta_i\partial\Omega}=0 \tag{3.72}$$

费雪信息量为：

$$I_n(\sum_{i=1}^{m}\beta_i,\Omega)=\begin{pmatrix}\frac{1}{\Omega}x'x & 0\\ 0 & \frac{n}{2\Omega^2}\end{pmatrix} \tag{3.73}$$

$$I_n^{-1}(\sum_{i=1}^{m}\beta_i,\Omega)=\begin{pmatrix}\Omega(x'x)^{-1} & 0\\ 0 & \frac{2\Omega^2}{n}\end{pmatrix} \tag{3.74}$$

根据克莱姆—劳（Cramer-Rao）定理，第一类加总数据模型参数的无偏估计量的方差达到克莱姆—劳（Cramer-Rao）下界。由此，结合定理3.1，加总数据模型参数估计量b是最优无偏估计量。

3.4.2 第二类加总形式下的最优无偏估计

细分数据模型为：

$$y_i=(x_i^*\beta_i^*+x_i^{\wedge}\beta_i^{\wedge})+\varepsilon_i \tag{3.75}$$

加总数据模型为：

$$\begin{aligned}y&=\sum_{i=1}^{m}y_i=\sum_{i=1}^{m}(x_i^*\beta_i^*+x^{\wedge}\beta_i^{\wedge})+\sum_{i=1}^{m}\varepsilon_i\\&=\sum_{i=1}^{m}(x_i^*x^{\wedge})\begin{pmatrix}\beta_i^*\\ \beta_i^{\wedge}\end{pmatrix}+\sum_{i=1}^{m}\varepsilon_i\\&=\sum_{i=1}^{m}x_i\beta_i+\sum_{i=1}^{m}\varepsilon_i\end{aligned} \tag{3.76}$$

在此情形下，误差项的方差仍然满足式（3.61）的结构。因变量y的期望值为：

$$Ey=\sum_{i=1}^{m}x_i\beta_i \tag{3.77}$$

因变量 y 服从如下正态分布：

$$y \sim N\left(\sum_{i=1}^{m} x_i\beta_i, \Omega I_n\right) \tag{3.78}$$

因此，似然函数为：

$$L = (2\pi\Omega)^{-n/2}\exp\left[-0.5\Omega^{-1}\left(y - \sum_{i=1}^{m} x_i\beta_i\right)'\left(y - \sum_{i=1}^{m} x_i\beta_i\right)\right] \tag{3.79}$$

$$\ln L = -\frac{n}{2}\ln \Omega - \frac{1}{2\Omega}\left[\left(y - \sum_{i=1}^{m} x_i\beta_i\right)'\left(y - \sum_{i=1}^{m} x_i\beta_i\right)\right] \tag{3.80}$$

求导得到：

$$\frac{\partial \ln L}{\partial \beta_i} = \frac{x_i'}{\Omega}\left(y - \sum_{i=1}^{m} x_i\beta_i\right) \tag{3.81}$$

$$\frac{\partial \ln L}{\partial \Omega} = -\frac{n}{2\Omega} + \frac{1}{2\Omega^2}\left(y - \sum_{i=1}^{m} x_i\beta_i\right)'\left(y - \sum_{i=1}^{m} x_i\beta_i\right) \tag{3.82}$$

$$\frac{\partial^2 \ln L}{\partial \beta_i \partial \beta_i'} = -\frac{1}{\Omega}x_i'x_i \tag{3.83}$$

$$\frac{\partial^2 \ln L}{\partial \Omega^2} = \frac{n}{2\Omega^2} - \frac{1}{2\Omega^4}\left(y - \sum_{i=1}^{m} x_i\beta_i\right)'\left(y - \sum_{i=1}^{m} x_i\beta_i\right) \tag{3.84}$$

$$\frac{\partial^2 \ln L}{\partial \beta_i \partial \Omega} = -\frac{x_i'}{2\Omega^2}\left(y - \sum_{i=1}^{m} x_i\beta_i\right) \tag{3.85}$$

所以：

$$-E\frac{\partial^2 \ln L}{\partial \beta_i \partial \beta_i'} = -\frac{1}{\Omega}x_i'x_i \tag{3.86}$$

$$-E\frac{\partial^2 \ln L}{\partial \Omega^2} = \frac{n}{2\Omega^2} \tag{3.87}$$

$$-E\frac{\partial^2 \ln L}{\partial \beta_i \partial \Omega} = 0 \tag{3.88}$$

因此，费雪信息量为：

$$I_n\left(\sum_{i=1}^{m} \beta_i, \Omega\right) = \begin{pmatrix} \frac{1}{\Omega}x_i'x_i & 0 \\ 0 & \frac{n}{2\Omega^2} \end{pmatrix} \tag{3.89}$$

$$I_n^{-1}\left(\sum_{i=1}^{m}\beta_i,\Omega\right)=\begin{pmatrix}\Omega(x_i'x_i)^{-1} & 0\\ 0 & \dfrac{2\Omega^2}{n}\end{pmatrix} \tag{3.90}$$

根据克莱姆—劳（Cramer-Rao）定理，第二类加总数据模型参数的无偏估计量的方差也达到克莱姆—劳（Cramer-Rao）下界。因此，结合定理3.2，加总数据模型参数估计量 b 是最优无偏估计量。

3.4.3　第三类加总形式下的最优无偏估计

考虑总量线性方程式（3.1），同时存在细分数据 x_i 和细分数据 y_i，满足式（3.49）的加总形式。

加总数据模型为：

$$y=\sum_{i=1}^{m}y_i=\sum_{i=1}^{m}x_i\beta_i+\sum_{i=1}^{m}\varepsilon_i \tag{3.91}$$

在此情形下，误差项的方差仍然为式（3.61）的形式。因此，因变量 y 的期望值为：

$$Ey=\sum_{i=1}^{m}x_i\beta_i \tag{3.92}$$

因变量 y 服从如下正态分布：

$$y\sim N\left(\sum_{i=1}^{n}x_i\beta_i,\Omega I_n\right) \tag{3.93}$$

因此，费雪信息量与第二类加总形式相似：

$$I_n\left(\sum_{i=1}^{m}\beta_i,\Omega\right)=\begin{pmatrix}\dfrac{1}{\Omega}x_i'x_i & 0\\ 0 & \dfrac{n}{2\Omega^2}\end{pmatrix} \tag{3.94}$$

$$I_n^{-1}\left(\sum_{i=1}^{m}\beta_i,\Omega\right)=\begin{pmatrix}\Omega(x_i'x_i)^{-1} & 0\\ 0 & \dfrac{2\Omega^2}{n}\end{pmatrix} \tag{3.95}$$

根据 Cramer-Rao 定理，第三类加总数据模型参数无偏估计量的方差也达到 Cramer-Rao 下界。结合定理3.3，加总数据模型参数估计量 b 是最优无偏估计量。

第4章

加总偏误的经验事实

计量模型中的加总偏误客观存在性，是理论研究的现实基础。上文分别对加总形式、加总数据类型和加总无偏性特征进行了详细阐述。特别是加总无偏性的理论证明清楚地表明，在满足高斯—马尔科夫定理的假定条件下，加总数据模型的参数估计依然是最优线性无偏估计。但是，经验事实却屡屡违背经典假定，特别是回归量的严格外生性假定往往是无法满足的，即使弱外生性假定也时常无法实现（Hayashi，2005）。因此，本章将从加总偏误的经验事实出发，考察在运用计量模型进行经验研究时，细分数据模型与加总数据模型经常出现的参数估计的显著差异性及其加总偏误事实。

本章将以国际贸易中的外国技术性贸易壁垒影响出口国出口产品的贸易效应为研究对象，分析技术性贸易壁垒在加总贸易数据模型层面上和在细分贸易数据模型层面上的贸易效应估计的差异性，并简要分析其差异性产生的原因。具体的研究对象是，中国对日本出口的茶叶贸易受日本相关技术性贸易壁垒影响时，存在茶叶加总数据模型参数估计值与茶叶细分数据模型参数估计值之间的显著差异性，并分析参数估计差异性的根本原因。

在备受关注的技术性贸易壁垒研究领域，很多文献采用总量数据分析技术性贸易壁垒及其标准对国际贸易的影响（Calvin and Krissof，1998；Yue et al.，2006；鲍晓华，朱钟棣，2006）。在茶叶贸易领域，许咏梅和高启杰（2006）、顾国达等（2007）分别采用联合国统计署“商品名称及编码协调制度”HS 4 位码商品目录中的茶叶数据，分析了日本频繁修订《食品卫生法》客观上对中日茶叶贸易的影响。但是，依据 HS 分类目录，茶叶可以进一步细分为 HS 6 位码商品目录。在 HS 6 位码商品目录下，茶叶分为小于 3kg 的红茶和绿茶、大于 3kg 的红茶和绿茶四种类型，而相应的 HS 4 位码商品目录数据则依据上述 HS 6 位码商品目录下四类细分数据简单加总而成。从经济学角度看，HS 6 位码商品目录下的四类茶叶，在包装、价格、质量、消费者偏好等方面都存在异质性。因此，基于 HS 4 位码目录的总量研究，可能掩盖了 HS 6 位码目录下的异质性问题，甚至会产生统计偏误（许咏梅，高启杰，2006）。

因此，本章将在许咏梅和高启杰（2006）、顾国达等（2007）的基础上，运用 HS 4 位码目录和 HS 6 位码目录的茶叶数据，采用 Wald 统计量和受约束的 F 统计量，分析日本技术性贸易壁垒对于中国对日本茶叶出口贸易的影响，比较 HS 4 位码加总贸易数据计量模型和 HS 6 位码细分贸易数据计量模型中日本相关技术性贸易壁垒影响的差异性，并探究其产生加总偏误的原因。

4.1　中日茶叶贸易中的加总偏误问题

中日茶叶贸易有着悠久的历史。但是近年来，日本频繁修订国内的《食品卫生法》，客观上对中日茶叶贸易产生了较大的负面影响。已有较多文献对 HS 4 位码商品目录下的中日茶叶贸易现状进行了研究（顾国达等，2007；许咏梅，高启杰，2006；管曦，2010；覃琼霞等，2010；宋玉华等，2011）。中国对日本茶叶出口额和出口量，如图 4.1 所示，1988～2009 年，中国对日本茶叶出口可谓一波三折。在 1992～2001 年中国茶叶对日本出口额和出口量，除了 1993 年、1997 年及 1998 年呈现小幅下降外，一直保持相对稳定的上升趋势。但是，从 2001 年后，中日茶叶贸易出现两次大的滑坡，一次是 2001～2003 年，另一次是2004～2009年。这两次大的滑坡出现的关键节点，正是日本修改《食品卫生法》中有关茶叶进口标准及肯定列表制度出台的时间。日本在2001年、2002年以及2003年连续三次修改《食品卫生法》，使日本对茶叶的农药残留限量标准客观上成为阻碍中国对日本茶叶出口的技术性贸易壁垒。自从2006年日本在肯定列表制度中对茶叶农药残留限量标准做了更严格的规定后，中国茶叶出口日本的贸易额出现大幅度下滑。过于严格的技术性贸易壁垒，客观上导致中国大量茶叶未能达到要求而出口受阻。

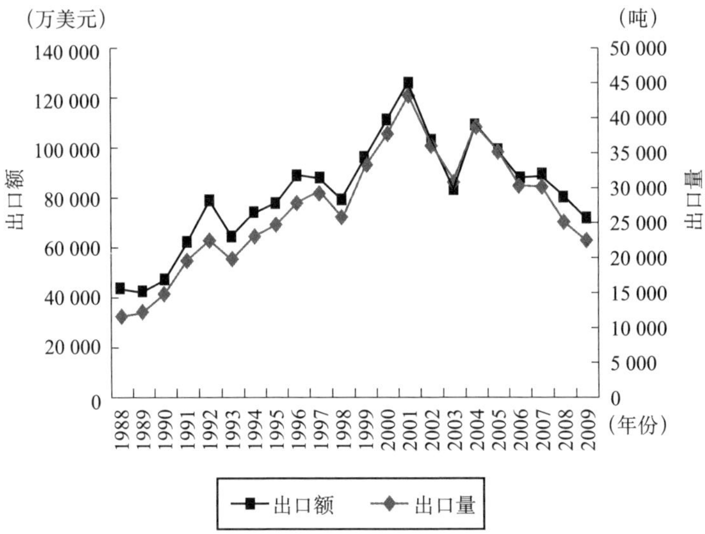

图4.1　中国对日本茶叶出口额和出口量

资料来源：笔者根据日本海关统计数据库相关数据整理绘制而得。

不仅如此，上述技术性贸易壁垒的频繁调整，对HS 6位码茶叶和HS 4位码茶叶的出口贸易存在差异性影响。先分析HS 6位码目录下4类茶叶对日本出口贸易数据的变化趋势。HS 6位码目录下中国对日本茶叶出口额，如图4.2所示，HS 6位码目录下中国对日本茶叶出口量，如图4.3所示，1988～2009年，小包装红茶和小包装绿茶的出口额和出口量变化趋势相对平稳，而大包装红茶和大包装绿茶的出口额和出口量波动起伏较大，特别是在2002年、2003年和2006年存在较为明显的下降趋势。

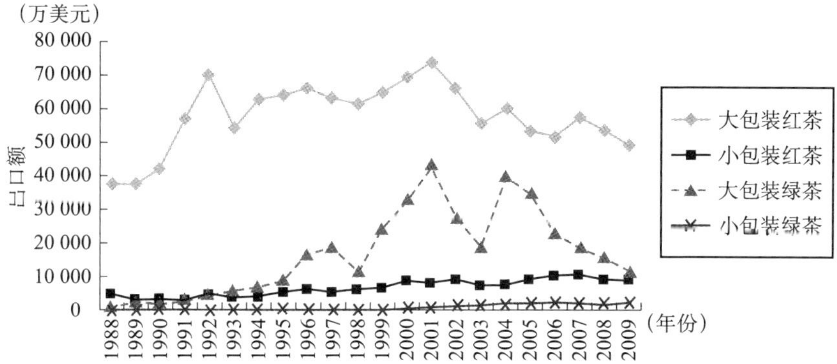

图4.2　HS 6位码目录下中国对日本茶叶出口额

资料来源：笔者根据日本海关统计数据库相关数据整理绘制而得。

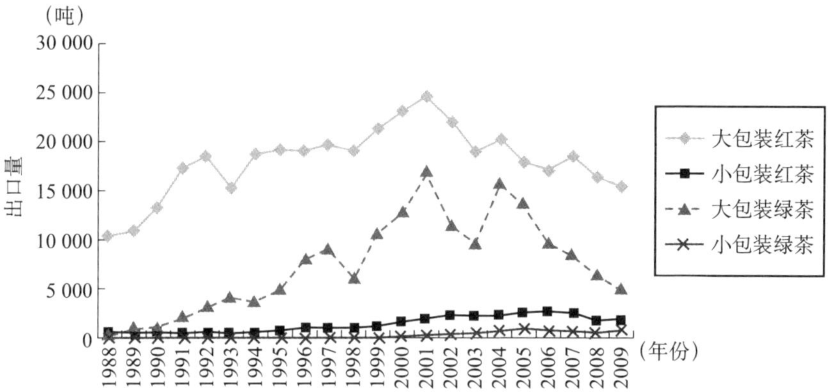

图4.3　HS 6位码目录下中国对日本茶叶出口量

资料来源：笔者根据日本海关统计数据库相关数据整理绘制而得。

4.2　中日茶叶贸易加总数据模型与贸易细分数据模型构建

先构建茶叶贸易计量模型。在基本的宏观引力模型的基础上，增加若干虚拟变量描述日本技术性贸易壁垒的实施节点。选取1988～2009年共22年的中日茶叶贸易相关时间序列数据作为因变量样本值。因为贸易量与贸易额之间的变化趋势基本相同，所以，参考顾国达和牛晓婧等（2007）所用的方法，本章选用了日本从中国进口茶叶的贸易额数据进行分析。自变量中的技术性贸易壁垒调整选取虚拟变量表示，顾国达和牛晓婧等（2007）选取了三个虚拟变量来表示农药残留限量法规，而并没有涉及2006年正式实施的肯定列表制度。本章将在此基础上，增加一个肯定列表制度的虚拟变量。相应的四个虚拟变量分别表示，1993年，日本实施新标准达24项；2002年，日本继续扩大对进口茶叶的农药残留检验种类，提高农药残留量标准；2003年，日本修改《食品卫生法》，准备实施《食品农药残留暂定登记标准制度》；2006年日本推出肯定列表制度。进出口国家的GDP，选择中国和日本的年度GDP，数据来自联合国商品贸易数据库，依据支出法进行计算，并以2006年不变价格做了调整。各变量的内涵说明，如表4.1所示。

表4.1　各变量的内涵说明

变量	含义	预期符号	理论说明
GDP_c	中国的GDP时序数据	+	代表中国的经济发展水平及对产品的出口供给能力
GDP_j	日本的GDP时序数据	+	代表日本的经济发展水平及对产品的进口需求能力
D_1	虚拟变量，衡量日本有代表性的技术性贸易壁垒颁布情况	−	1993年，日本实施新标准达24项
D_2	虚拟变量，衡量日本有代表性的技术性贸易壁垒颁布情况	−	2002年，日本继续扩大对进口茶叶的农药残留检验种类，提高农药残留量标准
D_3	虚拟变量，衡量日本有代表性的技术性贸易壁垒颁布情况	−	2003年，日本修改《食品卫生法》，准备实施《食品农药残留暂定登记标准制度》
D_4	虚拟变量，衡量日本有代表性的技术性贸易壁垒颁布情况	−	2006年，日本推出肯定列表制度

资料来源：笔者编制。

依据联合国HS 6位码茶叶细分数据，分别构建大包装红茶（3千克以上）、小包装红茶（3千克以下）、大包装绿茶（3千克以上）和小包装绿茶（3千克以下）的细分数据回归方程。

代表性的细分数据回归方程如下所示：

$$\ln EX_i = \beta_{i0} + \beta_{i1}\ln GDP_J + \beta_{i2}\ln GDP_C + \beta_{i3}D_1 + \beta_{i4}D_2 + \beta_{i5}D_3 + \beta_{i6}D_4 + \varepsilon_{ii} \tag{4.1}$$

在式（4.1）中，EX_i 是第 i 种茶叶对日本的出口额，$i = \begin{cases} 1，大包装红茶 \\ 2，小包装红茶 \\ 3，大包装绿茶 \\ 4，小包装绿茶 \end{cases}$

另外，考虑 HS 4 位码目录下的茶叶加总数据模型：

$$\ln EX = \beta_0 + \beta_1 \ln GDP_J + \beta_2 \ln GDP_C + \beta_3 D_1 + \beta_4 D_2 + \beta_5 D_3 + \beta_6 D_4 + \varepsilon \quad (4.2)$$[①]

在式（4.2）中，$\ln EX = \sum_{i=1}^{4} \ln EX_i$。

因为国别 GDP 和茶叶出口额都是时序数据，所以，先检验时间序列 GDP_J、GDP_C、EX_i 和 EX 的单整性。单整性检验，如表 4.2，残差的平稳性检验，如表 4.3 所示，细分数据回归模型中因变量和自变量的单整阶数同为 I（1），并且，四个回归方程的残差序列是平稳的。因此，细分数据模型中的因变量与自变量存在协整关系。

另外，如表 4.2 和表 4.3 所示，加总数据模型中的因变量和自变量的单整阶数同为 I（1），加总数据模型的残差序列也是平稳序列，则加总数据模型的因变量和自变量之间也存在协整关系。因此，HS 6 位码目录下的茶叶细分数据回归模型和 HS 4 位码目录下的茶叶加总数据回归模型，均不存在“虚假回归”问题。

表 4.2　　单整性检验

变量	（c，t，m）	ADF 值	单整性
$\ln GDP_C$	（c，t，5）	-3.356^{*}	I（1）
$\ln GDP_j$	（c，0，2）	-3.054^{**}	I（1）
EX_1	（c，0，1）	-3.215^{**}	I（1）
EX_2	（c，t，0）	-3.790^{**}	I（1）
EX_3	（c，0，2）	-3.060^{**}	I（1）
EX_4	（c，t，8）	-8.853^{***}	I（1）
EX	（0，0，2）	-3.025^{***}	I（1）

注：***、**、*分别表示在1%、5%和10%的水平上显著。

资料来源：笔者根据日本海关统计数据库 1988～2009 年中日茶叶贸易数据利用 Stata 12.0 软件计算结果整理而得。

① 本章后续分析的参数序号参照此公式。

表 4.3　残差的平稳性检验

变量	ADF 值	平稳性决策
e_1	-4.432^{***}	平稳
e_2	-4.966^{***}	平稳
e_3	-4.696^{***}	平稳
e_4	-3.299^{**}	平稳
e	-4.422^{***}	平稳

注：***、**、*分别表示在 1%、5% 和 10% 的水平上显著。

资料来源：笔者根据日本海关统计数据库 1988～2009 年中日茶叶贸易数据利用 Stata 12.0 软件计算结果整理而得。

4.3　中日茶叶贸易加总数据模型分析

加总数据分析采用通常的 HS 4 位码目录下的茶叶数据，分析技术性贸易壁垒对其出口贸易的影响。总体回归方程，见式（4.2）。接下来，运用相应的贸易数据、国别 GDP 数据和四个技术性贸易壁垒的虚拟变量进行回归分析，回归结果如下：

$$\begin{aligned}\ln EX = &-27.54 + 1.01\ln GDP_J + 0.61\ln GDP_C - 0.28D_1 - 0.01D_2 - 0.37D_3 - 0.51D_4\\ &(-2.40^{**})(2.94^{***})\quad(3.89^{***})\quad(-1.43)\ (0.04)(-2.08^{*})(-3.50^{***})\end{aligned} \tag{4.3}$$

因为式（4.3）中的 β_3 和 β_4 的 t 检验不显著，所以，构建带有约束的 F 统计量进行检验：

$$H_0: \beta_3 = \beta_4 = 0 \tag{4.4}$$

$$\begin{aligned}\ln EX = &-13.27 + 0.65\ln GDP_J + 0.45\,GDP_C - 0.26D_3 - 0.34D_4\\ &(-2.30^{**})(2.81^{**})\quad(4.74^{***})\ (-2.19^{**})(-3.36^{***})\end{aligned} \tag{4.5}$$

$$F = \frac{(S_2 - S_1)/J}{S_1/n-k} = \frac{(0.34 - 0.30)/2}{0.30/(22-7)} = 0.93 \tag{4.6}$$

从 F 值容易得到式（4.4）的假设成立。为此，从 HS 4 位码总量数据分析可以看出，2003 年和 2006 年的技术性贸易壁垒调整对茶叶贸易具有显著的负面影响，相应的回归系数分别为 -0.37 和 -0.51。接下来，进一步考察技术性贸易壁垒对 HS 6 位码目录下的四类茶叶贸易影响的差异性和具体表现。

4.4 中日茶叶贸易细分数据模型分析

4.4.1 大包装红茶的回归模型分析

利用大包装红茶的出口数据构建细分数据回归模型，因变量选取 HS 6 位码目录下的大包装红茶出口数据；自变量选取仍然与总量数据相一致。

$$\ln EX_1 = -17.68 + 0.29 \ln GDP_J + 0.96 \ln GDP_C - 0.22 D_1 - 0.01 D_2 - 0.36 D_3 - 0.2 D_4$$
$$(-1.90)(2.29^{**}) \quad (3.46^{***}) \quad (-1.41^{*})(0.09)(-2.53^{**})(-1.72) \tag{4.7}$$

因为式（4.7）中的 β_3、β_4 和 β_6 的 t 检验不显著，所以，进一步构建带约束的 F 统计量，假设如下：

$$H_0: \beta_3 = \beta_4 = \beta_6 = 0 \tag{4.8}$$

$$\ln EX_1 = -7.27 + 0.76 \ln GDP_J + 0.11 \ln GDP_C - 0.29 D_3$$
$$(-1.55)(4.21^{***}) \quad (1.69) \quad (-2.92^{***}) \tag{4.9}$$

$$F_1 = \frac{(S_2 - S_1)/J}{S_1/n - k} = \frac{(0.2449 - 0.1949)/3}{0.1949/(22 - 7)} = 1.28 \tag{4.10}$$

由 F 值可知，式（4.8）的假设成立。因此，对于大包装红茶而言，在历次技术性贸易壁垒的调整中，1993 年、2002 年和 2006 年的技术性贸易壁垒调整并没有受到显著影响，只有 2003 年日本《食品卫生法》的修订对其出口存在显著的负面影响，其影响程度可以用如下弹性公式表示：

$$e_{d_3} = \frac{\Delta EX_1}{EX_1}\frac{D_3}{\Delta D_3} = -0.29 \tag{4.11}$$

4.4.2 小包装红茶的回归模型分析

虽然小包装红茶出口额数据趋势的变化相对平稳，但是，仍然构建小包装红茶的回归模型，研究技术性贸易壁垒是否对小包装红茶的出口存在显著影响。

$$\ln EX_2 = -6.61 + 0.13\ \ln GDP_J + 0.67\ \ln GDP_C - 0.04\ D_1 + 0.14\ D_2 - 0.34\ D_3 - 0.22\ D_4$$
$$(-0.45)(0.29)\quad(3.43^{***})\quad(-0.18)\quad(0.66)\quad(-1.51)(-1.21) \tag{4.12}$$

考虑到式（4.12）中的参数 β_1、β_3、β_4、β_5 和 β_6 的 t 检验均不显著，构建带约束的 F 统计量，假设如下：

$$H_0: \beta_1 = \beta_3 = \beta_4 = \beta_5 = \beta_6 = 0 \tag{4.13}$$

$$\ln EX_2 = 2.16 + 0.49\ \ln GDP_C$$
$$(1.48)(9.19^{***}) \tag{4.14}$$

$$F_2 = \frac{(S_2 - S_1)/J}{S_1/n - k} = \frac{(0.68 - 0.48)/5}{0.48/(22 - 7)} = 1.25 \tag{4.15}$$

由式（4.15）的 F 值可知，式（4.13）的假设成立。因此，对于小包装红茶来说，历次技术性贸易壁垒的调整，确实没有显著影响其对日本的出口。

4.4.3 大包装绿茶的回归模型分析

大包装绿茶的出口数据变化起伏较大，特定的变化节点似乎与日本相关的技术性贸易壁垒调整相吻合。因此，对大包装绿茶的回归模型进行分析，检验技术性贸易壁垒对大包装绿茶出口的影响。

$$\ln EX_3 = -85.42 + 1.66\ \ln GDP_J + 1.95\ \ln GDP_C - 0.07\ D_1 - 0.12\ D_2 - 0.69\ D_3 - 1.75\ D_4$$
$$(-2.67^{**})(1.74)\quad(4.51^{***})\quad(-0.14)\quad(-0.26)\quad(-1.41)(-4.32^{***}) \tag{4.16}$$

式（4.16）中的参数 β_1、β_3、β_4、β_5 的 t 检验均不显著，构建带约束的 F 统计量，假设如下：

$$H_0: \beta_1 = \beta_3 = \beta_4 = \beta_5 = 0 \tag{4.17}$$

$$\ln EX_3 = -34.08 + 1.83\ \ln GDP_C - 2.17\ D_4$$
$$(-5.97^{***})(8.80^{***})(-5.39^{***}) \tag{4.18}$$

$$F_3 = \frac{(S_2 - S_1)/J}{S_1/n - k} = \frac{(4.44 - 2.31)/4}{2.31/(22 - 7)} = 3.47 \tag{4.19}$$

显然，式（4.17）的假设成立。对于大包装绿茶来说，在日本历次技术性贸易壁垒调整中，2006 年肯定列表制度的实施对其有显著的负面影响，而其他技术性贸易壁垒并没有显著影响大包装绿茶的出口。其影响程度可以用如下弹性公式表示：

$$e_{d_4} = \frac{\Delta EX_3}{EX_3}\frac{D_4}{\Delta D_4} = -2.17 \tag{4.20}$$

4.4.4 小包装绿茶的回归模型分析

对于小包装绿茶来说，其出口额数据的时间趋势与小包装红茶一样，变化相对平稳，但是，仍然需要构建小包装绿茶模型进行回归分析，检验技术性贸易壁垒是否对中国小包装绿茶出口日本有显著影响。

$$\begin{aligned} \ln EX_4 = {} & -23.54 + 0.03 \ln GDP_J + 1.30 \ln GDP_C - 0.48\, D_1 + 0.75\, D_2 + 0.10\, D_3 - 0.71\, D_4 \\ & (-0.65)\ (0.03) \qquad (2.64^{**}) \qquad (-0.79)\ (1.42) \quad (0.18)\ (-1.55) \end{aligned} \tag{4.21}$$

考虑到式（4.21）中的参数 β_1、β_3、β_4、β_5 和 β_6 的 t 检验均不显著，构建带约束的 F 统计量，假设如下：

$$H_0: \beta_1 = \beta_3 = \beta_4 = \beta_5 = \beta_6 = 0 \tag{4.22}$$

$$\begin{aligned} \ln EX_4 = {} & -22.89 + 1.30 \ln GDP_C \\ & (-5.70^{***})\ (8.99^{***}) \end{aligned} \tag{4.23}$$

$$F_4 = \frac{(S_2 - S_1)/J}{S_1/n-k} = \frac{(5.14 - 2.98)/5}{2.98/(22-7)} = 2.17 \tag{4.24}$$

可知，式（4.22）的假设成立，因此，日本历次技术性贸易壁垒的调整，都没有显著影响中国小包装绿茶的出口。

从以上分析发现，四类细分数据模型得到的回归结果，在技术性贸易壁垒影响的显著性和影响程度上各不相同。同样地，细分数据模型与加总数据模型的回归结果，也存在显著差异。

4.5 中日茶叶贸易加总偏误的存在性及其解释

如何理解技术性贸易壁垒的贸易效应差异性？从以下两点进行

解释。

第一点是产品质量层面的异质性。细分数据层面的产品质量差异性，导致了技术性贸易壁垒的贸易效应差异性。一般而言，小包装茶叶的需求对象与大包装茶叶存在差异性，需求方对质量要求也有所差异。因此，小包装茶叶和大包装茶叶之间的质量差异性，导致了细分数据层面上贸易效应的差异性。

由式（4.9）、式（4.14）、式（4.18）和式（4.23）可知，技术性贸易壁垒对小包装红茶与小包装绿茶的出口影响不显著，对大包装茶叶的出口影响显著。技术性贸易壁垒是一种强制性的技术措施，对于同一国家的不同茶叶应当没有歧视性。那么，如果大包装茶叶和小包装茶叶在质量上是一致的，则其限制效应也应当是相同的。但上述分析结果与这一现象并不一致。可能的解释是，小包装茶叶的质量要优于大包装茶叶，以至于面对相关的农药残留检测时，大包装茶叶因质量较低而出口受阻的程度更严重。小包装茶叶因质量较高，农药残留较少，相应的出口影响不显著。

虽然无法直接得到质量差异的证据，但是，通过间接的价格差异，可以部分地反映质量问题。如加内瓦特等（Ganewatta et al.，2005）对斯里兰卡茶产业的研究表明，小包装茶叶通常需要经过进一步加工，从而具有较高的附加值，其品质也优于传统包装的散装茶。中国出口日本的茶叶细分数据目录的价格差异很大，无论是红茶还是绿茶，大部分时期小包装的价格都高于大包装的价格。细分数据茶叶出口价格，如图4.4所示。因此，在应对国外技术性贸易壁垒时，茶叶出口企业应当高度关注国外技术性贸易壁垒对不同包装类型茶叶的影响差异性，并找出差异原因，有针对性地分类应对国外技术性贸易壁垒，努力避免从总量数据分析结果上盲目、无差异地应对国外技术性贸易壁垒。

比较贸易细分数据模型与贸易加总数据模型回归结果的差异性可以看出，在贸易加总数据回归中，式（4.5）显示2003年、2006年分别修订的技术性贸易壁垒对HS 4位码目录下的茶叶出口有显著影响。在贸易细分数据分析中，式（4.9）显示2003年修订的技术性贸易壁垒对HS 6位码目录下的大包装红茶有显著影响，式（4.18）显示2006年修订的技术性贸易壁垒对 HS 6 位码目录下的大包装绿茶有显著影响。可见，式（4.5）的加总数据模型将细分数据模型中的贸易效应影响显现出来了，但是，无法反映细分数据结构下的影响差异性。而HS 6位码目录下的细分数据拥有更多信息量，进而将不同类型茶叶贸易中的贸易效应差异性反映出来。加总数据模型中的参数估计与细分数据模型中的参数估计存在显著差异。

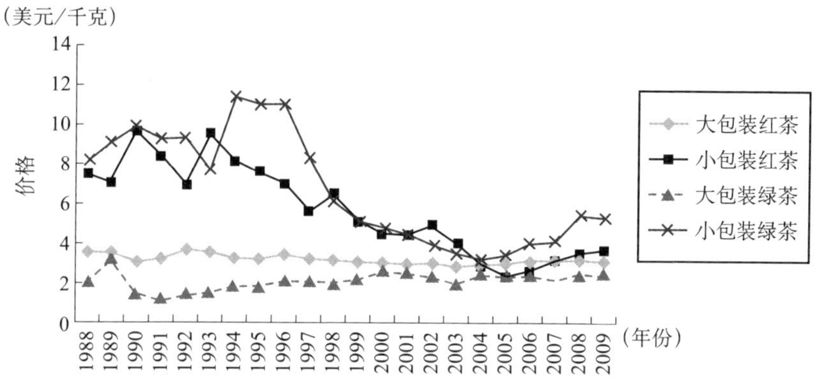

图 4.4　细分数据茶叶出口价格

资料来源：笔者根据日本海关统计数据库的相关数据整理绘制而得。

第二点是加总偏误层面的内生性问题，也是本书关注的核心问题。实际上，内生性与异质性并不矛盾，细分数据模型中各类茶叶产品存在个体特征上的异质性，进而导致贸易效应测度差异性，以及加总数据模型中的贸易效应测度与细分数据模型中的贸易效应测度存在显著差异性，均是由个体异质性导致的。这也恰恰是第一种解释的理由。但是，更进一步地，个体异质性导致的细分数据模型和加总数据模型贸易效应测度差异，也正是遗漏个体效应构成的模型内生性导致的测度偏误。以泽尔纳（1962）的等值偏误类型考察上述实证研究中的加总偏误问题，显然，各细分数据模型中的相应回归量的估计参数各不相等，且与加总数据模型中的相应回归量的估计参数也不相等，从等值偏误角度考察，上述实证研究中存在明显的加总偏误问题。

第5章

加总偏误的内生性本质

既有文献对加总偏误的成因进行了研究。在本书的文献综述部分，概括了加总偏误成因的四种观点：第一种观点，是细分数据模型自变量相关说；第二种观点，是细分数据间的个体异质性观点；第三种观点，是细分数据模型误差项相关的观点；第四种观点，是细分数据模型中的参数估计偏误导致了加总偏误。事实上，上述四种观点或者不构成加总偏误的原因，或者可以统一划入个体异质性特征导致的加总偏误。因此，本章所要探究的是加总偏误的内生性本质，个体异质性特征的遗漏是模型内生性的一个方面。从内生性角度考察加总偏误，可以把握加总偏误的本质。

内生性是导致计量模型参数估计偏误的根本原因。在细分数据模型结构下，这一论断已得到充分论证。那么，在加总数据模型中，内生性是否依然是加总数据模型参数估计偏误的根本原因？因此，需要利用回归量与扰动项正交的一阶矩方法，构建加总数据模型和细分数据模型无偏性结构的基准方程。这也是在本书第3章中讨论的加总无偏性的目的所在。第3章分别对三类简单加总形式下的加总无偏性进行了理论分析，充分论证了在满足回归量外生性条件下，三类简单加总形式下的加总数据模型参数估计是无偏的。在此研究基础上，本章进一步利用回归量与扰动项正交的一阶矩方法，研究在回归量无法保证外生性的条件下，加总数据模型参数估计偏误是否依然存在？这一偏误的根本原因是什么？以及如何细分加总偏误的内生性因素。

三类加总偏误类型的分析已经证明了第三类加总偏误类型，即完美加总形式是前两类加总偏误类型的一般形式。因此，在本章的理论研究中，直接运用完美加总偏误类型作为典型代表，进行加总偏误的内生性本质研究。

5.1 加总偏误的两类内生性因素研究

利用第三类简单加总形式下的一般化总量线性方程，式（3.13）的加总数据模型参数的最小二乘估计量为：

$$b = (x'x)^{-1}x'y = (x'x)^{-1}(x')\left(\sum_{i=1}^{m} x_i\beta_i + \sum_{i=1}^{m} \varepsilon_i\right)$$

$$= (x'x)^{-1}(x')\sum_{i=1}^{m} x_i\beta_i + \sum_{i=1}^{m} (x'x)^{-1}(x')\varepsilon_i \tag{5.1}$$

那么：

$$E(b) = E\left[(x'x)^{-1}(x')\left(\sum_{i=1}^{m} x_i\beta_i\right) + (x'x)^{-1}\left(\sum_{i=1}^{m} x_i'\right)\left(\sum_{i=1}^{m} \varepsilon_i'\right)\right] \tag{5.2}$$

另外，假设细分数据方程满足无偏一致性假定，则：

$$E(x_i'\varepsilon_i) = 0 \tag{5.3}$$

将式（5.2）变为：

$$E(b) = \left[(x'x)^{-1}(x')\left(\sum_{i=1}^{m} x_i\beta_i\right) + (x'x)^{-1}\sum_{i\neq j} E(x_i'\varepsilon_j)\right] \tag{5.4}$$

那么，要使E（b）=β无偏估计的条件为：

$$\sum_{i=1}^{m} x_i\beta_i = \sum_{i=1}^{m} x_i\beta \tag{5.5}$$

$$\sum_{i\neq j} E(x_i'\varepsilon_j) = 0 \tag{5.6}$$

式（5.5）即帕瑟瑞、皮尔斯和库马尔（1989）提出的完美加总形式，可以得到它的两种特殊形式：

$$\beta = \frac{1}{m}\sum_{i=1}^{m} \beta_i \tag{5.7}$$

$$\beta = \beta_1 = \cdots = \beta_m \tag{5.8}$$

式（5.7）和式（5.8）是均值参数标准和等值参数标准的具体形式。

条件式（5.6）包含一种特殊情形：

$$E(x_i'\varepsilon_j) = 0 \tag{5.9}$$

即 x_i 与 β_j 独立。

但是，在一般意义上，式（5.6）的解释为 x_i 与 ε_j 的协方差之和恰好为零，这意味着，x_i 与 β_j 可以不独立。这是一个比既有文献更弱的条件。

更为重要的，前两类加总形式中的无偏性条件，均为第三类无偏性条件式（5.5）的特殊形式。因此，以下分析过程，将直接采用第三类形式加以处理。若式（5.6）不成立，那么，在加总数据分析中就会出现由内生性引发的统计参数估计偏误。

若加总数据模型参数估计不满足式（5.6），则加总数据模型存在内生性，参数估计就是有偏的。偏误的大小，由式（5.10）决定：

$$E(b) = \beta + (x'x)^{-1}\sum_{i\neq j}E(x_i'\varepsilon_j) \tag{5.10}$$

若 $\sum_{i\neq j}E(x_i'\varepsilon_j) \neq 0$，b 的估计值将是有偏的。

若细分数据模型参数估计不满足式（5.3），则细分数据模型存在内生性，进而影响加总数据模型的参数估计无偏性。即：

$$E(b) = \beta + (x'x)^{-1}\sum E(x_i'\varepsilon_i) \tag{5.11}$$

若 $\sum E(x_i'\varepsilon_i) \neq 0$，b 的估计值将是有偏的。

至此，可以看出，加总偏误本质上是由内生性造成的。这类内生性来自两部分，一部分是细分数据模型中的内生性，即细分数据模型不满足式（5.3）的情形；另一部分是来自加总过程产生的新的内生性，即加总数据模型不满足式（5.6）的情形。而除上述两类因素之外，未见其他因素能够影响加总偏误。而既有文献所提及的异方差性、自变量多重共线性、误差相关性、细分数据模型误设，并没有直接影响加总数据模型的偏误问题。①

① 当然，上述因素会影响参数估计的有效性，这一问题将在下文中详细论述。细分数据模型误设可能会产生细分数据模型的内生性，进而间接影响加总偏误，但这并不影响分析的有效性。

5.2 加总偏误的一般性检验方法

5.1 节讨论了加总类型和加总偏误原因。那么，如何检验加总偏误呢？将从参数检验、方差检验和拟合优度检验三个方面进行剖析。

加总偏误检验主要涉及参数检验、方差检验和拟合优度检验。一些文献对方差检验和拟合优度检验进行了比较详尽的分析（Barker Pesaran, 1990；Grunfeld and Griliches, 1960；Pieraccini, 2005）。参数检验的前期工作，已有均值偏误标准、等值偏误标准和完美加总标准三种形式。前面已经证明，均值偏误标准与等值偏误标准都是完美加总偏误的特殊形式。因此，本节将在完美加总标准上构建 Wald 统计量，并通过 F 统计量检验加总数据模型参数估计的无偏性和相应的方差分析、拟合优度分析。

5.2.1 无偏性检验

依据式（5.5）建立加总无偏性的 H_0 假设条件：

$$H_0: \sum_{i=1}^{m} x_i \beta_i = \sum_{i=1}^{m} x_i \beta \tag{5.12}$$

式（5.12）构成了多元回归模型中对参数约束的计量模型。将式（5.12）进一步转化成 $R\beta = q$ 形式：

$$\left(x_1 x_2 \cdots x_m \ - \sum_{i=1}^{m} x_i\right) \begin{pmatrix} \beta_1 \\ \beta_2 \\ \vdots \\ \beta_m \\ \beta \end{pmatrix} = 0 \tag{5.13}$$

构建 Wald 统计量：

$$W = \chi^2(J) = d'(Var[d])^{-1}d = (Rb - q)'[\sigma^2 R(x'x)^{-1}R']^{-1}(Rb - q) \tag{5.14}$$

同时，样本方差满足：

$$\frac{(n-k)s^2}{\sigma^2} = \frac{e'e}{\sigma^2} = \chi^2(n-k) \tag{5.15}$$

因为 b 独立于 s^2 分布，所以，上述两个 χ^2 分布是独立的，由此构建了 F 统计量：

$$F = \frac{(Rb - q)'[s^2R(x'x)^{-1}R']^{-1}(Rb - q)}{J} \tag{5.16}$$

此外，加总数据和细分数据线性回归方程之间的关系，可以用一个带参数约束的拉格朗日函数优化结构表示，最小二乘法的拉格朗日函数为：

$$L = (y - x\beta)'(y - x\beta) + 2\lambda'(R\beta - q) \tag{5.17}$$

满足条件式（5.6）的最小二乘估计量是：

$$b^* = b - (x'x)^{-1}R'[R(x'x)^{-1}R']^{-1}(R\beta - q) \tag{5.18}$$

在式（5.18）中，b^* 为受约束的回归方程参数估计值；而 b 为不受约束的回归方程参数估计值。在满足式（5.6）的前提下，式（5.16）可以用离差平方和表示。令约束方程，即加总公式的离差为 e^*，非约束方程的离差为 e。两者之间的关系，由式（5.19）表示。

$$e^* = y - xb^* = e - x(b - b)^* \tag{5.19}$$

那么，离差平方和为：

$$e^{*\prime}e^* = e'e + (b^* - b)'x'x(b^* - b) \tag{5.20}$$

在式（5.20）中，$e = \sum_{i=1}^{m} e_i$，$e'e = \sum_{i=1}^{m} e_i'e_i$

由式（5.16）、式（5.18）和式（5.20）得到：

$$F = \frac{(e^{*\prime}e^* - e'e)'/J}{e'e/(n-k)} \tag{5.21}$$

然而，若式（5.6）无法得以满足，则：

$$e'x \neq 0 \tag{5.22}$$

因为：

$$e^{*\prime}e^* - e'e = (b^* - b)'x'x(b^* - b) - 2e'x(b^* - b) \tag{5.23}$$

所以，F 统计量的独立性条件无法满足。

至此，通过 Wald 统计量构建了满足条件式（5.6）的回归参数假设检验和相关 F 统计量。

5.2.2 方差分析

巴克和帕瑟瑞（1990）指出，加总数据模型方差小于细分数据模型方差。运用带参数约束的最小二乘估计方法证实了上述结论，并进一步分析了加总数据模型的最小方差特性。

由此，满足条件式（5.5）、条件式（5.6）的b的估计量为：

$$E(b) = \beta \tag{5.24}$$

另外，加总方程的方差为：

$$Var(b) = E[(b-\beta)(b-\beta)'] = E[\varepsilon\varepsilon'](x'x)^{-1} \tag{5.25}$$

在式（5.25）中：

$$E[\varepsilon\varepsilon'] = E[(\sum_{i=1}^{m}\varepsilon_i)(\sum_{i=1}^{m}\varepsilon_i')] = [\sum_{i=1}^{m}\sigma^2 + 2\sum_{i,j=1}^{m}cov(\varepsilon_i,\varepsilon_j)]I \tag{5.26}$$

式（5.26）说明，不同细分数据方程中的离差并不会导致加总回归的异方差性，因此，不会改变方差最小性统计特性。显然，式（5.26）可以表示为：

$$E[\varepsilon\varepsilon'] = \sigma_T^2 I \tag{5.27}$$

由此，式（5.26）可以表示为：

$$Var(b) = \sigma_T^2(x'x)^{-1} \tag{5.28}$$

实现无偏性的条件，为式（5.5）和式（5.6）。可以证明，实现方差最小性的条件为式（5.28）。

由格林和塞克斯（Greene and Seaks，1991）得到：

$$Var(b^*) = \sigma^2(x'x)^{-1} - \sigma^2(x'x)^{-1}R'[R(x'x)^{-1}R']^{-1}R(x'x)^{-1} \tag{5.29}$$

在式（5.29）中，$\sigma^2(x'x)^{-1}R'[R(x'x)^{-1}R']^{-1}R(x'x)^{-1}$是一个非负定矩阵，则：

$$Var[b^*] < \sigma^2(x'x)^{-1} = Var[b] \tag{5.30}$$

式（5.30）说明，加总数据方程的参数估计值方差，要小于细分数据方程的参数估计值方差。可以，得到一个很重要的结论，在无偏性假定下，加总模式是BLUE。

研究发现，加总数据模型满足方差最小性条件，而且，其回归参数方差比细分数据回归参数方差小。上述无偏性条件和方差最小性条件的推出，进一步规范了既有文献将加总偏误归咎于异方差相关性因素、误差项相关性因素、自变量相关性因素等的片面认识，从而使得加总偏误的计量研究回归到计量经济学的基本分析框架之中。

5.2.3 拟合优度分析

关于拟合优度分析。令约束方程，即加总公式的离差为 e^*，非约束方程的离差为 e，两者之间的关系，见式（5.31）。

$$e^* = y - xb^* = e - x(b - b^*) \tag{5.31}$$

又：

$$e^{*\prime}e^* - e'e = (b^* - b)'x'x(b^* - b) - 2e'x(b^* - b) \tag{5.32}$$

在式（5.32）中，$e = \sum_{i=1}^{m} e_i$，$e'e = \sum_{i=1}^{m} e_i'e_i$。显然，$(b^* - b)'x'x(b^* - b)$ 是正定的。而模型不存在内生性时，$e'x(b^* - b) = 0$。

因为加总数据不改变自由度，所以，加总数据的回归拟合优度要小于细分数据的回归拟合优度：①

$$R^{*2} = 1 - \frac{e^{*\prime}e^*}{SST} = 1 - \frac{e^{*\prime}e^*}{Y'MY} < R^2 = 1 - \frac{e'e}{Y'MY} \tag{5.33}$$

这一结论证伪了格里利谢斯（Griliches，2005）的观点。但是，若模型存在内生性，$e'x(b^* - b) \neq 0$，则无法判断 $e^{*\prime}e^*$ 与 $e'e$ 的大小，进而也无法判断 R^{*2} 与 R^2 的大小。

由此看出，通过方差特性、拟合优度比较，进一步明确了加总偏误计量特性，构建了加总偏误研究的基本理论框架。

5.3 加总偏误的一般性校正方法

如何解决由加总引发的内生性问题？可以借鉴一些解决内生性的一般方法。②

5.3.1 变截距固定效应模型

假定加总过程中的内生性是由某些固定效应产生的。比如，地区差

---

① 简单起见，假定 y_i 之间相互独立。

② 最简单的办法是，采用细分数据而不是总数据进行统计分析。

异、性别差异、细分数据模型中的偏好互补或偏好替代等，即在加总数据分析中：

$$E(x_i'|\ \varepsilon_j) \neq -E(x_j'|\ \varepsilon_i) \neq 0 \tag{5.34}$$

通过变截距的固定效应模型加以分析，如：

$$y = (Dx)\beta + \varepsilon \tag{5.35}$$

在式（5.35）中，D 为 n×n 的矩阵，D 矩阵中的分量 D_{ij} 为固定效应虚拟变量。

分离出固定效应之后，在新的加总数据模型中，$\sum_{i \neq j} E(x'_i \varepsilon_j) = 0$，内生性问题得以解决。当然，固定效应模型的弊端在于，增加了若干个固定效应虚拟变量，统计量的自由度将随之减少。同时，分离固定效应的前提，是存在已知固定效应。因此，变截距固定效应模型，实质上就是虚拟变量方法，在面板数据模型中就是固定效应面板数据模型。

在实证研究中，部分文献采用虚拟变量法将内生遗漏变量纳入模型回归量中，进而构建一个回归量外生的计量模型，以实现加总数据模型参数估计的无偏性。如在技术性贸易壁垒贸易效应度量中的细分数据与加总数据差异化的一般性研究中，有文献采用单方程检验，即以虚拟变量的形式将细分数据与加总效应纳入模型，通过加总的虚拟变量的显著性检验，判断加总数据模型与细分数据模型的差异性。

迪斯迪尔等（Disdier et al.，2008）分析了技术性贸易壁垒在 HS 4 位码目录和 HS 2 位码等目录结构上对双边贸易的影响。该文献的理论框架，采用类似 A-vW 模型的引力模型形式：

$$x_{ij} = n_i p_i^{1-\sigma}(T_{ij})^{1-\sigma} E_j G_j^{\sigma-1} \tag{5.36}$$

在式（5.36）中，n_i 和 p_i 是国家 i 的商品种类和商品价格；E_j 和 G_j 是国家 j 的支出水平和价格指数；T_{ij} 代表冰山贸易成本。

经验研究的线性计量模型为：

$$\begin{aligned} \ln x_{ij}^{s_{hs4}} = {} & \mu_i fe_i^{s_{hs2}} + \lambda_j fe_j^{s_{hs2}} + \delta_1 \ln d_{ij} + \delta_2 cbord_{ij} + \delta_3 clang_{ij} \\ & + \delta_4 col_{ij} + \delta_5 tar_{ij}^{s_{hs4}} + \delta_6 SPSTBT_{ij}^{s_{hs4}} + u_{ij}^{s_{hs4}} \end{aligned} \tag{5.37}$$

在式（5.37）中，因变量 X_{ij} 采用国家 j 从国家 i 的进口数据，$fe_i^{s_{hs2}}$ 和 $fe_j^{s_{hs2}}$ 为 HS 2 位码固定效应；d_{ij} 为两国距离；$cbord_{ij}$ 为虚拟变量，表

示两国是否拥有共同边界；$clang_{ij}$为虚拟变量，表示两国是否有共同语言；col_{ij}为虚拟变量，表示两国是否具有殖民关系；$tar_{ij}^{s_{hs4}}$为 HS 4 位码下的关税；$SPSTBT_{ij}^{s_{hs4}}$为 HS 4 位码下的技术性贸易壁垒。

迪斯迪尔等（2008）采用式（5.37）对 154 个进口国（地区），183 个出口国（地区），690 种商品的截面贸易数据进行研究。研究发现，在控制了 HS 2 位码固定效应之后，HS 4 位码下的八个产业中技术性贸易壁垒有正效应，12 个产业效应不显著，另外 10 个产业存在负效应。例如，在食糖贸易中，技术性贸易壁垒显示出正效应；在谷类、羊毛及动物毛发商品的贸易中，技术性贸易壁垒没有显示正效应。鲍晓华（2006）对 HS 4 位码下和 HS 6 位码下的出口商品进行了比较，发现 HS 4 位码和 HS 6 位码等数据结构下的细分数据模型与加总数据模型之间存在的技术性贸易壁垒效应的差异性。

5.3.2 IV 方法

如果能够找到一组变量 Z，使得：

$$\operatorname{cov}(Z,x) \neq 0,\operatorname{cov}(Z,\varepsilon) = 0 \tag{5.38}$$

Z 就可以作为 x 的 IV，再运用二阶段最小二乘法（2SLS）进行参数估计。IV 方法的好处是不会减少自由度。事实上，加总偏误就是一种典型的内生偏误。因此，处理加总偏误的方法，可以采用处理内生偏误的一般方法。本书提出的加总偏误 Castle-IV 校正方法，正是遵循了 IV 方法的基本要旨。

5.4 一般性检验与校正方法存在的问题

在加总偏误的一般性检验方法与校正方法中，存在两个基本问题。第一个基本问题是加总偏误的检验只能判断加总偏误的存在性，而不能判断加总偏误的具体存在节点；第二个基本问题是相关校正方法的有效性，都是基于已知加总偏误的产生原因或产生节点。将上述两方面内容结合起来，容易发现，上述一般性检验与校正方法存在的关键问题是无法识别加总偏误的存在节点。

相关的无偏性检验方法没有问题。但是，关于细分数据模型与加总数据模型之间的无偏性检验，即便是有效检验，也只能发现加总偏误的存在性，无法识别加总偏误存在的节点。这为有效地识别加总偏误，进而实施加总偏误的有效校正增加了难题。同样，虚拟变量方法、固定效应面板数据模型或 IV 方法，都是在已知内生性变量类型的基础上实施的有针对性的内生性校正措施。一旦无法确定内生性的来源，根本无从获知内生性的变量，也很难找到有效的 IV 变量实施参数的有效估计。

因此，如何在上述无偏性检验方法和有效校正方法实施之前，构建一个能够有效识别加总数据模型中导致加总偏误的内生性存在节点的方法，在此基础上，再构建以 IV 方法为基础的加总偏误校正措施，才是计量模型加总偏误的解决之道。本章将在下文提出基于逐步分类加总（classified aggregation）与分层检验（stratified test）的加总偏误识别方法与检验方法，将可以有效地解决这一难题。

第6章

加总偏误内生性成因的数值模拟分析

内生性是产生加总偏误的根本原因。已有文献对此做了诸多研究，先后提出了加总偏误类型、加总偏误检验方法以及加总偏误的内生性因素等问题（Pesaran，Pierse and Kumar，1989；Yan，2010；覃琼霞等，2011）。但是，内生性涉及扰动项与回归量的总体分布，因而无法直接采用样本分布函数进行统计量构建与显著性检验。IV 方法和 Hausman 检验在有效工具变量的前提下，可以检验加总偏误的存在性问题。然而，工具变量的寻找以及工具变量法存在的诸多缺陷，限制了该方法的有效使用。因此，如何全面地审视加总偏误与内生性之间的关系，进而为加总偏误的内生性解释提供强有力的佐证依据，已成为加总偏误问题研究的紧迫任务。本章将在前文加总偏误的两类内生性因素研究基础上，展开相应的数值模拟分析。

本章在第 5 章关于加总偏误内生性本质的理论研究基础上，对加总数据模型中的各类变量进行设定和有效控制，运用数值模拟方法分析加总数据计量模型中的加总偏误存在性及内生性对加总偏误的影响，为加总偏误问题的研究提供了一个理想而有效的实验方法。数值模拟分析过程将加总数据模型区分为三类简单加总形式，即第一类简单加总形式、第二类简单加总形式和第三类简单加总形式，并区分回归量的随机性特征及非随机性特征，以考察加总过程内生性和细分数据模型内生性对加总偏误的影响程度。

试图通过上述数值模拟过程回答三个问题。（1）加总数据模型中的回归量外生性，是否意味着加总数据模型参数无偏性？（2）加总数据模型中的内生性，是否导致加总偏误？（3）内生性变化程度如何影响加总偏误？针对第一个问题，本章将在三类简单加总形式下，构建满足外生性条件的回归量与扰动项分布，然后，通过加总无偏性的数值模拟，考察回归量外生假设条件下的加总数据模型参数无偏性问题。对于第二个问题，将在区分回归量的随机性和参与特征后，根据两类内生性因素对三类简单加总形式中的加总偏误进行数值模拟，分析上述不同情形下数值模拟所显示出的加总偏误差异性。对于第三个问题，通过构建内生性参数来考察内生性变化对加总偏误的影响。本章的研究，将为加总偏误的理论研究和实证研究提供一个有价值的参照系。

6.1　加总数据模型参数无偏估计模拟

先从加总数据模型中的参数无偏估计展开分析。在进行数值模拟之前，需要厘清两个基本问题：第一个基本问题是计量模型的基本形式；第二个基本问题是细分数据的加总形式。针对第一个基本问题，拟采用第3章提出的一般化线性模型。针对细分数据加总形式，将以三类简单加总形式加以分类。接下来，从第一类简单加总形式开始考察加总数据模型中的无偏估计量的数值模拟。

6.1.1　第一类简单加总形式与无偏估计模拟

令加总数据因变量为 y，回归量矩阵为 x。在第一类简单加总形式的线性计量方程中，$y = \sum_{i=1}^{m} y_i$，$x = x_i$。设定存在四个细分数据变量：

$$y = \sum_{i=1}^{4} y_i \tag{6.1}$$

第一类简单加总形式中的回归量矩阵 x_i 不参与加总，加总数据模型中的回归量 x 满足 $x = x_i$ 的条件。四个细分数据模型中的扰动项，分别为 ε_1，ε_2，ε_3，ε_4。那么，第一类简单加总形式下的一般化线性计量模型为：

$$y = \sum_{i=1}^{4} y_i = \sum_{i=1}^{4} (x_i\beta_i + \varepsilon_i) = \sum_{i=1}^{4} x\beta_i + \sum_{i=1}^{4} \varepsilon_i \tag{6.2}$$

又：

$$b \triangleq (x'x)^{-1}x'y = (x'x)^{-1}x'(x\beta + \varepsilon) \tag{6.3}$$

覃琼霞等（2011）已经证明，若细分数据模型中的回归量与随机扰动项无关。

$$E(x_i\varepsilon_i) = 0 \tag{6.4}$$

则意味着，cov（x_i，ε_i）=0，那么，第一类简单加总形式中的参数估计是无偏的。此时，加总数据模型的无偏估计量为：

$$E(b) = \sum_{i=1}^{4} \beta_i \tag{6.5}$$

可以看出，上述加总数据模型参数估计值是细分数据模型参数的算术加总，并且，独立于回归量矩阵 x。

细分数据模型中回归量的设置如下：x_i 为 1×4 的向量，考虑到截距项的影响，假定 x_i 的第一列为单位向量；其他三个变量 x_{i1}、x_{i2}、x_{i3}、分别服从参数 λ=1，r=1；λ=1，r=2；λ=1，r=3 的 Γ 分布：

$$f(x_i) = \begin{cases} \frac{\lambda^r}{\Gamma(r)} x_i^{r-1} e^{-\lambda x_i} & x_i > 0 \\ 0 & x_i \leqslant 0 \end{cases} \tag{6.6}$$

在式（6.6）中，$\Gamma(r) = \int_0^{\infty} x_i^{r-1} e^{x_i} dx_i$。

假设细分数据模型中的随机扰动项 ε_i 的分布形式分别为：

$$\varepsilon_1 \sim N(0,1) \tag{6.7}$$

$$\varepsilon_2 \sim U(-0.5,0.5) \tag{6.8}$$

$$\varepsilon_3 \sim N(0,1) \tag{6.9}$$

$$\varepsilon_4 \sim U(-0.5,0.5) \tag{6.10}$$

考虑到回归量和随机扰动项分布的特征，上述假定满足回归量与随机扰动项无关的要求。同时，设定参数 β_i 是 4×1 的向量：β'_1=（1，0.1，1，2），β'_2=（1，0.2，2，3），β'_3=（1，0.3，3，4），β'_4=（1，0.4，4，5）。因此：

$$\beta = \sum_{i=1}^{4} \beta_i = (\beta_0, \beta_1, \beta_2, \beta_3)' = (4, 1, 10, 14)' \qquad (6.11)$$

与式（6.11）对应的加总数据模型回归参数估计量为 $b = (b_0, b_1, b_2, b_3)'$。接下来，设定样本数为50，使用随机数产生器生成相应的随机扰动项和回归量矩阵 x_i。进而依据式（6.2）循环计算得到 y，最后，根据样本值计算参数 β 估计量 b，第一类简单加总形式下回归参数的蒙特-卡洛模拟，见表6.1。

表6.1　　第一类简单加总形式下回归参数的蒙特-卡洛模拟

参数估计量	循环计算100次	循环计算1 000次	循环计算10 000次	循环计算50 000次
Eb_0	4.029 143 7	4.017 553 2	3.995 683 2	4.002 822 7
Eb_1	0.963 859 43	0.985 197 55	1.001 910 80	0.998 307 30
Eb_2	9.976 639 5	10.001 820 0	10.002 733 0	10.001 467 0
Eb_3	14.001 362	13.992 520	13.999 776	13.999 174

资料来源：笔者根据 Matlab 9.0 软件的数值模拟结果整理而得。

从表6.1可以看出，在循环计算100次时，参数 β 估计值接近真实值，在循环计算10 000次时，参数 β 估计值非常接近式（6.11）的真实值，而当循环计算达到50 000次时，参数 β 估计值已稳定收敛。第一类简单加总形式中的参数无偏估计量，是细分数据模型参数的简单加总。

6.1.2　第二类简单加总形式与无偏估计模拟

第二类简单加总形式，为 y 加总，x 部分加总。细分数据模型中的回归量，分为两部分：

$$x_i = x_{i1} + x_{i2} \qquad (6.12)$$

在式（6.12）中，x_{i1}参与加总，令：

$$x^* = x_{11} + x_{21} + x_{31} + x_{41} \qquad (6.13)$$

x_{i2}不参与加总，令：

$$x\hat{} = [x_{12} \quad x_{22} \quad x_{32} \quad x_{42}] \qquad (6.14)$$

由此，加总数据模型中的回归量矩阵变为：

$$x = x^* + x\hat{} \qquad (6.15)$$

此时，加总数据模型中的回归量矩阵 x 和向量 y 的加总结构变为：

$$x = [x^* \quad x^\wedge]_{1\times 8},\ y = \sum_{i=1}^{4} y_i \tag{6.16}$$

假设细分数据模型满足：

$$E(x_{ij}'\varepsilon_i) = 0,\ i = 1,\ 2,\ \cdots,\ 4,\ j = 1,\ 2 \tag{6.17}$$

则加总数据模型的参数估计 b 是无偏的。第二类简单加总形式比第一类简单加总形式复杂。加总数据模型的参数估计，由式（6.18）决定。

$$y = x\beta + \varepsilon = \sum_{i=1}^{4} x_i\beta_i + \sum_{i=1}^{4} \varepsilon_i \tag{6.18}$$

因为：

$$\varepsilon = \sum_{i=1}^{4} \varepsilon_i \tag{6.19}$$

所以：

$$x\beta = \sum_{i=1}^{4} x_i\beta_i \tag{6.20}$$

比较式（6.20）和式（6.5）可以看出，在式（6.20）中，第二类简单加总数据模型的参数 β 由变量 x、变量 x_i 和参数 β_i 决定，即：

$$\beta = f(x, x_i, \beta_i) \quad i = 1,2,3,4 \tag{6.21}$$

进一步地：

$$\beta = f(x_i, \beta_i) \quad i = 1,2,3,4 \tag{6.22}$$

而在式（6.5）中，第一类简单加总数据模型的参数 β 由参数 β_i 决定，即：

$$\beta = f(\beta_i) \quad i = 1,2,3,4 \tag{6.23}$$

比较式（6.22）和式（6.23），当给定细分数据模型参数 β_i 时，第一类简单加总数据模型的 β 即确定。然而，第二类简单加总数据模型中的 β 在给定细分数据模型的 β_i 时并不能确定，而是受到细分数据模型的回归量矩阵 x_i 的影响。因此，需要对 x_i 进一步加以约束，将其分成随机变量矩阵和非随机变量矩阵两种类型。

当 x_i 为随机变量矩阵时，若 x_i 参与蒙特 - 卡洛（Monte-Carlo）模拟重复抽样，β 的估计值将随 x_i 的变化而变化；若 x_i 不参与蒙特 - 卡洛（Monte-Carlo）模拟重复抽样，x_i 一旦给定，β 估计值也将随之确定。当 x_i 为非随机变量矩阵时，即 x_i 一旦给定，无论 x_i 是否参与蒙特—卡洛（Monte-Carlo）模拟，β 的估计值将在 β_i 给定的前提下逐渐收敛于某个稳定值。

接下来，分三种情形进行考察：分别探讨当 x_i 为随机变量矩阵且参与蒙特-卡洛重复抽样和不参与蒙特-卡洛重复抽样，以及当 x_i 为非随机变量矩阵三种情形。通过上述模拟详细说明，第二类简单加总形式中参数无偏性估计的特征。

（1）x_i 为随机变量矩阵且参与蒙特-卡洛（Monte-Carlo）模拟的情形

按照式（6.16）的设定，其中，x_{i1} 和 x_{i2} 参与加总，x_{i3} 不参与加总，直接进入加总数据模型。令加总数据模型中的回归量为：

$$x = (1, x_{T1}, x_{T2}, x_{13}, x_{23}, x_{33}, x_{43}) \tag{6.24}$$

在式（6.24）中：

$$x_{11} + x_{21} + x_{31} + x_{41} = x_{T1} \tag{6.25}$$

$$x_{12} + x_{22} + x_{32} + x_{42} = x_{T2} \tag{6.26}$$

此时的加总形式为：

$$y = x\beta + \varepsilon = \sum_{i=1}^{4} y_i = \sum_{i=1}^{4} x_i\beta_i + \sum_{i=1}^{4} \varepsilon_i \tag{6.27}$$

因为：

$$\varepsilon = \sum_{i=1}^{4} \varepsilon_i \tag{6.28}$$

所以：

$$x\beta = (1, x_{T1}, x_{T2}, x_{13}, x_{23}, x_{33}, x_{43})\begin{pmatrix}\beta_0\\ \beta_1\\ \beta_2\\ \beta_3\\ \beta_4\\ \beta_5\\ \beta_6\end{pmatrix} = \sum_{i=1}^{4} x_i\beta_i \tag{6.29}$$

从式（6.29）看出，加总数据模型中的参数增加到 7 个。接下来，假设回归量矩阵 x 是非随机性的。此时，加总数据模型的参数估计量：

$$Eb \triangleq \beta = (\beta_0 \quad \beta_1 \quad \beta_2 \quad \beta_3 \quad \beta_4 \quad \beta_5 \quad \beta_6)' \tag{6.30}$$

仍然设定数据的样本量为50。四个细分数据模型中的随机扰动项，仍然满足式（6.7）、式（6.8）、式（6.9）和式（6.10）的分布假定。在回归量与随机扰动项无关的前提下，数值模拟分别循环计算100次、1 000次、10 000次、50 000次和100 000次，得到相应的参数估计量，见表6.2。

表6.2　第二类简单加总形式下回归参数的蒙特-卡洛模拟（1）

参数估计值	循环计算 100次	循环计算 1 000次	循环计算 10 000次	循环计算 50 000次	循环计算 100 000次
Eb_0	0.544 828 34	3.104 284 6	4.609 574 5	1.734 853 6	8.644 155 1
Eb_1	0.272 102 56	0.340 809 43	0.400 052 99	0.448 497 67	−0.389 734 79
Eb_2	3.870 300 2	3.202 709 8	3.151 167 9	3.403 988 0	3.479 141 8
Eb_3	3.107 573 6	3.757 852 4	3.175 014 0	3.084 345 3	2.455 255 0
Eb_4	4.106 451 0	3.849 595 9	4.010 678 5	4.293 748 1	3.776 905 9
Eb_5	4.858 179 8	5.010 920 0	5.015 176 5	4.800 201 3	5.022 314 9
Eb_6	6.047 179 7	6.189 572 6	6.072 505 9	6.476 742 1	5.960 764 6

资料来源：笔者根据Matlab 9.0软件的数值模拟结果整理而得。

从表6.2可以看出，当 x_i 为随机变量矩阵且参与蒙特－卡洛模拟时：

$$Eb \triangleq \beta = f(x_i, \beta_i) \tag{6.31}$$

参数估计值Eb随着 x_i 的变化而变化，其取值是不定的，特别是在循环计算100 000次时，Eb_1 的符号都发生了改变。但覃琼霞等（2011）研究表明，上述模拟值都是无偏估计量，差异性主要是由 x_i 的变化引起的。

（2）x_i 为随机变量矩阵且不参与蒙特－卡洛（Monte-Carlo）模拟的情形

此时，假定条件与 x_i 为随机变量矩阵，且参与蒙特－卡洛（Monte-Carlo）模拟的情形相同。但是，x_i 不参与蒙特－卡洛（Monte-Carlo）数值模拟，即 x_i 如同 β_i 一样，一旦给定就是固定值，则：

$$Eb \triangleq \beta = f(\bar{x}_i, \bar{\beta}_i) \tag{6.32}$$

在式（6.32）中，$\bar{x}_i$ 和 $\bar{\beta}_i$ 为固定值。因此，加总数据模型中的参数估计值在蒙特－卡洛数据数值模拟中将逐渐收敛至稳定值，该稳定值为加总数据模型参数的真实值。与 x_i 为随机变量矩阵且参与蒙特－卡洛模拟的情形相比，此处的蒙特－卡洛模拟实验分为两部分，先根据随机变量 x_i 的分布函数生成随机数矩阵；然后，再进行蒙特－卡洛数值模拟。基本假定与上文一致，相应的模拟结果，见表6.3。

$$Eb \triangleq \beta = (\beta_0 \quad \beta_1 \quad \beta_2 \quad \beta_3 \quad \beta_4 \quad \beta_5 \quad \beta_6)' \tag{6.33}$$

表6.3　第二类简单加总形式下回归参数的蒙特－卡洛模拟（2）

参数估计值	循环计算100次	循环计算1 000次	循环计算10 000次	循环计算50 000次	循环计算100 000次
Eb_0	4.751 513 4	4.756 610 6	4.763 601 4	4.778 922 7	4.790 217 5
Eb_1	0.413 037 78	0.414 806 13	0.411 955 03	0.412 842 54	0.411 986 63
Eb_2	3.484 462 6	3.494 328 5	3.494 268 2	3.493 083 2	3.492 736 4
Eb_3	2.986 486 1	2.990 833 7	2.984 496 8	2.985 354 9	2.985 476 3
Eb_4	4.076 966 3	4.071 247 4	4.074 442 1	4.074 827 2	4.073 232 3
Eb_5	4.817 794 0	4.812 296 5	4.811 338 7	4.806 717 1	4.806 670 4
Eb_6	5.922 671 9	5.901 745 9	5.904 510 1	5.904 635 4	5.904 547 8

资料来源：笔者根据 Matlab 9.0 软件的数值模拟结果整理而得。

从表6.3可以看出，在循环计算1 000次时，参数估计值已经比较稳定，在循环计算达到100 000次时，上述7个参数估计值基本稳定。特别需要指出，参数估计值并不是细分数据模型中参数值的简单加总形式，而是满足式（6.29）的无偏估计值。

（3）x_i 为非随机变量矩阵

若 x_i 为非随机变量矩阵，那么，无论 x_i 是否参与蒙特－卡洛（Monte-Carlo）模拟，非随机变量意味着一旦确定将不会改变。此时，加总数据模型中的参数估计值如同 x_i 为随机变量矩阵，但不参与蒙特－卡洛模拟时的情形：先直接确定 x_i 和参数 β_i 的取值，再将上述两组数据按照蒙特－卡洛方法进入循环程序，进行数值模拟。

加总数据模型的参数值，依然要求满足式（6.29）。模拟过程中的变量假定和参数假定依然如第一部分中 x_i 为随机变量矩阵，并参与蒙特－卡洛模拟时的假定相同。蒙特－卡洛模拟实验生成参数 β 向量的估计值，见表6.4。

表 6.4　　第二类简单加总形式下回归参数的蒙特－卡洛模拟（3）

参数估计值	循环计算 100 次	循环计算 1 000 次	循环计算 10 000 次	循环计算 50 000 次	循环计算 100 000 次
Eb_0	0.525 786 23	0.556 669 90	0.519 429 20	0.513 134 84	0.510 860 16
Eb_1	0.071 655 452	0.084 692 020	0.085 809 271	0.085 856 521	0.086 213 986
Eb_2	3.925 331 1	3.917 126 8	3.919 998 9	3.920 351 5	3.920 908 1
Eb_3	3.130 378 7	3.123 141 0	3.120 124 8	3.122 469 0	3.121 614 4
Eb_4	4.670 790 9	4.681 750 3	4.683 169 1	4.682 977 0	4.681 668 5
Eb_5	4.823 783 3	4.829 584 7	4.826 057 0	4.826 326 9	4.826 757 6
Eb_6	5.975 516 1	5.949 859 6	5.955 124 4	5.953 344 3	5.954 280 6

资料来源：笔者根据 Matlab 9.0 软件的数值模拟结果整理而得。

从表 6.4 中可以看出，在循环计算 100 000 次之后，加总数据模型的 7 个参数估计值已经比较稳定。同样，这些参数虽然稳定在某一值，但并不是细分数据模型中参数值的简单加总形式，而是满足式（6.29）的无偏估计值。

6.1.3　第三类简单加总形式与无偏估计模拟

在第三类简单加总形式中，若满足式（6.34）的外生性条件：

$$E(x_i'\varepsilon_i) = 0 \tag{6.34}$$

那么，加总数据模型的参数估计为：

$$Eb \triangleq \beta \tag{6.35}$$

加总数据模型的参数与细分数据模型的参数关系为：

$$\sum_{i=1}^{m} x_i\beta_i = \sum_{i=1}^{m} x_i\beta \tag{6.36}$$

式（6.36）的结构与第二类简单加总形式中的式（6.20）较为相似。加总数据模型中的参数，由细分数据模型中的回归量 x_i 和参数 β_i 决定：

$$\beta = f(x_i, \beta_i) \tag{6.37}$$

在式（6.37）中，回归量 x_i 又可分为随机变量与非随机变量，但是，分析过程与分析结果和第二类简单加总形式相似。为简单起见，此处只讨论当 x_i 为非随机变量时的加总偏误情形，其他相关假定仍采用上文的假定。x_i 由随机数生成器一次生成。第三类加总形式下的回归参数蒙特-卡洛模拟结果，见表6.5。

表6.5　　第三类简单加总形式下回归参数的蒙特-卡洛模拟

参数估计值	循环计算100次	循环计算1 000次	循环计算10 000次	循环计算50 000次	循环计算100 000次
Eb_1	0.650 776 51	0.667 272 38	0.677 230 95	0.675 800 96	0.674 553 41
Eb_2	0.780 279 94	0.765 136 31	0.766 594 47	0.767 862 15	0.766 798 83
Eb_3	3.676 695 9	3.668 330 0	3.664 669 1	3.665 055 1	3.665 384 6
Eb_4	4.259 947 8	4.262 868 6	4.261 257 1	4.261 183 7	4.261 618 1

资料来源：笔者根据Matlab 9.0软件的数值模拟结果整理而得。

从表6.5中可以看出，在循环计算到10 000次时，加总数据模型中的4个参数估计值已经达到稳定，收敛于固定值。显然，上述参数估计值也不是细分数据模型中设定的参数 β_i 值的简单加总，而是与式（6.36）相一致的。

至此，本节对三类简单加总形式下的回归模型参数无偏估计进行了较为全面的数值模拟研究。通过数值模拟研究发现，在第一类简单加总形式中，加总数据模型参数的无偏估计量是细分数据模型参数估计量的算术加总；在第二类简单加总形式和第三类简单加总形式中，回归量矩阵为随机且不参与蒙特-卡洛重复抽样或者回归量为非随机时，加总数据模型参数的无偏估计量是存在且稳定收敛的；而当回归量为随机变量且参与蒙特-卡洛重复抽样时，加总数据模型参数的无偏估计量存在但不稳定。上述分析为加总数据模型参数估计无偏性问题和加总偏误问题的研究提供了全面的考察，为下文加总偏误的数值模拟提供了参照对象。

6.2　细分数据模型内生性与参数估计偏误模拟

先考虑较为简单的情形，即细分数据模型中的参数估计偏误问题。因此，本章仍然以农产品贸易中技术性贸易壁垒贸易效应度量的茶叶细分数据模型为例，假设小包装红茶（3千克以下）的回归向量 x_i 为：

$$x_1 = (1, x_{11}, x_{12}, x_{13}, x_{tb}) \qquad (6.38)$$

在式（6.38）中，假定 $x_{11} \sim N(0,1)$，$x_{12} \sim N(0,1)$，$x_{13} \sim N$

(0，1)，设定数据的样本量为 50。另外，假定回归量矩阵中的 x_{tb} 变量定义为虚拟变量：前 25 个数据界定为 0，后 25 个数据界定为 1。当虚拟变量为 0 时，表示没有技术性贸易壁垒；当虚拟变量为 1 时，表示存在技术性贸易壁垒。设 $\beta_1'=(1,\ 0.1,\ 1,\ 2,\ -0.3)$。特别设定的是回归量 $x_1=(1,\ x_{11},\ x_{12},\ x_{13},\ x_{tb})$ 与随机误差项 ε_1 的数值。考虑到两者的相关性，本章特别假设随机误差项 ε_i 的分布形式为：

$$\varepsilon_1 \sim N(0,I) + x_{tb} \tag{6.39}$$

运用蒙特－卡洛数值模拟，分别循环计算 100 次、循环计算 1 000 次、循环计算 10 000 次，得到参数 $\beta_1'=(1,\ 0.1,\ 1,\ 2,\ -0.3)$ 的估计值。细分数据模型形式下回归参数有偏估计的蒙特－卡洛模拟，见表 6.6。

表 6.6　细分数据模型形式下回归参数有偏估计的蒙特－卡洛模拟

参数估计值	循环计算 100 次	循环计算 1 000 次	循环计算 10 000 次	循环计算 50 000 次	循环计算 100 000 次
Eb_0	1.023 895 4	0.995 095 22	0.999 606 16	0.999 433 82	1.000 602 2
Eb_1	0.112 602 53	0.093 956 543	0.097 392 106	0.100 013 75	0.100 171 89
Eb_2	1.023 254 4	1.006 421 8	0.999 945 76	0.999 240 10	1.000 588 9
Eb_3	2.002 375 8	2.004 868 6	2.001 035 1	1.999 139 0	2.000 102 9
Eb_4	0.660 070 03	0.706 955 75	0.701 687 790	0.699 708 57	0.699 170 93

资料来源：笔者根据 Matlab 9.0 软件数值模拟结果整理而得。

从表 6.6 可以看出，设定回归量与随机误差项之间存在相关关系，与设定的参数相比，参数估计值 Eb_4 是有偏的。这说明，回归量与随机误差项之间的相关性，导致了参数估计偏误。细分数据模型是一个比较简单的结构形式，接下来，运用农产品贸易的加总数据与细分数据进一步探讨在加总数据模型中存在回归量与随机误差项之间的相关性前提下，加总数据模型的参数估计是否存在同样的偏误问题。

6.3　两类内生性因素与加总偏误存在性模拟

本节考察计量模型内生性与加总偏误的存在性。加总无偏性的条件是回归量矩阵与扰动项无关（覃琼霞等，2011），若回归量矩阵 x 和参

数 ε 独立，则有：

$$\mathrm{cov}(x',\varepsilon) = E[x'\varepsilon] - \bar{x}'\bar{\varepsilon} = E[x']E[\varepsilon] - \bar{x}'\bar{\varepsilon} = 0 \quad (6.40)$$

反之，若回归量矩阵 x 和参数 ε 不独立，则回归量矩阵 x 与参数 ε 相关：

$$\mathrm{cov}(x',\varepsilon) \neq 0 \quad (6.41)$$

存在两类可能导致加总偏误的内生性因素，因此，在模拟三类简单加总形式下的加总偏误时，区分细分数据模型内生性与加总过程内生性所引起的加总偏误。

6.3.1　第一类简单加总形式与加总偏误模拟

在第一类简单加总形式中，回归量不参与加总使得加总偏误只能来自细分数据模型内生性，即：

$$E[x'\varepsilon] = E[x_i'\varepsilon] = E[x_i'\sum_{i=1}^{m}\varepsilon_i] \neq 0 \quad (6.42)$$

因此，不妨假设某一细分数据模型存在内生性，基本假设与上文一致。由第一类简单加总数据模型参数估计式（6.5）得到，相应加总数据模型参数无偏估计量为：

$$Eb = (4,1,14,18) \quad (6.43)$$

第一类简单加总形式下四个细分数据模型中的回归量 x_i 相同，不妨设定扰动项 ε_1 与扰动项 x_{13} 相关的形式：

$$\varepsilon_1 \sim N(0,I) + x_{13} \quad (6.44)$$

由此得到相应的数值模拟结果，如表 6.7 所示。

表 6.7　第一类简单加总形式下回归参数加总偏误的蒙特－卡洛模拟

参数估计值	循环计算 100 次	循环计算 1 000 次	循环计算 10 000 次	循环计算 50 000 次	循环计算 100 000 次
Eb_1	4.081 103 2	3.984 382 9	3.995 928 6	3.999 506 1	3.999 429 1
Eb_2	1.029 126 6	1.003 384 5	1.002 389 1	0.999 490 85	1.000 273 6
Eb_3	14.973 047	14.996 754	15.000 777	15.000 337	14.999 692
Eb_4	17.988 864	18.001 408	17.999 790	17.999 977	18.000 266

资料来源：笔者根据 Matlab 9.0 软件数值模拟结果整理而得。

从表 6.7 可以看出，回归量 x_{13} 与随机扰动项 ε_i 相关，导致 Eb_3 估

计值出现偏误。而其他参数估计值都收敛于无偏估计量，并没有出现明显偏误。

6.3.2 第二类简单加总形式与加总偏误模拟

第二类简单加总形式中的加总偏误，需要考虑回归量 x_i 的随机性：当 x_i 为随机量且参与蒙特－卡洛重复抽样时，参数估计值不稳定且不收敛，因而不能很好地观察加总偏误。当 x_i 为随机量且不参与蒙特－卡洛重复抽样与 x_i 为非随机量的模拟过程和模拟结果基本一致。因此，下面以 x_i 为随机量且不参与蒙特－卡洛重复抽样为对象进行分析。6.2 节已经对加总数据模型回归参数的无偏估计值进行了模拟，相应的基本假定与上文一致。为了便于比较估计量的无偏特征与有偏特征，下面，先进行无偏性的数值模拟。第二类简单加总形式下回归参数无偏性模拟，见表 6.8。

表 6.8　　第二类简单加总形式下回归参数无偏性模拟

参数估计值	循环计算 100 次	循环计算 1 000 次	循环计算 10 000 次	循环计算 50 000 次	循环计算 100 000 次
Eb_0	1. 780 809 0	1. 819 976 3	1. 817 275 5	1. 823 079 4	1. 827 849 2
Eb_1	0. 181 363 61	0. 190 274 44	0. 192 564 28	0. 191 163 95	0. 190 548 65
Eb_2	3. 536 088 3	3. 534 134 3	3. 536 252 0	3. 535 530 2	3. 535 094 3
Eb_3	3. 697 387 7	3. 691 952 0	3. 682 260 0	3. 684 102 2	3. 685 485 0
Eb_4	4. 343 938 1	4. 345 995 6	4. 345 005 1	4. 345 919 8	4. 345 260 5
Eb_5	4. 764 715 8	4. 769 490 3	4. 769 070 8	4. 765 973 7	4. 766 711 8
Eb_6	5. 969 572 0	5. 949 025 8	5. 950 168 7	5. 952 082 5	5. 951 108 5

资料来源：笔者根据 Matlab 9. 0 软件数值模拟结果整理而得。

接下来，实施细分数据模型内生性导致加总偏误的数值模拟，设：

$$\varepsilon_2 \sim N(0,I) + x_{21} \tag{6.45}$$

第二类简单加总形式下回归参数加总偏误的蒙特－卡洛模拟（1），见表 6.9。

表 6.9　　第二类简单加总形式下回归参数加总偏误的蒙特－卡洛模拟（1）

参数估计值	循环计算 100 次	循环计算 1 000 次	循环计算 10 000 次	循环计算 50 000 次	循环计算 100 000 次
Eb_0	2. 689 260 0	2. 707 417 0	2. 665 514 1	2. 689 984 2	2. 689 812 5

续表

参数估计值	循环计算 100 次	循环计算 1 000 次	循环计算 10 000 次	循环计算 50 000 次	循环计算 100 000 次
Eb_1	0. 445 759 06	0. 454 007 67	0. 455 351 34	0. 454 712 49	0. 455 050 45
Eb_2	3. 529 057 8	3. 523 892 5	3. 524 591 4	3. 524 302 6	3. 524 053 3
Eb_3	3. 678 566 2	3. 664 544 2	3. 666 487 2	3. 665 377 8	3. 665 998 6
Eb_4	4. 232 079 2	4. 266 425 3	4. 270 230 6	4. 268 818 9	4. 269 423 2
Eb_5	4. 752 921 6	4. 742 116 2	4. 747 395 0	4. 744 656 6	4. 744 537 8
Eb_6	5. 824 412 7	5. 808 111 5	5. 805 978 9	5. 804 980 6	5. 804 562 1

资料来源：笔者根据 Matlab 9. 0 软件数值模拟结果整理而得。

对比表6. 8 和表6. 9，受到式（6. 45）所设定的内生性影响，Eb_1 模拟值和 Eb_0 模拟值发生了明显偏误。那么，对于加总过程内生性导致的加总偏误，更为清晰的假设为：

$$\varepsilon_3 \sim N(0, I) + x_{11} \tag{6.46}$$

第二类简单加总形式下回归参数加总偏误的蒙特 - 卡洛模拟（2），如表6. 10 所示。

表6. 10　第二类简单加总形式下回归参数加总偏误的蒙特 - 卡洛模拟（2）

参数估计值	循环计算 100 次	循环计算 1 000 次	循环计算 10 000 次	循环计算 50 000 次	循环计算 100 000 次
Eb_0	0. 763 269 35	0. 803 182 73	0. 779 731 66	0. 764 730 11	0. 763 874 42
Eb_1	0. 499 534 95	0. 494 034 85	0. 495 526 28	0. 495 232 82	0. 495 597 66
Eb_2	3. 535 911 6	3. 539 869 8	3. 535 774 6	3. 536 602 1	3. 536 968 2
Eb_3	3. 817 561 9	3. 818 561 2	3. 827 036 1	3. 828 559 4	3. 827 595 0
Eb_4	4. 236 491 4	4. 227 744 5	4. 230 033 5	4. 231 980 6	4. 231 191 5
Eb_5	4. 900 229 8	4. 910 135 3	4. 910 045 3	4. 907 447 4	4. 908 036 2
Eb_6	6. 138 994 8	6. 122 938 5	6. 130 655 2	6. 132 221 9	6. 132 402 1

资料来源：笔者根据 Matlab 9. 0 软件数值模拟结果整理而得。

从表6. 10 可以看出，Eb_1 的模拟值和 Eb_0 的模拟值也发生了明显偏误，其中，常数项 Eb_0 的偏误是 x_{11} 的均值导致的。①

① x_{tb} 的期望值等于 1。

6.3.3 第三类简单加总形式下的参数加总偏误模拟

第三类简单加总形式下的参数加总偏误模拟，也是承接6.1节中的第三类简单加总形式下的参数无偏估计方法而来的。第三类简单加总形式下的回归量结构，如式（6.36）所示。相关的变量设定与参数假设，同6.1节中第三类简单加总形式下的参数无偏估计中的假定。先计算无偏估计量，以便加以对比，第三类简单加总形式下回归参数的无偏估计值模拟，见表6.11。

表6.11　　第三类简单加总形式下回归参数的无偏估计值模拟

参数估计值	循环计算 100次	循环计算 1 000次	循环计算 10 000次	循环计算 50 000次	循环计算 100 000次
Eb_0	6.836 416 80	6.699 476 90	6.688 744 00	6.684 234 00	6.686 757 30
Eb_1	0.208 613 08	0.211 843 36	0.211 795 86	0.210 928 67	0.211 926 73
Eb_2	3.602 590 40	3.602 633 90	3.606 635 10	3.607 477 30	3.606 141 60
Eb_3	4.109 650 80	4.121 705 00	4.119 217 00	4.119 155 10	4.119 664 20

资料来源：笔者根据Matlab 9.0软件数值模拟结果整理而得。

接下来，考察加总过程中内生性导致的加总偏误问题。设定：

$$\varepsilon_1 \sim N(0,I) + x_{31} \tag{6.47}$$

其他假定与上文分析一致，第三类简单加总形式下回归参数的有偏估计值模拟（1），见表6.12。

表6.12　　第三类简单加总形式下回归参数的有偏估计值模拟（1）

参数估计值	循环计算 100次	循环计算 1 000次	循环计算 10 000次	循环计算 50 000次	循环计算 100 000次
Eb_0	6.148 884 60	6.118 031 50	6.084 588 20	6.087 697 00	6.086 600 00
Eb_1	0.647 877 45	0.655 722 04	0.651 784 87	0.651 679 38	0.651 417 48
Eb_2	3.593 027 60	3.585 241 20	3.587 325 40	3.587 652 80	3.587 522 10
Eb_3	4.120 514 80	4.126 527 40	4.128 969 40	4.128 539 20	4.128 844 30

资料来源：笔者根据Matlab 9.0软件数值模拟结果整理而得。

从表6.12可以看出，扰动项ε_1与回归量中的x_{31}相关，因此，导致了Eb_1和Eb_0的偏误。其中，Eb_0的偏误，是由x_{31}的期望值引起的。

进一步考察细分数据模型中的内生性导致的加总偏误问题。设定：

$$\varepsilon_4 \sim N(0,I) + x_{41} \tag{6.48}$$

其他假定与上文分析一致，第三类简单加总形式下回归参数的有偏估计值模拟（2），见表6.13。

表6.13 第三类简单加总形式下回归参数的有偏估计值模拟（2）

参数估计值	循环计算 100次	循环计算 1 000次	循环计算 10 000次	循环计算 50 000次	循环计算 100 000次
Eb_0	7.210 569 00	7.121 964 10	7.167 719 90	7.142 897 90	7.140 864 20
Eb_1	0.377 844 86	0.382 284 94	0.380 254 08	0.380 794 48	0.381 328 28
Eb_2	3.651 695 80	3.645 845 80	3.644 249 20	3.646 125 30	3.646 124 00
Eb_3	4.079 171 90	4.090 813 40	4.087 839 30	4.088 410 10	4.088 369 60

资料来源：笔者根据 Matlab 9.0 软件数值模拟结果整理而得。

从表6.13可以看出，扰动项 ε_4 与回归量中的 x_{41} 相关，因此，导致了 Eb_1 和 Eb_0 的偏误。其中，Eb_0 的偏误是 x_{41} 的期望值叠加导致的。

至此，本章对三类简单加总形式下的加总偏误进行了数值模拟，分别考察了无偏性数值模拟结果和有偏性数值模拟结果。上述较为全面的数值模拟，为内生性导致的加总偏误问题进行了详细分析。

6.4 两类内生性因素与估计偏误强弱模拟

6.3节考察了内生性与加总偏误的存在性问题。本节将以此为基础，进一步分析内生性变化对加总偏误的影响。假设扰动项 ε_i 与回归量中的 x_{ij} 存在内生性，偏误程度由式（6.49）表示：

$$d = E(b) - \beta = E[(x'x)^{-1}x'\varepsilon] \tag{6.49}$$

有偏估计的主要原因在于：

$$E[x'\varepsilon] \neq 0 \tag{6.50}$$

假设一个细分数据向量 $x_{ij} \in x$ 和细分数据模型的随机扰动项 ε_i 之间存在相关关系，即：

$$\mathrm{cov}(x_{ij}, \varepsilon_i) \neq 0 \tag{6.51}$$

为考察内生性对参数估计偏误的影响，随机扰动项 ε_i 服从两类分布的线性组合：

$$\varepsilon_i \sim (1-r)N(0,1)+rx_{ij} \tag{6.52}$$

根据式（6.52）可知，当参数 $r=0$ 时，随机扰动项 ε_i 服从标准正态分布，而当参数 $r>0$ 时，随机扰动项将与回归量 x_{ij} 相关；并且，随着 r 的不断增加，随机扰动项与回归量 x_{ij} 的相关程度不断增加；当参数 $r=1$ 时，随机扰动项将与回归量 x_{ij} 完全相关。参数 r 的变化，可以有效地控制回归量与随机扰动项之间的相关关系。在数值模拟中，设定参数 r 以一定的步长增加，进而计算相应的偏误程度 d 值的变化。

6.4.1 第一类简单加总形式下的偏误变化

第一类简单加总形式下，加总偏误是由细分数据模型的内生性引起的，即：

$$E[x'\varepsilon] = \sum_{i=1}^{4} E[x_i'\varepsilon_i] \neq 0 \tag{6.53}$$

偏误程度见式（6.54）：

$$d = E(b)-\beta = E[(x'x)^{-1}x'\varepsilon] = E[(x_i'x_i)^{-1}x_i'\sum_{i=1}^{4}\varepsilon_i] \tag{6.54}$$

在式（6.54）中，x_i 设定为：

$$x_i = (1, x_{i1}, x_{i2}, x_{i3}) \tag{6.55}$$

考虑到细分数据模型的内生性，假定随机扰动项 ε_1 变量与 x_{11} 之间的关系为：

$$\varepsilon_i \sim (1-r)N(0,1)+rx_{11} \tag{6.56}$$

数值模型中的参数与变量设定同上文。设定参数 r 以一定的步长增加，进而计算相应的偏误程度 d 值的变化，见式（6.57）。

$$d = E[(x_i'x_i)^{-1}x_i'\sum_{i=1}^{4}\varepsilon_i] = \begin{pmatrix} d_1 \\ d_2 \\ d_3 \\ d_4 \end{pmatrix} \tag{6.57}$$

则偏误程度 d 值，分别由 d_1、d_2、d_3 和 d_4 组成。

第一类简单加总数据模型偏误程度模拟，见图 6.1。从图 6.1 中可以看出，d_2 受到 ε_1 与 x_{11} 相关关系的影响出现明显偏误，并且，偏误程度随着相关关系程度的增强而变大，从接近零值增加到1。另外，d_1、d_3 和 d_4 的变化并不明显，随着相关程度参数 r 的增加，d_1、d_3 和 d_4 始终维持在零值附近波动。这一结果与6.4节的第一类简单加总偏误模拟结果一致。

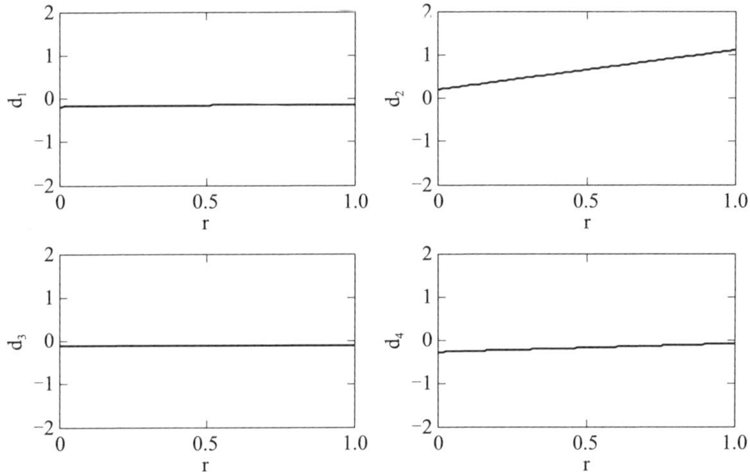

图6.1　第一类简单加总数据模型偏误程度模拟

资料来源：笔者根据 Matlab 9.0 软件数值模拟结果整理绘制而得。

6.4.2　第二类简单加总形式下的偏误变化

第二类简单加总形式，采用式（6.24）、式（6.25）和式（6.26）中的加总结构。从第二类简单加总形式开始，需要区分两类内生性因素对加总偏误的影响。

首先，假定随机扰动项 ε_2 变量与 x_{21} 之间的关系，反映细分数据模型内生性的影响：

$$\varepsilon_2 \sim (1-r)N(0,1) + rx_{21} \tag{6.58}$$

在数值模拟中，本章将设定参数 r 以一定的步长增加，进而计算相应的偏误程度 d 值的变化。其中，

$$d = E[(x'x)^{-1}x'\sum_{i=1}^{4}\varepsilon_i] = (d_1, d_2, d_3, d_4, d_5, d_6, d_7)' \tag{6.59}$$

相应的偏误程度 d 值为：

第二类简单加总数据模型偏误程度模拟（1），见图 6.2。由式（6.59）得到的模拟结果，从图 6.2 中可以看出，在 7 个加总偏误测度变量中，d_1 和 d_2 存在明显偏误。x_{21} 的期望值叠加到 d_1 上，导致 d_1 偏离零值，跳跃到 1，且呈递增趋势；d_2 从零值出发，不断单调增加。这一结果与加总偏误的存在性模拟结果一致，且偏误程度随内生性逐渐增强而增加。

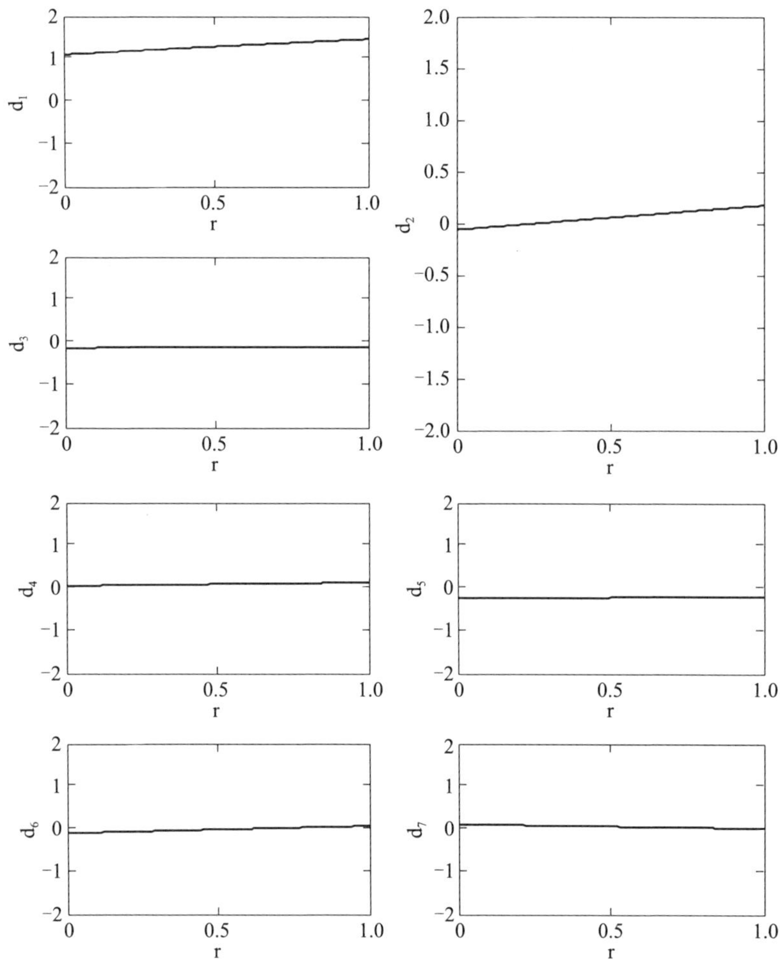

图 6.2　第二类简单加总数据模型偏误程度模拟（1）

资料来源：笔者根据 Matlab 9.0 软件数值模拟结果整理绘制而得。

其次，若考虑加总过程中的内生性对加总偏误的影响，假定随机扰动项 ε_3 变量与加总数据模型中的 x_{11} 之间的关系为：

$$\varepsilon_3 \sim (1-r)N(0,1) + rx_{11} \tag{6.60}$$

第二类简单加总数据模型偏误程度模拟（2），见图6.3。

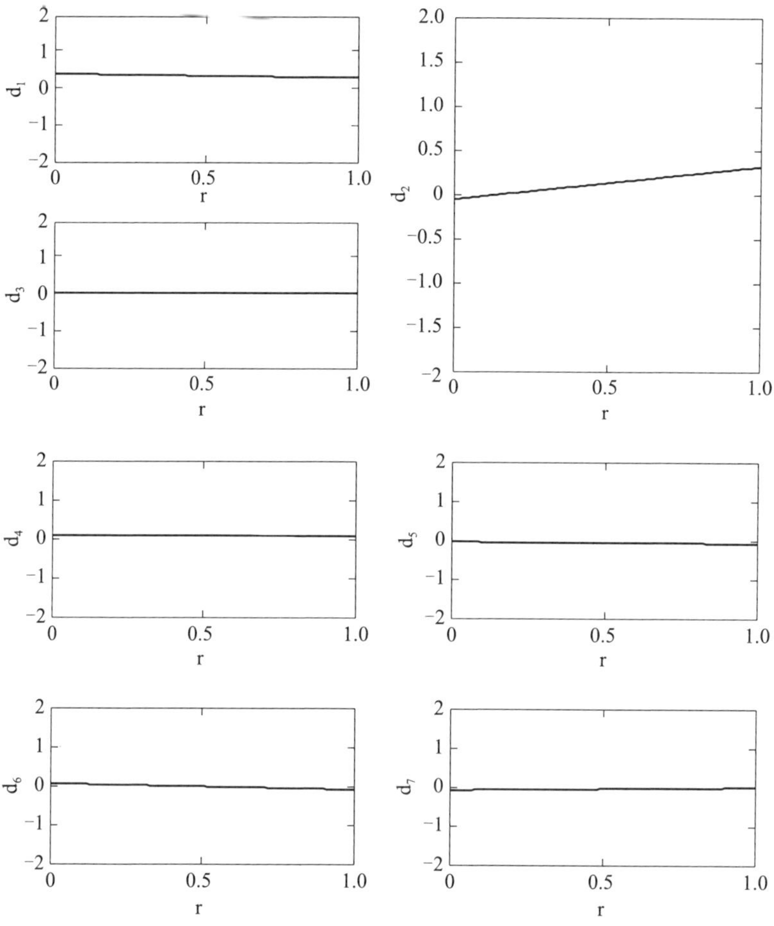

图6.3　第二类简单加总数据模型偏误程度模拟（2）

资料来源：笔者根据 Matlab 9.0 软件数值模拟结果整理绘制而得。

从图6.3可以看出，d_2 随着参数 r 的增加而显著增加。d_1 存在偏误，但是，并不随着参数 r 的增加而增加，其他的偏误并没有明显变化。

6.4.3 第三类简单加总形式下的偏误变化

在第三类简单加总形式中，回归量 $x = \sum_{i=1}^{4} x_i$，随机扰动项 $\varepsilon = \sum_{i=1}^{4} \varepsilon_i$。其中：

$$x_i = (1, x_{i1}, x_{i2}, x_{i3}) \tag{6.61}$$

此时的偏误估计值为：

$$\begin{aligned} d &= E(b) - \beta = E[(x'x)^{-1}x'\sum_{i=1}^{4}\varepsilon_i] \\ &= (d_1, d_2, d_3, d_4)' \end{aligned} \tag{6.62}$$

为估计上述偏误值随模型内生性的影响，随机扰动项的分布形式与前文一致。

首先，考察细分数据模型内生性与加总偏误之间的关系。假设：

$$\varepsilon_1 \sim (1-r)N(0,1) + rx_{11} \tag{6.63}$$

第三类简单加总数据模型偏误程度模拟（1），见图 6.4。

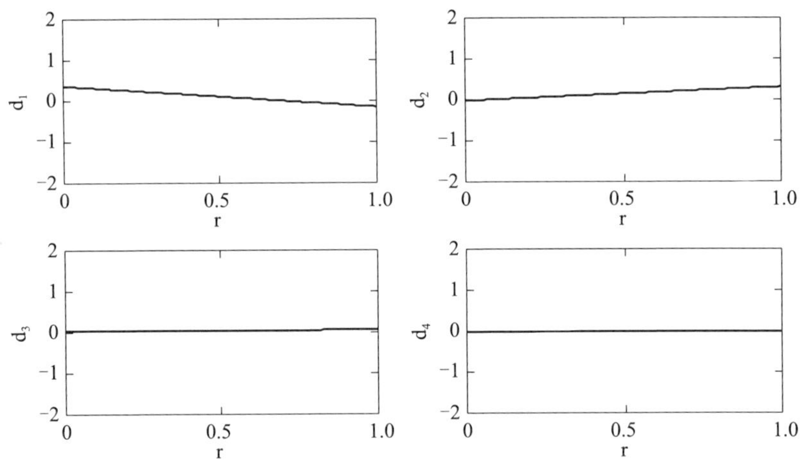

图 6.4 第三类简单加总数据模型偏误程度模拟（1）

资料来源：笔者根据 Matlab 9.0 软件数值模拟结果整理绘制而得。

从图 6.4 可以看出，在假定回归量 x_{11} 与随机扰动项 ε_1 存在相关关系时，加总偏误估计值 d_3、d_4 保持在零值，而 d_1、d_2 明显偏离零值，d_1 呈递减趋势，d_2 呈递增趋势。

其次，考察另一类由加总过程内生性导致的加总偏误变化，不妨假设：

$$\varepsilon_4 \sim (1-r)N(0,1) + rx_{41} \tag{6.64}$$

第三类简单加总数据模型偏误程度模拟（2），见图 6.5。

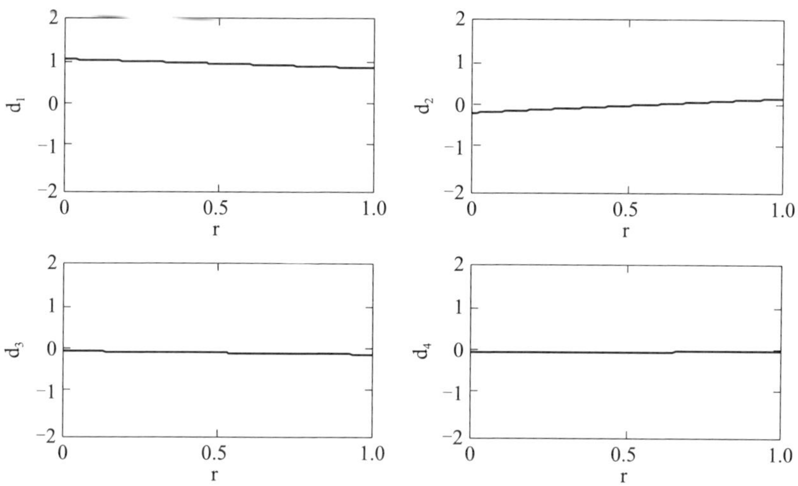

图 6.5　第三类简单加总数据模型偏误程度模拟（2）

资料来源：笔者根据 Matlab 9.0 软件数值模拟结果整理绘制而得。

从图 6.5 可以看出，在假定回归量 x_{41} 与随机扰动项 ε_4 存在相关关系时，加总偏误估计值 d_3、d_4 保持在零值。而 d_1、d_2 明显偏离零值，d_1 呈递减趋势，d_2 呈递增趋势。

由此，本章对三类简单加总形式下加总偏误随内生性强弱影响，进行了较为详细的数值模拟。模拟结果显示，内生性强弱与加总偏误呈现同方向变化：当内生性较弱时，加总偏误较小；当内生性较强时，加总偏误随之增加。本节的数值模拟也得到了另一个结论，即内生性只影响与之相关的参数估计值的偏误，而不影响其他参数估计值。这说明，若在实证研究中能确定内生性变量，至少可以有效地甄别其他变量参数估计的无偏性。

第7章

细分数据模型内生性的识别与检验

总量分析是当前宏观经济学实证研究的主流方法，但是，总量分析往往存在加总偏误。加总偏误是指，加总数据分析对细分数据分析的偏差。加总偏误理论中最著名的现象，就是萨缪尔森提出的“合成谬误”问题，即在个体分析中是正确的命题，在总体分析中却不成立。加总偏误严重影响了总量分析的准确性、科学性和权威性，以至于微观数据分析方法在经验研究中越来越流行，大有取代总量数据分析之势。因此，寻找加总偏误的原因，进而有效地减少、规避加总偏误，成为总量数据分析与微观数据分析相抗衡的关键性因素。而依据加总偏误的两类内生性因素研究，来自细分数据模型内生性是其中的一种内生性来源。

本章将重新考察加总偏误的理论研究与经验研究。在理论研究层面，运用帕瑟瑞、皮尔斯和库马尔（1989）的完美加总数据模型推演出相关的统计量；在经验研究层面，采用引力模型分析技术性贸易壁垒对中日茶叶贸易的细分数据层面和加总数据层面的影响，并考察加总偏误的存在性与存在原因，进而对加总偏误来自细分数据模型内生性的原因做进一步解释。

新新国际贸易理论的迅速兴起，使微观数据分析在国际贸易研究中越来越受到重视，但是，在国际贸易经验研究中总量数据分析依然很普遍。在备受关注的技术性贸易壁垒研究领域，很多文献采用引力模型、覆盖率指数或频率比率等方法，分析贸易总量受技术性贸易壁垒的影响。在中日茶叶贸易中，日本频繁修订《食品卫生法》，严重影响了中国茶叶的对日贸易。顾国达（2007）和许咏梅（2006）分别采用茶叶总量数据，分析技术性贸易壁垒对中日茶叶贸易的影响。但是，依据联合国贸易统计数据和日本海关贸易统计数据分类目录，日本从中国进口的茶叶可以将数据细分为小于 3 千克的红茶和小于 3 千克的绿茶、大于 3 千克的红茶和大于 3 千克的绿茶四种类型。而相应的茶叶总量数据，则是依据上述四类细分数据加总而成。因此，茶叶数据总量分析方法可能存在加总偏误问题。

本章以中日茶叶贸易中的细分数据为例，构建中日茶叶贸易的总量数据模型和细分数据模型，并运用受约束的回归模型构建 Wald 统计量检验加总数据与细分数据之间存在的加总偏误。本章力图通过对贸易数据模型的经验研究，探究来自细分数据模型的内生性因素所导致的加总偏误影响。

7.1　中日茶叶贸易与技术壁垒

本章运用的经验材料来自中日茶叶贸易数据与技术性贸易壁垒问题。中日两国都是茶叶贸易大国，日本是中国第二大茶叶出口国，中国是日本主要的茶叶进口国。日本的进口茶叶，主要来自中国、越南、肯尼亚和英国等。据日本海关统计数据显示，1988～2008 年，进口自中国的茶叶占日本进口茶叶总量的 30% 以上，中国茶叶占日本茶叶进口量的比重，如图 7.1 所示。

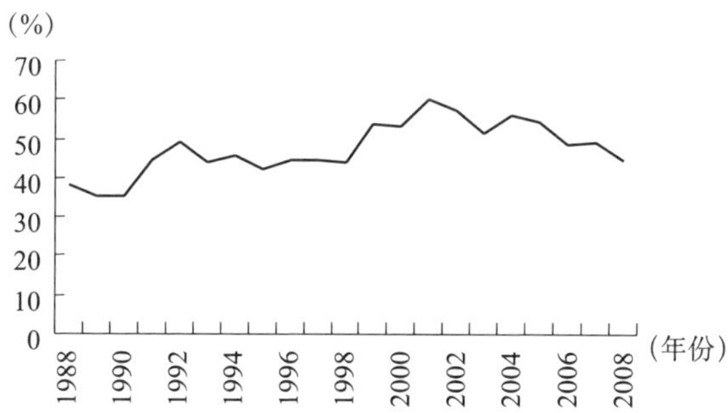

图 7.1　中国茶叶占日本茶叶进口量的比重

资料来源：笔者依据日本海关统计数据库的相关数据整理绘制而得。

然而，自 1992 年 10 月起，日本多次修订 1947 年颁布的《食品卫生法》，不断提高食品中的农药残留最大限量标准，客观上给中日茶叶贸易设置了重重障碍。1992 年年底和 1993 年，日本相继发布并实施新的茶叶农药残留标准 24 项；2002 年，采取类似原产地保护的措施，继续扩大对进口茶叶农药残留的检验种类，提高农药残量标准；2003 年，日本修改《食品卫生法》，准备实施《食品农药残留暂定登记标准制度》；2006 年，日本修订并实施了《食品、食品添加剂等的规范标准》。

在上述法规修订中，最引人关注的莫过于日本厚生劳动省于 2003 年修订的《食品卫生法》。日本厚生劳动省以该修订案为依据，在农业化学品残留管理方面引入肯定列表制度（positve list system）。在肯定列表制度中，涉及茶叶（包括绿茶、红茶和乌龙茶）的制度具体做了四项改动：一是将设限残留项目从 89 种增加到约 144 种；二是将设限残留项目以外的全部按“一律标准”，即限量为 0. 01mg/kg；三是采用“干茶法”进行检测；四是在肯定列表制度规定以外，有化学品残留将被视为违法。日本部分农药残留及限量标准，如表 7. 1 所示，表 7. 1 列示了肯定列表制度涉及茶叶的代表性农药残留及其限量标准。

表 7. 1　　日本部分农药残留及限量标准　　单位：mg/kg

1	吲哚酮草酯	一律标准	8	腈嘧菌酯	10
2	丁氟螨酯	20	9	联苯肼酯	2
3	呋虫胺	25	10	联苯菊酯	25
4	氟虫脲	15	11	螺甲螨酯	30
5	氟虫酰胺	40	12	蚊蝇醚	0. 3
6	硅氟唑	10	13	唑虫酰胺	20
7	腈苯唑	10			

资料来源：笔者根据 WTO – 技术性贸易壁垒网络数据整理而得。

上述三次典型的农药残留标准的调整，客观上影响了中国茶叶对日本的出口。既有文献对这一问题做了经验研究。但是，既有文献存在两种缺陷：一是从总类目录上研究茶叶贸易，未从细分数据目录角度研究各自的不同影响；二是 2006 年实施的肯定列表制度，其影响未在现有文献中加以检验。针对海关商品目录，茶叶存在 HS 4 位码目录商品和 HS 6

位码细分数据目录商品。具体来说，茶叶主要可以分为：红茶（3 千克以上，3 千克以下），绿茶（3 千克以上，3 千克以下）。中国对日本出口四类细分数据茶叶的出口数据表现并不一致。中国红茶对日本出口的细分数据如图 7.2 所示，中国绿茶对日本出口的细分数据，如图 7.3 所示。

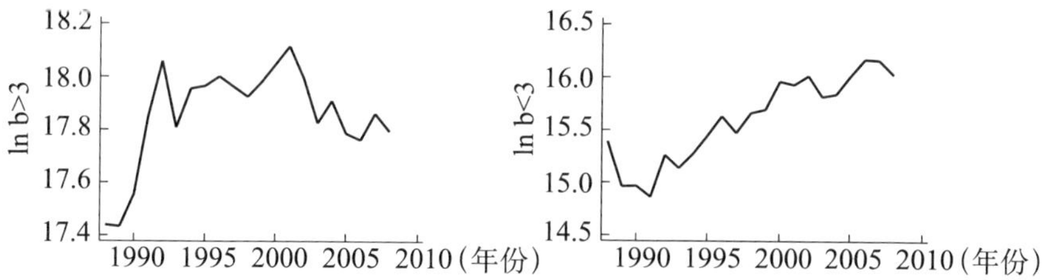

（a）红茶出口趋势（大于3千克）　（b）红茶出口趋势（小于3千克）

图 7.2　中国红茶对日本出口的细分数据

资料来源：笔者根据日本海关统计数据库的相关数据整理绘制而得。

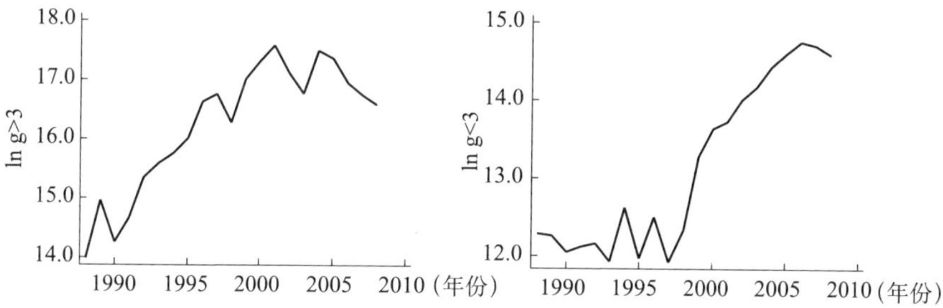

（a）绿茶出口趋势（大于3千克）　（b）绿茶出口趋势（小于3千克）

图 7.3　中国绿茶对日本出口的细分数据

资料来源：笔者根据日本海关统计数据库的相关数据整理绘制而得。

既有文献在 HS 4 位码商品目录上的研究结论，是否与 HS 6 位码商品目录的性质一致呢？是否存在显著的加总偏误？这是一个值得研究的问题。因此，本章以技术性贸易壁垒对茶叶贸易的影响为例进行研究，一方面，可以探讨细分数据与加总数据之间存在的加总偏误问题；另一方面，通过上述加总偏误问题的成因研究，可以挖掘来自细分数据模型内生性导致的加总偏误的经验证据。

与既有文献相比，本章的创新之处在于：一是将 HS 4 位码茶叶数据推进到 HS 6 位码茶叶数据进行研究。区分绿茶和红茶及其大小包装，并分析技术性贸易壁垒对上述四类茶叶商品的不同影响及加总偏误效应。二是挖掘了来自细分数据模型内生性导致的计量模型加总偏误的经验证据，进而为加总偏误的两类内生性因素提供了有力证据。

7.2 技术性壁垒贸易效应测度模型

考虑细分数据模型与总量数据模型的一致性问题，回归模型仍然采用引力模型分析茶叶与进出口国家 GDP、技术性贸易壁垒之间的关系。考虑一个细分数据模型：

$$y_i = x\beta_i + \varepsilon_i \tag{7.1}$$

在式（7.1）中，y_i 是第 i 种茶叶进口量，x 是 $n \times k$ 矩阵，包括进出口国 GDP，技术性贸易壁垒虚拟变量，β_i 是 $k \times 1$ 的回归系数向量，ε_i 是残差项。

另外，考虑一个总量数据模型：

$$y = x\beta + \varepsilon \tag{7.2}$$

在式（7.2）中，假设 $y = \sum_{i=1}^{m} y_i$ ①

此时的回归参数估计为：

$$\begin{aligned} b &= (x'x)^{-1}x'y = (x'x)^{-1}x'(x\sum_{i=1}^{m}\beta_i + \sum_{i=1}^{m}\varepsilon_i) \\ &= \sum_{i=1}^{m}\beta_i + (x'x)^{-1}x'\sum_{i=1}^{m}\varepsilon_i \end{aligned} \tag{7.3}$$

如果：

$$E(x'\sum_{i=1}^{m}\varepsilon_i) = \sum_{i=1}^{m}E(x'\varepsilon_i) = 0 \tag{7.4}$$

在式（7.3）中，则 b 的无偏估计量等于 $\sum_{i=1}^{m}\beta_i$。

特别地，如果细分数据回归方程的最小二乘参数估计中：

$$E(x'\varepsilon_i) = 0 \tag{7.5}$$

那么，式（7.4）显然成立。

---

① 这类加总形式，称为部分加总，详见覃琼霞等（2011）。

则，b 的无偏估计量的假设为：

$$H_0: \sum_{i=1}^{m} \beta_i = \beta \tag{7.6}$$

接着，转化为 $R\beta = q$ 形式。即：

$$(1\quad 1\quad 1 \cdots 1\quad -1)\begin{pmatrix}\beta_1\\ \beta_2\\ \vdots\\ \beta_m\\ \beta\end{pmatrix} = 0 \tag{7.7}$$

构建 Wald 统计量：

$$\begin{aligned} W &= \chi^2(J) = d'(var[d])^{-1}d \\ &= (Rb-q)'[\sigma^2 R(x'x)^{-1}R']^{-1}(Rb-q) \end{aligned} \tag{7.8}$$

同时，样本方差满足：

$$\frac{(n-k)s^2}{\sigma^2} = \frac{e'e}{\sigma^2} = \chi^2(n-k) \tag{7.9}$$

因为 b 独立于 s^2 分布，所以，上述两个 χ^2 分布是独立的，由此构建 F 统计量：

$$F = \frac{(Rb-q)'[s^2 R(x'x)^{-1}R']^{-1}(Rb-q)}{J} \tag{7.10}$$

容易得到：

$$F = \frac{(e^{*\prime}e^{*} - e'e)'/J}{e'e/(n-k)} \tag{7.11}$$

检验式（7.6）可以通过式（7.10）或式（7.11）的 F 统计量进行检验。

7.3　技术性贸易壁垒贸易效应测度加总偏误识别

回归方程采用引力模型，分析茶叶与进出口国家 GDP、贸易技术壁垒之间的关系。顾国达（2007）选取了三个虚拟变量表示农药残留限量法规，没有涉及 2006 年日本正式实施的肯定列表制度，将增加一个肯定列表制度的虚拟变量。特别地，将顾国达（2007）的总量回归方程依据日本海关 HS 6 位码商品统计分类目录分解为四个细分数据回归方程，分别为大包装（3 千克以上）红茶、小包装（3 千克以下）红茶、大包装（3 千克以上）绿茶和小包装（3 千克以下）绿茶。

代表性的细分数据回归方程，如式（7.12）所示。

$$\ln EX_i = \beta_{i0} + \beta_{i1}\ln GDP_J + \beta_{i2}\ln GDP_C + \beta_{i3}D_1 + \beta_{i4}D_2 + \beta_{i5}D_3 + \beta_{i6}D_4 + \varepsilon_{ii} \quad (7.12)$$

在式（7.12）中，EX_i 是第 i 种茶叶出口量，$i=\begin{cases}1 & \text{红茶，大包装}\\ 2 & \text{红茶，小包装}\\ 3 & \text{绿茶，大包装}\\ 4 & \text{绿茶，小包装}\end{cases}$

总量方程，见式（7.13）：

$$\ln EX = \beta_0 + \beta_1\ln GDP_J + \beta_2\ln GDP_C + \beta_3D_1 + \beta_4D_2 + \beta_5D_3 + \beta_6D_4 + \varepsilon \quad (7.13)$$

在式（7.13）中，$\ln EX = \sum_{i=1}^{4}\ln EX_i$。在式（7.12）、式（7.13）中，式（7.12）、式（7.13）的各变量的内涵说明，见表 7.2。

表 7.2　　式（7.12）、式（7.13）的各变量的内涵说明

变量	含　义	预期符号	理论说明
GDP_J	日本的 GDP 时序数据	+	代表日本的经济发展水平及对产品的进口需求能力
DGP_C	中国的 GDP 时序数据	+	代表中国的经济发展水平及对产品的出口供给能力
D_1	虚拟变量，衡量日本有代表性的技术性贸易壁垒颁布情况	-	1993 年实施新标准达 24 项
D_2	虚拟变量，衡量日本有代表性的技术性贸易壁垒颁布情况	-	2002 年继续扩大对进口茶叶农药残留检验种类，提高农药残留量标准
D_3	虚拟变量，衡量日本有代表性的技术性贸易壁垒颁布情况	-	2003 年修改《食品卫生法》，准备实施《食品农药残留暂定登记标准制度》
D_4	虚拟变量，衡量日本有代表性的技术性贸易壁垒颁布情况	-	2006 年实施的肯定列表制度

资料来源：笔者编制。

参照顾国达（2006）所用方法，本章也选用日本从中国进口茶叶的贸易额数据。GDP 数据来自世界银行数据库，以支出法计算并以 1990 年不变价格进行调整。选取 1988 ~ 2008 年共 21 年的 GDP_J、GDP_C 和 EX_i 的时间序列数据作为样本。因为上述数据都是时序数据，所以，先检验时间序列 GDP_J、GDP_C 和 EX_i 的单整性检验结果，见表 7.3；残差的平稳性检验结果，见表 7.4。

表 7.3　单整性检验结果

变　量	(c, t, m)	ADF 值	单整性
D (GDP_C)	(0, 0, 1)	-5.084***	I (1)
D (GDP_J)	(0, 0, 0)	-2.517**	I (1)
D (EX_1)	(0, 0, 0)	-5.119***	I (1)
D (EX_2)	(0, 0, 0)	-5.259***	I (1)
D (EX_3)	(0, 0, 0)	-5.664***	I (1)
D (EX_4)	(0, 0, 0)	-4.249***	I (1)
D (EX)	(0, 1, 1)	-5.470***	I (1)

注：***、**、*分别表示在 1%、5% 和 10% 的水平上显著。

资料来源：笔者根据日本海关数据库 1988 ~ 2008 年中日茶叶贸易数据和世界银行数据库的相关数据，运用 Stata 12.0 软件计算整理而得。

表 7.4　残差的平稳性检验结果

变　量	ADF 值	平稳性决策
e_1	-4.301***	平稳
e_2	-5.584***	平稳
e_3	-5.992***	平稳
e_4	-3.616***	平稳
e	-3.361***	平稳

注：***、**、*分别表示在 1%、5% 和 10% 的水平上显著。

资料来源：笔者根据日本海关数据库 1988 ~ 2008 年中日茶叶贸易数据和世界银行数据库的相关数据，运用 Stata12.0 软件计算整理而得。

因为细分数据回归模型中因变量和自变量的单整阶数同为 I (1)，并且，四个回归方程的残差序列是平稳的，所以，细分数据模型中的因变量与自变量存在协整关系。

首先，分析大包装红茶的回归模型：

$$\ln EX_1 = -76.78 + 3.32\ln GDP_J - 0.03\ln GDP_c - 0.03D_1$$

$$(24.22^{***})\ (0.97^{***})\quad (0.20)\quad (0.11)$$

$$-0.08D_2 - 0.28D_3 - 0.22D_4$$
$$(0.12) \quad (0.12^{**}) \quad (0.09^{**}) \tag{7.14}$$

式（7.14）中的 β_2、β_3 和 β_4 不能拒绝显著为零的 t 检验。构建 F 统计量，检验：

$$H_0: \beta_2 = \beta_3 = \beta_4 = 0$$ ①

$$\ln EX_1 = -64.67 + 2.87\ln GDP_J - 0.34D_3 - 0.2D_4$$
$$(10.45^{***}) \quad (0.36^{***}) \quad (0.07^{***}) \quad (0.08^{**}) \tag{7.15}$$

$$F = \frac{(S_2 - S_1)/J}{S_1/n - k} = \frac{(0.14835 - 0.14)/3}{0.14/(21 - 7)} = 0.278 \tag{7.16}$$

F 统计量不显著，H_0 假设成立。

其次，分析小包装红茶的回归模型：

$$\ln EX_2 = 87.23 - 3.90\ln GDP_J + 1.49\ln GDP_c - 0.13D_1$$
$$(30.5^{**}) \quad (1.22^{***}) \quad (0.25^{***}) \quad (0.14)$$
$$+0.05D_2 - 0.26D_3 - 0.01D_4$$
$$(0.15) \quad (0.15) \quad (0.12) \tag{7.17}$$

同样，式（7.17）中的 β_3、β_4 和 β_5 不能拒绝显著为零的 t 检验。构建 F 统计量，检验：

$$H_0: \beta_3 = \beta_4 = \beta_6 = 0$$

$$\ln EX_2 = 90.33 - 3.89\ln GDP_J + 1.36\ln GDP_c - 0.23D_3 \tag{7.18}$$
$$(27.26^{***}) \quad (1.1^{***}) \quad (0.18^{***}) \quad (0.09^{**})$$

$$F = \frac{(S_2 - S_1)/J}{S_1/n - k} = \frac{(0.236 - 0.22)/3}{0.22/(21 - 7)} = 0.34 \tag{7.19}$$

F 统计量不显著，H_0 假设成立。

然后，分析大包装绿茶的回归模型：

$$\ln EX_3 = -105.59 + 2.03\ln GDP_J + 2.32\ln GDP_c + 0.06D_1$$
$$(78.62) \quad (3.14) \quad (0.63^{***}) \quad (0.35)$$
$$-0.47D_2 - 0.44D_3 - 1.31D_4$$
$$(0.40) \quad (0.38) \quad (0.30^{***}) \tag{7.20}$$

① 此处原假设对应的参数序号参照式（7.12），本节下同。

同样由于式（7.20）中的 β_1、β_3 和 β_5 不能拒绝显著为零的 t 检验。构建 F 统计量，检验：

$$H_0: \beta_1 = \beta_3 = \beta_5 = 0$$

$$\underset{}{\ln EX_3} = -\underset{(5.76^{***})}{56.53} + \underset{(0.21^{***})}{2.66}\ln GDP_c - \underset{(0.25^{***})}{0.85}D_2 - \underset{(0.25^{***})}{1.4}D_4 \quad (7.21)$$

$$F = \frac{(S_2 - S_1)/J}{S_1/n-k} = \frac{(1.65 - 1.467)/3}{1.467/(21-7)} = 0.58 \quad (7.22)$$

F 统计量不显著，H_0 假设成立。

最后，分析小包装绿茶的回归模型：

$$\ln EX_4 = \underset{(84.54)}{137.91} - \underset{(3.38^{**})}{7.16}\ln GDP_J + \underset{(0.68^{***})}{2.99}\ln GDP_c - \underset{(0.38^{**})}{0.83}D_1 + \underset{(0.43)}{0.35}D_2 + \underset{(0.42)}{0.10}D_3 - \underset{(0.32)}{0.24}D_4 \quad (7-23)$$

式（7.23）中的 β_4、β_5 和 β_6 不能拒绝显著为零的 t 检验，构建 F 统计量，检验：

$$H_0: \beta_4 = \beta_5 = \beta_6 = 0$$

$$\ln EX_4 = \underset{(79.45^{*})}{161.54} - \underset{(3.17^{**})}{8.4}\ln GDP_J + \underset{(0.48^{***})}{3.44}\ln GDP_c - \underset{(0.27^{***})}{0.96}D_1 \quad (7.24)$$

$$F = \frac{(S_2 - S_1)/J}{S_1/n-k} = \frac{(1.96 - 1.696)/3}{1.696/(21-7)} = 0.73 \quad (7.25)$$

F 统计量不显著，H_0 假设成立。因此，经过显著性统计检验之后的细分数据回归模型分别为式（7-15）、式（7-18）、式（7-21）和式（7-24），相关统计值，如表 7.5 所示。

表 7.5　相关统计值

模型	F 值	R^2	调整 R^2	DW 值
式（7.15）	21.27	0.79	0.75	1.91
式（7.18）	76.21	0.93	0.92	2.25
式（7.21）	74.30	0.93	0.92	2.53
式（7.24）	62.92	0.92	0.91	1.38

资料来源：笔者根据日本海关数据库 1988~2008 年中日茶叶贸易数据和世界银行数据库的相关数据，运用 Stata12.0 软件计算整理而得。

接下来，考虑加总数据模型：

$$\ln EX = 42.77 - 5.72 \ln GDP_J + 6.76 \ln GDP_C - 0.93 D_1 - 0.26 D_2 - 0.88 D_3 - 1.78 D_4$$
$$(154.27)(6.17) \quad (1.25^{***}) \quad (0.69) \quad (0.78)(0.75)(0.59^{***}) \tag{7.26}$$

可否用式（7.26）代替细分数据模型呢？式（7.26）与式（7.15）、式（7.18）、式（7.21）和式（7.24）四式的加总关系在于，如果式（7.26）满足条件式（7.5），那么，四个细分数据回归模型参数 β_i 与加总数据回归模型参数 β 之间满足：$\sum_{i=1}^{4}\beta_i = \beta$。

采用 F 统计量分析、检验上述加总数据模型参数的无偏性。运用式（7.11）的 F 统计量：

$$F = \frac{(S_2 - S_1)/[(n-1)(k+1)]}{S_1/[nT - n(k+1)]} = \frac{(5.6485 - 1.96 - 1.65 - 0.236 - 0.14835)/7}{3.99435/(4\times 21 - 4\times 4)} = 4.02 \tag{7.27}$$

拒绝原假设，$\sum_{i=0}^{4}\beta_i \neq \beta$，即式（7.26）与式（7.15）、式（7.18）、式（7.21）和式（7.24）之间，存在明显的加总偏误。

7.4 细分数据模型内生性识别

加总偏误的原因，在第 5 章已经做过分析，加总偏误源自式（7.28）：

$$E(x'\sum_{i=1}^{4}\varepsilon_i) \neq 0 \tag{7.28}$$

具体到本章所分析的四类茶叶贸易细分数据模型，式（7.28）的左边变为式（7.29）。

$$E\begin{pmatrix}1\\ \ln GDP_J\\ \ln GDP_C\end{pmatrix}(\varepsilon_1+\varepsilon_2+\varepsilon_3+\varepsilon_4)=E\begin{pmatrix}\sum_{i=1}^{4}\varepsilon_i\\ \ln GDP_J\sum_{i=1}^{4}\varepsilon_i\\ \ln GDP_C\sum_{i=1}^{4}\varepsilon_i\end{pmatrix} \quad (7.29)$$

根据式（7.28）的结构，式（7.29）不为零的原因显然在于 $\sum_{i=1}^{4}E(\varepsilon_i)\neq 0$。因此，给出假设：$\sum_{i=1}^{4}E(\varepsilon_i)=0$，即，均值之和为零。

$$H_0:\mu_1+\mu_2+\mu_3+\mu_4=0 \quad (7.30)$$

因为四个细分数据样本来自四个不同总体，所以，总体具有不同状态分布形式 $N_p(\mu_i,\sum_i)$，此处，导出一个经典的贝伦斯－费雪（Behrens-Fisher）问题。采用霍特林（Hotling）的检验统计量为：

$$T^2=(\sum\mu_i)'\ S_*^{-1}(\sum\mu_i) \quad (7.31)$$

在式（7.31）中：

$$S_*=\frac{\sum S_i}{n},\ S_i=\frac{e_i'e_i}{n-1} \quad (7.32)$$

式（7.32）的自由度为：

$$r_\alpha=\frac{[(\sum u_i)'S_*^{-1}(\sum u_i)]^2}{\sum[(\sum u_i)'S_*^{-1}S_iS_*^{-1}(\sum u_i)]^2}n^2(n-1) \quad (7.33)$$

经过计算得到：

$$T^2=2.15\times10^{-14},P=1 \quad (7.34)$$

因为 $T^2\to0$，所以，无法拒绝原假设。①

由此可以得到四个细分数据模型的残差项期望值，必然有不为零的项。即至少存在一个：

$$E(\varepsilon_i)\neq0 \quad (7.35)$$

可见，加总偏误的原因并不来自7.3节所分析的加总过程内生问

① 此结论容易理解，因为自相关不影响参数估计的无偏性，所以，高斯—马尔科夫条件中的条件均衡为零的假定仍然满足。

题，而在于细分数据回归方程的缺陷。因此，考察细分数据模型误差的自相关特性。分析发现，细分数据模型拒绝一阶自相关检验，但是，无法排除存在高阶自相关的可能。自相关的存在，使得细分数据 OLS 估计的标准误差发生偏误，使得方差的无偏估计量偏小，约束的 F 统计量偏大，进而影响 F 检验的可靠性。对各细分数据回归方程和加总数据回归方程分别做 B-G 检验结果，见表 7.6。

表 7.6　　B-G 检验结果

模型	滞后期数	LM 值	判断
式（7.14）	1 期	0.031	接受 H_0
	2 期	1.715	接受 H_0
	3 期	1.723	接受 H_0
式（7.17）	1 期	1.347	接受 H_0
	2 期	3.589	接受 H_0
	3 期	14.429	拒绝 H_0
式（7.20）	1 期	3.251	接受 H_0
	2 期	7.199	拒绝 H_0
	3 期	10.18	拒绝 H_0
式（7.23）	1 期	1.561	接受 H_0
	2 期	1.755	接受 H_0
	3 期	2.099	接受 H_0
式（7.26）	1 期	0.001	接受 H_0
	2 期	3.184	接受 H_0
	3 期	6.247	接受 H_0

资料来源：笔者根据日本海关数据库 1988 ~ 2008 年中日茶叶贸易数据和世界银行数据库的相关数据，运用 Stata12.0 软件计算整理而得。

从表 7.6 发现，细分数据模型式（7.17）和模型式（7.20）都存在高阶自相关。因此，本章所讨论的总量数据模型参数与细分数据模型参数之间的偏误问题，更显著的原因来自细分数据模型的高阶自相关因素。这一高阶自相关问题，正是细分数据模型内生性的典型表现。事实上，式（7.35）可以进一步改写为式（7.36）。

$$E(\varepsilon_i \mid x_i) \neq 0 \tag{7.36}$$

式（7.36）意味着，细分数据模型回归量不满足外生性假定，进而构成了细分数据模型内生性引发的加总偏误问题。如果排除了上述细分数据模型的自相关问题，也就解决了细分数据模型内生性问题，由此引出的加总偏误问题得以有效解决。这一分析结果恰好与艾姆贝斯等（2002）和陈（2004）对于加总偏误与购买力平价之间关系的研究相一致。

第8章

加总过程内生性的识别与检验

经典计量理论指出，内生性是计量模型参数估计偏误的主要原因。第5章的加总偏误的内生性本质进一步揭示了细分数据模型内生性和加总过程中的内生性，是加总偏误的两大主因。但是，如何有效地识别与检验上述两类内生性引发的加总偏误，才是研究的关键。我们曾通过数值模拟方法，考察了两类内生性导致的加总偏误问题，然而，数值模拟是在控制数据分布特征之上展开的，与现实中的数据结构特征差异较大。因此，如何在实证研究中识别与检验加总偏误及其成因，进而有针对性地规范与处理内生性，减弱甚至消除加总偏误是总量数据研究中一个重要的理论问题与现实问题。本章提出了一个创新型的逐步分类加总方法（classified aggregation）与分层检验（stratified test）方法，对来自加总过程内生性的加总偏误进行识别与检验。

本章旨在通过逐步分类加总与分层检验的方法，精确识别与检验加总过程中的内生性产生的路径与关键节点，从而为解决加总偏误问题提供创新性的解决途径。因此，在实证研究对象选择上，本章分别选取了中国与日本、中国与欧盟（EU）以及欧盟与北美自由贸易区（NAFTA）之间的茶叶、花生和大豆等具有代表性的农产品贸易为研究对象，通过逐步分类加总方法与分层检验方法来识别与检验计量模型中因加总过程中内生性产生的加总偏误存在性及存在节点。为使得实证研究的逻辑顺序尽可能地与上文的理论分析和数值模拟保持一致，本章依然分三类简单加总形式对上述典型农产品的贸易效应测度及其加总偏误问题展开研究，进而可以比较可控的数值模拟状态与现实情形中的技术性贸易壁垒（TBT）贸易效应测度及加总偏误特征分析的状态。

加总偏误问题的实证研究，一般涉及两方面的测度：一方面，是细分数据模型与加总数据模型中的回归量参数估计；另一方面，是加总数据模型中的加总偏误测度与检验。在上述步骤下，加总偏误的研究只能测度细分数据模型与加总数据模型之间的参数估计是否存在加总偏误，而无法有效地识别这一加总偏误，如果加总偏误显著存在，究竟存在于哪一个节点上？本章的逐步分类加总与分层检验方法改进了上述传统做法，在细分数据模型与加总数据模型之间分离出多个逐步分类加总路径与加总步骤，并运用分层检验方法进行逐一的加总偏误检验。如此，本章就可以精确识别加总偏误的存在性与存在节点，以便为下一步实施加总偏误的有效校正提供解决方案。

本章试图通过分析回答三个问题：在不同的简单加总形式中，加总偏误是否在细分层面上与加总层面上显著存在？依据逐步分类加总与分层检验方法，是否可以对加总偏误有效识别与检验，精确定位加总偏误的存在节点？内生性确实是加总偏误的根本原因吗？

接下来要做的是，运用典型农产品贸易的经验数据，在度量代表性农产品技术性贸易壁垒（TBT）贸易效应的基础上，依据逐步分类加总方法与分层检验方法进行农产品贸易中 TBT 贸易效应测度的加总偏误识别与检验，着重回答上述三个问题。经验模型中的农产品研究对象，分别选用中日茶叶贸易和中欧花生贸易以及美加欧盟大豆贸易，上述三类研究对象恰好分别对应于三类简单加总结构。当然，在进行实证研究之前，先分析逐步分类加总与分层检验方法的基本理论结构。

8.1　逐步分类加总与分层检验的基本理论

先介绍基本的理论计量模型结构。设定简单加总形式下的细分数据模型和加总数据模型的一般形式，相应的细分数据模型为：

$$y_i = x_i\beta_i + \varepsilon_i \tag{8.1}$$

而加总数据模型为：

$$y = x\beta + \varepsilon \tag{8.2}$$

在式（8.1）和式（8.2）中，y_i，ε_i，y 和 ε 均为 $n \times 1$ 向量，x_i 和 x 为 $n \times k$ 矩阵，β_i 和 β 为 $k \times 1$ 向量。以因变量与自变量同时加总的第三类加总形式为例，即 m 个 y_i 加总成 y，m 个 x_i 加总成 x，具体见式（8.3）、式（8.4）：

$$y = \sum_{i=1}^{m} y_i \tag{8.3}$$

$$x = \sum_{i=1}^{m} x_i \tag{8.4}$$

因此，相应加总数据模型式（8.2）中的参数 β 的无偏估计量为 b 须满足：

$$E(xb) = x\beta = \sum_{i=1}^{m} x_i\beta_i = E(\sum_{i=1}^{m} x_i b_i) \tag{8.5}$$

而细分数据模型式（8.1）中的参数 β_i 的无偏估计量为 b_i，即：

$$x_i\beta_i = E(x_i b_i) \tag{8.6}$$

但是，式（8.2）中的参数 β 和式（8.1）中的 β_i 未知，只能检验式（8.5）中的两个估计式，即：

$$E(xb) = E(\sum_{i=1}^{m} x_i b_i) \tag{8.7}$$

若加总过程存在内生性，即：

$$cov(x_i, \varepsilon_j) \neq 0 \tag{8.8}$$

则：

$$E(xb) \neq E(\sum_{i=1}^{m} x_i b_i) \tag{8.9}$$

此时，加总数据模型存在参数估计的加总偏误。若要进一步判断上述加总偏误的具体来源，需要确定其中的细分数据 x_i 以及相关加总形式。一个可行的方法是，将 $\sum_{i=1}^{m} x_i b_i$ 的加总过程分解为若干个加总阶段，实施逐步分类加总方式，并在逐步分类加总过程中考察加总偏误的存在性及来源，即将 $x_i b_i$ 加总分解为若干个子加总形式。如式（8.10）所示，先将 $\sum_{i=1}^{m} x_i b_i$ 分为若干子类：

$$\sum_{i=1}^{m} x_i b_i = \sum_{i=1}^{h} x_i b_i + \sum_{i=h+1}^{m} x_i b_i \tag{8.10}$$

在式（8.10）中，两个子类分别加总，并各自检验加总偏误的存在性，即假设：

$$E\left(\sum_{i=1}^{h} x_i b_i\right) = E(x_1 b_1) \tag{8.11}$$

以及：

$$E\left(\sum_{i=h+1}^{m} x_i b_i\right) = E(x_2 b_2) \tag{8.12}$$

将两个子类进一步加总，得到一个新的无偏性结构：

$$\sum_{i=1}^{2} E(x_i b_i) = E(xb) \tag{8.13}$$

至此，将式（8.7）的加总形式拆分为式（8.11）、式（8.12）和式（8.13）三部分。由式（8.11）、式（8.12）和式（8.13）的逐步分类加总及其无偏性假设，可以检验式（8.9）中加总偏误来自式（8.11）、式（8.12）和式（8.13）三个子类加总形式的具体节点。这一过程就是本节提出的逐步分类加总及其检验的基本形式。考虑到计量模型中内生性存在的可能，即：

$$E(\varepsilon \mid x) \neq 0 \tag{8.14}$$

拟采用LM统计量进行加总偏误检验。以式（8.11）为例，构建一个距离函数：

$$d = x_1 b_1 - \sum_{i=1}^{h} x_i b_i \tag{8.15}$$

当距离d为零时，上述距离函数转化为线性约束条件：

$$x_1 b_1 = \sum_{i=1}^{h} x_i b_i \tag{8.16}$$

式（8.16）左右两边各自左乘 $(x_1' x_1)' x_1'$，进一步调整为：

$$b_1 = (x_1' x_1)' x_1' \sum_{i=1}^{h} x_i b_i \tag{8.17}$$

考虑到经典约束条件中的结构：

$$Rb_1 = q \tag{8.18}$$

其中：

$$R_{4\times4} = I_4 \tag{8.19}$$

$$q_{4\times1} = (x_1'x_1)'x_1'\sum_{i=1}^{h} x_i b_i \tag{8.20}$$

进而，式（8.20）满足了秩等于4的要求。假设式（8.20）为原假设，而备择假设为式（8.20）不成立。本章选用LM统计量，即：

$$LM = (b - q)'[\hat{\sigma}^2(x'x)^{-1}]^{-1}(b - q) \tag{8.21}$$

或者采用辅助回归方程的拟合优度，构建简化上述LM统计量，得到：

$$LM = nR_e^2 \tag{8.22}$$

至此，本节对逐步分类加总与分层检验的基本方法进行了阐述。下面，将运用三类加总形式下的经验数据进行研究，以检验上述方法的有效性。

8.2 第一类简单加总形式下的逐步分类加总与分层检验

8.2.1 基本计量模型

第一类简单加总形式，仅涉及因变量加总。本节选用比较经典的中日茶叶贸易，作为研究对象。茶叶商品在HS编码体系下可以分为HS 4位码的茶叶大类数据和HS 6位码的大包装红茶、小包装红茶、大包装绿茶和小包装绿茶四个小类细分数据。HS 6位码目录下的四个小类茶叶贸易数据的加总，正好等于HS 4位码目录下的茶叶大类数据。茶叶贸易效应度量模型主要涉及的因变量，是中国对日本茶叶农产品出口额数据，细分数据模型中的因变量是HS 6位码目录下的四小类茶叶贸易数据，加总模型中的因变量是HS 4位码目录下的茶叶大类数据；加总数据模型和细分数据模型中的自变量，都是中日两国GDP及以2002年日本的《食品卫生法》修订和2006年肯定列表制度实施为代表的TBT虚拟变量等。在加总数据模型中只涉及因变量四类茶叶贸易额的加总，而自变量贸易额相关的影响因素在加总过程中保持不变，符合第一类简单加总结构特征要求。

基本计量模型选用的是理论研究中得到的一般化线性模型，突出TBT的贸易效应度量内涵，其基本结构如下：

$$y_i = x_i\beta_i + \varepsilon_i \tag{8.23}$$

在式（8.23）中，y_i 为第i类茶叶的出口贸易额变量；x_i 为茶叶贸易额的系列影响因素。

根据上文的茶叶贸易壁垒分析，中日茶叶贸易模型分析中可能存在显著的加总偏误，这一加总偏误被发现可能来自细分数据模型，但是，上述分析具有两方面的局限性：其一，只能在假设细分数据模型可能存在加总偏误的前提下实施加总偏误检验；其二，即便识别了细分数据模型存在内生性，也无法排除其他领域，如加总过程是否同样存在加总偏误。因此，在第一类简单加总形式的计量实证分析中，引入逐步分类加总与分层检验方法来精确识别内生偏误的存在性与存在节点，进而规避传统识别方法与检验方法的上述两类缺陷。

8.2.2　经验数据特征分析

在经验模型中，因变量茶叶出口额和回归量中的两国 GDP_J、GDP_C 都是年度时序数据，包括1988~2011年共24个年度的样本。因为所采用的数据都为时间序列数据，所以，需要对各变量进行平稳性检验和协整检验，以便对模型数据变量进行选择。先对模型中可能涉及的日本国内生产总值变量（GDP_J）、中国国内生产总值变量（GDP_C）、大包装红茶出口额变量（BBT）、小包装红茶出口额变量（LBT）、大包装绿茶出口额变量（BGT）、小包装绿茶出口额变量（LGT）、茶叶出口额加总数据变量（TT）、以2006年日本肯定列表制度为代表的 TBT_1 和2002年修改的日本《食品卫生法》为代表的 TBT_2 进行平稳性检验。检验方法拟采用ADF单位根（augmented dickey-fuller）检验法。按照是否有常数项和趋势项，区分三种形式分别对每个变量的时间序列数据的一阶差分形式或二阶差分形式进行单位根检验。

$$\Delta y_t = \rho y_{t-1} + \sum_{i=1}^{p} \gamma_i \Delta y_{t-i} + \varepsilon_t \tag{8.24}$$

$$\Delta y_t = \alpha + \rho y_{t-1} + \sum_{i=1}^{p} \gamma_i \Delta y_{t-i} + \varepsilon_t \tag{8.25}$$

$$\Delta y_t = \alpha + \beta t + \rho y_{t-1} + \sum_{i=1}^{p} \gamma_i \Delta y_{t-i} + \varepsilon_t \tag{8.26}$$

在式（8.24）~ 式（8.26）中，$\Delta y_{t-1} = y_{t-1} - y_{t-2}$，$\Delta y_{t-2} = y_{t-2} - y_{t-3}$，依此类推；p 为滞后期数，根据赤池准则（AIC）确定。单位根检验的零假设为 H_0：$\rho = 0$，备择假设为 H_0：$\rho < 0$，上述分布中的 t 统计量的极限分布和 DF 检验的极限分布相同，因此，可以使用相同的临界值表。检验先从式（8.26）开始，然后是式（8.25），最后是式（8.24）。何时拒绝原假设，则说明原序列 y_t 不存在单位根，为平稳序列。若原假设被接受，则说明原序列 y_t 存在单位根，是非平稳序列。考虑到上述模型中的扰动项可能存在序列相关问题，本章进一步采用了菲利普斯—皮尔（Phillips-Perron，PP）检验。茶叶贸易相关数据的单整性检验结果，见表 8.1。

表 8.1　　茶叶贸易相关数据的单整性检验结果

变量	（c，t，m）	ADF 统计量	PP 检验	单整性
GDP_C	（c，t，1）	-4.310**	-4.942***	I（2）
GDP_J	（c，t，0）	-4.732***	-5.285***	I（1）
BBT	（c，t，0）	-5.272***	-6.037***	I（1）
LBT	（c，t，2）	-6.789***	-6.428***	I（1）
BGT	（c，t，1）	-5.511***	-7.835***	I（1）
LGT	（c，0，0）	-3.143**	-3.154**	I（1）
TT	（c，t，1）	-5.567***	-9.850***	I（1）
TBT_1	（c，t，0）	-4.838***	-4.917***	I（1）
TBT_2	（c，t，1）	-4.607***	-4.607***	I（1）

注：检验类型（c，t，m）分别表示单位根检验方程，包括常数项、时间趋势和滞后阶段。***、**、* 分别表示在 1%、5% 和 10% 的水平上显著。

资料来源：笔者根据日本海关统计数据库 1988 ~ 2011 年中日茶叶贸易数据和世界银行数据库的相关数据利用 EViews 6.0 软件计算整理而得。

从上述单整性检验可以看出，除了细分数据回归模型中的 GDP_C 是 I（2）平稳之外，其他的变量都是 I（1）平稳的。根据协整的基本要求，上述变量的线性组合无法得到协整关系。因此，对 GDP_C 采用宏观数据中常用的变量取对数形式进行调整。[①] 在对数结构形式下发现，ln GDP_C 的变量为 I（1）平稳的，中国 GDP 对数形式的单整性检验结果，见表 8.2。

表 8.2　　中国 GDP 对数形式的单整性检验结果

变量	（c，t，m）	ADF 统计量	PP 检验	单整性
$\ln GDP_C$	（c，0，3）	-3.212**	-2.747*	I（1）

注：检验类型（c，t，m）分别表示，单位根检验方程包括，常数项、时间趋势和滞后阶段。***、**、* 分别表示在 1%、5% 和 10% 的水平上显著。

资料来源：笔者根据日本海关统计数据库 1988～2011 年中日茶叶贸易数据和世界银行数据库的相关数据，运用 EViews 6.0 软件计算结果整理而得。

根据 TBT 贸易效应度量细分数据模型与加总数据模型中的变量结构，进一步将变量 GDP_J、$\ln GDP_C$、BBT、LBT、BGT、LGT、TT、TBT_1、TBT_2 形成不同组合进行协整检验，以此来考察系列变量间是否存在协整关系。协整检验采用约翰森—乔斯尼斯（Johnson-Juselius）检验方法，简称 JJ 检验。JJ 检验主要包括特征值迹检验和最大特征值检验。其中，特征值迹检验的统计量为：

$$y(M-r) = -T\sum_{i=r+1}^{m}\ln(1-\lambda_i) \quad r = 0,1,2,\cdots,M-1 \tag{8.27}$$

式（8.27）服从 Johansen 分布，特征值迹检验零假设为：有 M-r 个单位根，即有 r 个协整关系；备择假设为无约束。当 y(M) 不显著时，不拒绝零假设，说明有零个协整向量；当 y(M) 显著时，拒绝零假设，说明至少有一个协整向量。此时，必须接受 y(M-1) 的显著性检验。依此类推，直到出现第一个不显著的 y（M-r）为止，说明存在 r 个协整向量。

最大特征值检验的统计量为：

$$y(r-1) = -T\ln(1-\lambda_r) \tag{8.28}$$

同样地，式（8.28）也服从 Johansen 分布。该检验的零假设为有 M-r 个单位根，即有 r 个协整关系；备择假设为有 M-r-1 个单位根。检验从统计量 y(0) 开始，如果统计量不显著时，不拒绝零假设，说明有零个协整向量；当 y(0) 显著时，拒绝零假设，说明至少有一个协整向量，此时，必须接受 y(1) 的显著性检验。依此类推，直到出现第一

---

① 在第一类加总形式中回归量不参与加总，对数 GDP 变量不影响变量加总。当然，该变量参数的经济意义，变为弹性值。

个不显著的 y（r－1）为止，说明存在 r－1 个协整向量。

依据上述方法，将 GDP_J、ln GDP_C、BBT、LBT、BGT、LGT、技术性贸易壁垒的虚拟变量 TBT_1、TBT_2 等系列变量依据细分数据模型、加总数据模型中的不同变量组合进行协整检验，第一类简单加总形式下变量的 JJ 特征值的迹检验，见表 8.3；第一类简单加总形式下变量的 JJ 最大特征值检验，见表 8.4。通过最大特征值检验和特征值轨迹检验结果可以看出，细分数据模型和加总数据模型中的系列变量组合满足协整关系，由此可以构建相应的回归方程。

表 8.3　　第一类简单加总形式下变量的 JJ 特征值的迹检验

模型	Hypothesized No. of CE（s）	Eigenvalue	Trace Statistic	0.05 Critical Value	Prob.**
加总数据模型	None**	0.881 097	98.729 39	69.818 89	0.0001
	At most 1**	0.635 663	51.881 47	47.856 13	0.0200
	At most 2	0.576 660	29.668 59	29.797 07	0.051 7
大包装红茶细分数据模型	None**	0.834 550	106.110 1	69.818 89	0.000 0
	At most 1**	0.797 298	66.530 13	47.856 13	0.000 4
	At most 2**	0.642 818	31.417 68	29.797 07	0.032 3
	At most 3	0.309 755	8.768 478	15.494 71	0.387 2
小包装红茶细分数据模型	None**	0.904 900	110.551 3	69.818 89	0.000 0
	At most 1**	0.758 376	58.789 17	47.856 13	0.003 4
	At most 2	0.515 742	27.541 02	29.797 07	0.089 1
大包装绿茶细分数据模型	None**	0.881 872	97.586 07	69.818 89	0.000 1
	At most 1**	0.631 044	50.594 39	47.856 13	0.027 0
	At most 2	0.514 321	28.658 68	29.797 07	0.067 2
小包装绿茶细分数据模型	None**	0.973 129	140.076 5	69.818 89	0.000 0
	At most 1**	0.721 205	60.509 23	47.856 13	0.002 1
	At most 2**	0.594 814	32.409 09	29.797 07	0.024 5
	At most 3	0.422 136	12.534 10	15.494 71	0.133 0

注：***、**、* 分别表示在 1%、5% 和 10% 的水平上显著。

资料来源：笔者根据日本海关统计数据库 1988～2011 年中日茶叶贸易数据和世界银行数据库的相关数据，运用 EViews 6.0 软件计算结果整理而得。

8.2.3　细分数据模型与加总数据模型参数估计

国际贸易中的贸易效应度量常见的计量模型，为一般化的引力模型结构。在本章的研究中，除了中国国内生产总值变量 GDP_C 因二阶单整需要取自然对数 $\ln GDP_C$ 之外，其他变量都直接进入回归模型。其中，中日茶叶贸易的四类细分数据模型分别为：

$$BBT = \beta_{10} + \beta_{11}\ln GDP_c + \beta_{12}GDP_j + \beta_{13}TBT_1 + \beta_{14}TBT_2 + \varepsilon_{11} \tag{8.29}$$

$$LBT = \beta_{20} + \beta_{21}\ln GDP_c + \beta_{22}GDP_j + \beta_{23}TBT_1 + \beta_{24}TBT_2 + \varepsilon_{21} \tag{8.30}$$

$$BGT = \beta_{30} + \beta_{31}\ln GDP_c + \beta_{32}GDP_j + \beta_{33}TBT_1 + \beta_{34}TBT_2 + \varepsilon_{31} \tag{8.31}$$

$$LGT = \beta_{40} + \beta_{41}\ln GDP_c + \beta_{42}GDP_j + \beta_{43}TBT_1 + \beta_{44}TBT_2 + \varepsilon_{41} \tag{8.32}$$

表 8.4　　第一类简单加总形式下变量的 JJ 最大特征值检验

模型	Hypothesized No. of CE（s）	Eigenvalue	Max-Eigen Statistic	0.05 Critical Value	Prob. **
加总数据模型	None **	0.881 097	46.847 92	33.876 87	0.000 9
	At most 1	0.635 663	22.212 88	27.584 34	0.209 7
	At most 2	0.576 660	18.910 75	21.131 62	0.099 5
大包装红茶细分数据模型	None **	0.834 550	39.579 95	33.876 87	0.009 4
	At most 1 **	0.797 298	35.112 45	27.584 34	0.004 5
	At most 2 **	0.642 818	22.649 21	21.131 62	0.030 4
	At most 3	0.309 755	8.155 575	14.264 60	0.363 1
小包装红茶细分数据模型	None **	0.904 900	51.762 18	33.876 87	0.000 2
	At most 1 **	0.758 376	31.248 15	27.584 34	0.016 1
	At most 2	0.515 742	15.953 03	21.131 62	0.227 6
大包装绿茶细分数据模型	None **	0.881 872	46.991 68	33.876 87	0.000 8
	At most 1	0.631 044	21.935 70	27.584 34	0.223 7
小包装绿茶细分数据模型	None **	0.973 129	79.567 30	33.876 87	0.000 0
	At most 1 **	0.721 205	28.100 13	27.584 34	0.042 9
	At most 2	0.594 814	19.874 99	21.131 62	0.074 2

注：***、**、*分别表示在1%、5%和10%的水平上显著。

资料来源：笔者根据日本海关统计数据库 1988～2011 年中日茶叶贸易数据和世界银行数据库的相关数据，运用 EViews 6.0 软件计算结果整理而得。

第一类简单加总形式下的中日茶叶贸易加总数据模型结构为：

$$TT = \beta_{t0} + \beta_{t1}\ln GDP_c + \beta_{t2}GDP_j + \beta_{t3}TBT_1 + \beta_{t4}TBT_2 + \varepsilon_{t1} \quad (8.33)$$

在式（8.33）中：

$$TT = BBT + LBT + BGT + LGT \quad (8.34)$$

$$\varepsilon_{t1} = \varepsilon_{11} + \varepsilon_{21} + \varepsilon_{31} + \varepsilon_{41} \quad (8.35)$$

运用式（8.29）~式（8.32）四个细分数据回归模型与加总数据回归模型和现实样本数据，对中日茶叶贸易中的 TBT 贸易效应进行测度。在表 8.5 中，参数估计值 b_{i3}代表 2006 年的日本肯定列表制度、参数估计值 b_{i4}代表 2002 年日本订的《食品卫生法》这两类日本技术性贸易壁垒对中国茶叶出口日本在加总数据回归模型下和在细分数据回归模型下的贸易效应大小。加总数据回归模型与细分数据回归模型参数估计值及相关统计量回归结果，见表 8.5。

表 8.5　　加总数据回归模型与细分数据回归模型参数估计值及相关统计量回归结果

变量	BBT	LBT	BGT	LGT	TT
b_{i0}	-10 374.45 (-1.91)	-6 251.76 *** (-6.73)	-30 860.63 *** (-4.23)	-1 017.087 *** (-3.87)	-48 866.54 *** (-4.86)
b_{i1}	151.05 (0.25)	562.605 9 *** (5.35)	2 168.537 ** (2.63)	91.140 52 *** (3.06)	2 989.615 ** (2.63)
b_{i2}	0.003 49 ** (3.51)	0.000 022 6 (-1.33)	0.000 616 (0.46)	-0.000 004 78 (-0.17)	0.003 86 ** (2.10)
b_{i3}	-518.98 (-1.24)	-85.595 74 (-1.19)	-2 572.241 *** (-4.57)	3.390 575 (0.17)	-3 209.685 *** (-4.14)
b_{i4}	-2 145.927 *** (-5.22)	-67.612 03 (-0.96)	-684.157 2 (-1.24)	104.443 5 *** (5.25)	-2 798.603 *** (-3.68)
R^2	0.742	0.909 5	0.716 4	0.944 4	0.814
Adju-R^2	0.688	0.890 5	0.656 7	0.932 7	0.775
F 值	13.67	47.76	12	80.71	20.84

注：***、**、* 分别表示在 1%、5% 和 10% 的水平上显著。

资料来源：笔者根据日本海关统计数据库 1988 ~2011 年中日茶叶贸易数据和世界银行数据库的相关数据，运用 EViews 6.0 软件计算结果整理而得。

从表 8.5 中的 b_{i3}、b_{i4}的估计值和 t 统计量值可以看出，细分数据回归模型之间、加总数据回归模型与细分数据回归模型之间，都存在参数估计的差异性和 t 统计量值的差异性。

从四类细分数据模型中的贸易效应测度结果可以看出，以肯定列表制度为代表的 TBT_1，只对大包装绿茶有显著的负面贸易效应；而日本的第二类技术性贸易壁垒，即 TBT_2，对中国大包装红茶出口呈现显著的负面影响，相反地，对小包装绿茶还起到了正面的积极效应。

从加总数据模型中看，日本的肯定列表制度和日本《食品卫生法》对中国茶叶向日本出口的影响都是显著为负的。而且，在加总数据模型中，所有的变量参数都是显著的。这说明，加总数据模型的参数估计，掩盖了某些细分数据模型参数不显著的事实。也就是说，从加总数据模型中看，肯定列表制度对茶叶的负面影响，将会掩盖其对于红茶和小包装绿茶影响不显著的事实；2002 年修改的日本《食品卫生法》在加总数据回归模型中的显著负效应，也掩盖了其对小包装绿茶的正效应和对小包装红茶与大包装绿茶无明显影响的结论。

通过上述实证分析初步可以得出如下两个结论：一是细分数据模型之间存在的参数估计差异性体现了个体异质性特征，而这种个体异质性特征实质上是细分数据模型所拥有的优势；二是加总数据模型参数估计通过数据的简单加总掩盖了细分数据模型参数的差异性，甚至改变了细分数据模型中的参数估计值符号。上述细分数据模型中与加总数据模型中参数估计的差异性，并不意味着完全来自细分数据模型中的个体异质性，可能还存在加总过程中内生性导致的加总偏误问题。根据加总偏误的基本定义和表现形式，下面，进一步探究上述第一类简单加总结构中参数估计的加总偏误问题。

8.2.4　加总偏误识别与检验

在第一类简单加总形式的 TBT 贸易效应度量中，依据第一类加总无偏结构，给出加总数据模型参数，加总无偏估计值与细分数据模型估计值之间的关系为：

$$E(b_{tj}) = \beta_{tj} = \sum_{i=1}^{4} \beta_{ij} \quad j = 1, \cdots, 4 \tag{8.36}$$

若参数关系不满足式（8.36），则其中的技术性贸易壁垒的参数估计存在加总偏误，且这一加总偏误来自加总过程的内生性。因此，先比较 TBT 贸易效应在加总数据回归模型中与细分数据回归模型中的估值，通过简单加总形式得到加总数据回归模型 TBT 贸易效应参数与细分数据回归模型 TBT 贸易效应参数比较结果，见表 8.6。

表 8.6　加总数据回归模型 TBT 贸易效应参数与细分数据回归模型 TBT 贸易效应参数比较结果

加总数据回归模型 TBT 贸易效应参数	估值	细分数据回归模型 TBT 贸易效应参数	估值
b_{t3}	-3 209.685	$\sum_{i=1}^{4} b_{t3}$	-3 173.426
b_{t4}	-2 798.603	$\sum_{i=1}^{4} b_{t4}$	-2 793.253

资料来源：笔者根据日本海关统计数据库 1988 ~ 2011 年中日茶叶贸易数据和世界银行数据库的相关数据，运用 EViews 6.0 软件计算结果整理而得。

从表 8.6 的 TBT 贸易效应参数比较中看出，加总数据回归模型 TBT 贸易效应参数与细分数据回归模型 TBT 贸易效应参数之和几乎相等，从形式上初步判断可能并不存在加总偏误。进一步地，从统计意义上判断上述参数估值之间的差异性，构建相应的假设检验和相关统计量进行检验研究。先给出相关的假设 H_0 为：

$$H_0: \beta_{tj} = \sum_{i=1}^{4} \beta_{ij} \quad j = 0, 1, \cdots, 4 \tag{8.37}$$

假设 H_1 为：

$$H_1: \beta_{tj} \neq \sum_{i=1}^{4} \beta_{ij} \tag{8.38}$$

式（8.37）实质上构成了多元回归模型中对参数约束的计量模型，将其调整为：

$$\beta_{tj} - \sum_{i=1}^{4} \beta_{ij} = 0 \tag{8.39}$$

从式（8.39）可以看出，β_{tj}和参数 β_{ij}都是未知的，当采用相应的估计值 b_{tj}和估计值 b_{ij}去评价时，任何偏离都来自上述两类估计值的偏误。而估计值 b_{tj}对参数 β_{tj}的偏离，则属于加总数据模型偏误；而估计值 b_{ij}对参数 β_{ij}的偏离，则属于细分数据模型偏误。

进一步，将式（8.39）转化为 $R\beta = q$ 形式，即：

$$(1 \quad -1 \quad -1 \quad -1 \quad -1)\begin{pmatrix}\beta_{tj}\\ \beta_{1j}\\ \beta_{2j}\\ \beta_{3j}\\ \beta_{4j}\end{pmatrix} = 0 \tag{8.40}$$

在式（8.40）中：

$$R = (1 \quad -1 \quad -1 \quad -1 \quad -1) \tag{8.41}$$

$$\beta = \begin{pmatrix}\beta_{tj}\\ \beta_{1j}\\ \beta_{2j}\\ \beta_{3j}\\ \beta_{4j}\end{pmatrix} \tag{8.42}$$

给定 β 的最小二乘估计量 b，给出一个距离向量 d：

$$d = Rb - q = Rb \tag{8.43}$$

因为 b 是多元正态分布的，而 d 是 b 的一个线性函数，所以，d 也是多元正态分布的。若原假设为真，此时，d 的均值为 0，方差为：

$$Var[d] = Var[Rb] = R(Var[b])R' = \sigma^2 R(X'X)^{-1}R' \tag{8.44}$$

构建 Wald 统计量为：

$$W = \chi^2(J) = d'(var[d])^{-1}d = (Rb)'[\sigma^2 R(x'x)^{-1}R']^{-1}(Rb) \tag{8.45}$$

因为 Wald 统计量中的总体方差 σ^2 未知，所以，式（8.45）的 Wald 统计量不可用。然而，考虑到样本方差满足：

$$\frac{(n-k)s^2}{\sigma^2} = \frac{e'e}{\sigma^2} = \chi^2(n-k) \tag{8.46}$$

b 独立于 s^2 分布，在式（8.46）中，上述两个 χ^2 分布是独立的，因此，用样本方差 s^2 代替总体方差 σ^2，进而通过式（8.45）除以式（8.46）构建相应的 F 统计量为：

---

① 式（8.45）中的 b 和式（8.46）中的 S^2 相互独立。

$$F[J,n-k]=\frac{(Rb)'[s^2R(X'X)^{-1}R']^{-1}(Rb)}{J} \tag{8.47}$$

同时，可以得到另一个相同的约束检验的 F 统计量：

$$F[J,n-k]=\frac{(e'_*e_*-e'e)/J}{e'e/(n-K)} \tag{8.48}$$

在式（8.48）中，e'_*e_* 为受约束方程的样本残差平方和，$e'e$ 为原方程的样本残差平方和，J 为约束方程个数，（n－K）为自由度。通过式（8.47）或式（8.48）的 F 统计量，可以考察中日茶叶贸易中的两种 TBT 贸易效应参数 β_{t3}、贸易效应参数 β_{t4} 的加总偏误问题，对应的参数估计值分别为 b_{t3}，b_{t4}。

与式（8.48）相关的非约束方程为：

$$TT=\beta_{t0}+\beta_{t1}\ln GDP_c+\beta_{t2}GDP_j+\beta_{t3}TBT_1+\beta_{t4}TBT_2+\varepsilon_{t1} \tag{8.49}$$

受式（8.37）约束的方程为：

$$TT'=\beta_0+\varepsilon_{t1} \tag{8.50}$$

在式（8.50）中，J 为约束方程个数等于 5，自由度（n－K）等于 19，式（8.48）计算得到加总偏误检验结果，见表 8.7。

表 8.7　　加总偏误检验结果

F 统计量	F 值临界值（α＝0.05）	加总偏误
0.037 5	2.74	无偏

资料来源：笔者根据日本海关统计数据库 1988～2011 年中日茶叶贸易数据和世界银行数据库的相关数据，运用 EViews 6.0 软件计算结果整理而得。

通过上述分析与检验，可以得到在茶叶加总数据回归模型中，茶叶 TBT 贸易效应度量并不存在显著的加总偏误问题，即可以指出 $\beta_{tj}=\sum_{i=1}^{4}\beta_{ij}$。那么，无须展开逐步分类加总研究与分层检验研究。

然而，加总过程内生性到底如何影响加总偏误？假设在计量模型中出现了遗漏变量导致加总过程内生性，进而研究这类加总过程的内生性因素是否与理论分析中和数值模拟分析中所得到的加总偏误结论相一致。因此，假定存在一个技术性贸易壁垒变量被遗漏的情形。通过变量间相关关系测度，得到相关系数矩阵，见表 8.8。由表发现 TBT_1 和 TBT_2 之间存在显著的相关关系。因此，技术性贸易壁垒变量的遗漏，不仅导致某些细分数据模型产生内生性，也带来加总过程的内生性。

表8.8 相关系数矩阵

变量	$\ln GDP_c$	GDP_j	TBT_1	TBT_2
$\ln GDP_c$	1			
GDP_j	0.93	1		
TBT_1	0.72	0.57	1	
TBT_2	0.84	0.77	0.66	1

资料来源：笔者根据日本海关统计数据库1988~2011年中日茶叶贸易数据和世界银行数据库的相关数据，运用EViews 6.0软件计算结果整理而得。

因此，作辅助回归方程，见式（8.51）。

$$TBT_1 = \delta_0 + \delta_1 TBT_2 + \mu \tag{8.51}$$

由上述辅助回归方程容易得到 $\delta_1 = 0.556$，t 值为4.15。显然，TBT_1 和 TBT_2 之间存在显著的相关关系。因此，假设变量 TBT_2 被遗漏，进而得到存在遗漏变量时的加总数据回归模型与细分数据回归模型的参数估计值及统计量，见表8.9。

表8.9 存在遗漏变量时的加总数据回归模型与细分数据回归模型的参数估计值及统计量

变量	BBT	LBT	BGT	LGT	TT
b_{i0}	−5 380.067 (−0.78)	−5 755.379*** (−7.46)	−25 837.82*** (−4.21)	−1 783.869*** (−5.34)	−28 320.33** (−2.66)
b_{i1}	1 012.316 (−1.16)	525.951 6*** (5.38)	1 797.636** (2.31)	147.762 2*** (3.49)	1 472.416 (1.09)
b_{i2}	0.003 48** (2.30)	−0.000 022 65 (−1.34)	0.000 613 2 (0.465)	−0.000 004 74 (−0.65)	0.003 85 (1.64)
b_{i3}	−842.78 (−1.34)	−95.797 61 (−1.35)	−2 675.473*** (−4.74)	19.150 17 (0.62)	−3 631.968*** (−3.71)
b_{i4}	0.37	0.905 1	0.693	0.864	0.682
Adju-R^2	0.27	0.890 9	0.647	0.843	0.634
F值	3.94	63.60	15.08	42.30	14.29

注：***、**、*分别表示在1%、5%和10%的水平上显著。

资料来源：笔者根据日本海关统计数据库1988~2011年中日茶叶贸易数据和世界银行数据库的相关数据，运用EViews 6.0软件计算结果整理而得。

事实上，因为细分数据回归模型也面临着遗漏变量导致的内生性，所以，此时，细分数据回归模型参数估计量也是有偏的。但是，在测度加总过程中的内生性引发的加总偏误时，采用的是细分数据回归模型参数的有偏估计量作为其参数值，如式（8.52）、式（8.53）所示，细分数据模型内生性带来的参数测度偏误已经被排除在外了。此时，依然假设：

$$H_0:\beta_{tj} = \sum_{i=1}^{4}\beta_{ij} \quad j = 0,1,2,3 \tag{8.52}$$

$$H_1:\beta_{tj} \neq \sum_{i=1}^{4}\beta_{ij} \quad j = 0,1,2,3 \tag{8.53}$$

在式（8.52）和式（8.53）中，采用表 8.9 中的细分数据回归模型参数估计值作为 β_{ij}，j = 0，1，2，3，4 的无偏估计量，进而计算带有上述约束的回归模型及其相关统计量，并采用约束检验的 F 统计量检验加总偏误：

$$F[J,n-K] = \frac{(e'_* e_* - e'e)/J}{e'e/(n-K)} \tag{8.54}$$

在式（8.54）中，J 为约束方程个数等于 4，（n－K）等于 20。加总偏误检验结果，见表 8.10。

表 8.10　　　　加总偏误检验结果

F 统计量	F 值临界值（α = 0.05）	加总偏误
5.726	2.87	有偏

资料来源：笔者根据日本海关统计数据库 1988 ~ 2011 年中日茶叶贸易数据和世界银行数据库的相关数据，运用 EViews 6.0 软件计算整理而得。

因此，由表 8.10 说明加总偏误的显著性，证明了在设定遗漏变量条件下，加总数据模型的参数估计是存在因加总过程中存在内生性导致的加总偏误的。从表 8.10 也可以得到，在模拟分析中的结论，即加总过程的内生性会导致加总数据模型中的上述四个自变量的参数估计都存在偏误。①

由此，本节考察了以茶叶贸易数据为例的第一类简单加总形式下的 TBT 贸易效应测度偏误问题。因为研究结果未发现茶叶的 TBT 贸易效应

① 这一结论与数值模拟中存在一些差异，在数值模拟中可以控制变量分布，进而可以做到自变量之间的独立性；而在实证研究中，本章无法做到这一点。但是，这与加总偏误的分析是一致的。

度量加总数据模型中的加总偏误问题，所以，相应的逐步分类加总与分层检验方法并未完全展开，只是针对加总过程内生性导致的加总偏误进行了研究。为考察逐步分类加总方法与分层检验方法的有效性，将对第二类简单加总形式下和第三类简单加总形式下加总数据模型的加总偏误问题展开系统研究。

8.3　第二类简单加总形式下的逐步分类加总与分层检验

8.3.1　基本计量模型

第二类简单加总形式，涉及计量模型中的因变量加总和部分自变量加总。本章选择对中欧花生贸易受欧盟黄曲霉素限量标准的 TBT 贸易效应研究。在国际贸易统计数据中，花生商品在 SITC 分类体系下由 HS 4 位码目录的 SITC2221 花生总量数据和 HS5 位码目录的带壳花生 SITC22211 和 SITC22212 的去壳花生两种细分数据构成，而 SITC22211 的带壳花生和 SITC22212 的去壳花生加总得到 HS 4 位码的 SITC2221 加总数据。

为不失一般性和代表性，特别选择了欧盟中的法国、德国、英国、荷兰、意大利的统计数据。① 该统计数据的时间序列区间，是 1995 ~ 2011 年的年度数据。在这期间，上述欧盟五国从中国进口的花生贸易额占欧盟总额的约 80%，且变化趋势较为一致，因此，具有较强的代表性。

第二类加总形式主要表现在线性计量模型中的自变量部分加总结构上。在第二类简单加总形式中，加总数据模型中的因变量由细分数据模型加总而来，自变量由细分数据模型中的回归量部分加总构成，即：

$$y = \sum_{i=1}^{m} y_i \tag{8.55}$$

$$x = \left(\sum_{i=1}^{m} x_i, x_j\right) \tag{8.56}$$

---

① 英国于 2017 年正式启动的脱欧进程，不在本书的数据选择范围之内，因此，并不影响本书的结论。对于中欧花生贸易而言，法国、德国、英国、荷兰、意大利是欧盟贸易量最大的五国，在本章中简称欧盟五国。

由此构成的一般回归方程的形式为：

$$y = x\beta + \varepsilon = [x^{*} \quad x^{\wedge}]\beta + \varepsilon \tag{8.57}$$

本节所要分析的中欧花生贸易及其技术性贸易壁垒问题，符合第二类简单加总形式。因变量法国、德国、英国、荷兰、意大利的花生贸易额加总之后，自变量中的上述五国 GDP 加总，而中国的 GDP 依然不参与加总。有关花生贸易中的技术性贸易壁垒采用虚拟变量法，以 1999 年和 2010 年作为虚拟变量的变化节点，分设两个虚拟变量。第一个虚拟变量 TBT_1，以有关黄曲霉素的法规 [（EC）No 1525/98] 为区分节点：1998 年之前为 0，1999 年之后为 1；第二个虚拟变量 TBT_2 以有关黄曲霉素的法规 [（EC）No 165/2010] 为区分节点。显然，上述 TBT 虚拟变量也不参与加总。

8.3.2 经验数据特征分析

在构建计量模型之前，需要对上述变量的时间序列数据进行平稳性检验。这些变量具体为：法国、德国、英国、荷兰、意大利的带壳花生贸易变量、去壳花生贸易变量；上述五国的带壳花生贸易加总变量、去壳花生贸易加总变量；上述五国的四位数 SITC 上的花生贸易加总变量。中国 GDP 的单整性检验在 8.2 节中进行了专门分析，结果显示 GDP_c 是二阶单整的，$\ln GDP_c$ 是一阶单整的。因此，本节将不再对此加以讨论。其他变量的单整性检验，依然采用 ADF 检验和 PP 检验。

为分析方便，本节重新定义其他相关变量：法国的带壳花生贸易额变量为 vk_f，法国的去壳花生贸易额变量为 vm_f，法国的国内生产总值为 GDP_f；德国的带壳花生贸易额变量为 vk_g，德国的去壳花生贸易额变量为 vm_g，德国的国内生产总值为 GDP_g；英国的带壳花生贸易额变量为 vk_e，英国的去壳花生贸易额变量为 vm_e，英国的国内生产总值为 GDP_e；荷兰的带壳花生贸易额变量为 vk_n，荷兰的去壳花生贸易额变量为 vm_n，荷兰的国内生产总值为 GDP_n；意大利的带壳花生贸易额变量为 vk_i，意大利的去壳花生贸易额变量为 vm_i，意大利的国内生产总值为 GDP_i。上述欧盟五国加总的带壳花生贸易额为 vk_t，加总的去壳花生贸易额为 vm_t，加总的五国国内生产总值为 GDP_t，中国的国内生产总值为 GDP_c。

花生贸易相关数据的单整性检验，见表8.11。

表8.11　花生贸易相关数据的单整性检验

变量	(c, t, m)	ADF统计量	PP检验	单整性
vk_g	(c, t, 0)	-3.453**	-3.453***	I (1)
vm_g	(c, t, 1)	-4.373**	-7.591***	I (1)
vk_e	(c, t, 1)	-3.691*	-6.296***	I (1)
vm_e	(0, 0, 0)	-6.474***	-6.975**	I (1)
vk_f	(0, 0, 1)	-5.219***	-5.421***	I (1)
vm_f	(c, 0, 1)	-3.535***	-7.056***	I (1)
vk_i	(c, 0, 2)	-3.451**	-22.997***	I (1)
vm_i	(0, 0, 1)	-4.645**	-4.659**	I (1)
vk_n	(c, 0, 0)	-5.073***	-5.417***	I (1)
vm_n	(c, 0, 1)	-3.535**	-7.055***	I (1)
vk_t	(c, t, 0)	-5.363***	-5.519***	I (1)
vm_t	(c, t, 1)	-4.071***	-7.309***	I (1)
v_f	(c, t, 1)	-3.742**	-7.196***	I (1)
v_g	(c, t, 0)	-4.424**	-6.331***	I (1)
v_b	(c, t, 1)	-6.442***	-8.223***	I (1)
v_i	(c, 0, 2)	-3.371**	-16.965***	I (1)
v_n	(c, t, 1)	-3.941**	-6.546***	I (1)
TBT_1	(c, t, 0)	-4.139**	-6.591***	I (1)
TBT_2	(c, t, 0)	-4.5**	-4.508**	I (1)
v_t	(c, t, 1)	-4.247**	-8.935***	I (1)
GDP_g	(c, t, 2)	-3.715*	-6.223***	I (1)
GDP_e	(0, 0, 0)	-1.74*	-1.66***	I (1)
GDP_f	(0, 0, 0)	-1.649*	-5.573***	I (1)
GDP_n	(c, 0, 0)	-2.702**	-2.716*	I (1)
GDP_i	(c, 0, 0)	-3.045*	-3.022*	I (1)
GDP_t	(c, t, 1)	-3.767*	-5.504***	I (1)

注：检验类型（c，t，m）分别表示单位根检验方程，包括常数项、时间趋势项和滞后阶段。***、**、*分别表示在1%、5%和10%的水平上显著。

资料来源：笔者根据联合国商品贸易数据库1995~2011年欧盟五国与中国花生贸易数据，运用EViews 6.0软件计算整理而得。

从上述单整性检验结果可以看出，所有变量都是一阶单整的。考虑到拟分析细分数据回归模型中与加总数据回归模型中的贸易效应度量结构，在此分别对多组变量之间的协整关系进行检验。协整关系涉及的变量分别是：中国对欧盟五国花生贸易的 TBT 贸易效应度量中的各国花生贸易额、各国 GDP、中国 GDP、两类需要分析的 TBT 虚拟变量。协整关系的分析方法，依然采用 8.2 节所用的 Johnson-Juselius（JJ）检验中的迹检验和最大特征值检验两类统计量。第二类简单加总形式中的变量 JJ 特征值的迹检验，如表 8.12 所示、第二类简单加总形式中的变量 JJ 最大特征值检验，如表 8.13 所示。分析结果表明，各估计模型是有变量存在协整关系的，因而可以构建计量模型。

表 8.12　　第二类简单加总形式中的变量 JJ 特征值的迹检验

分类		Hypothesized No. of CE（s）	Eigenvalue	Trace Statistic	0.05 Critical Value	Prob. **
法国	带壳花生数据	None **	0.922 930	85.521 05	69.818 89	0.001 7
		At most 1	0.774 391	44.512 34	47.856 13	0.099 6
	去壳花生数据	None **	0.965 320	127.836 16	69.818 89	0.000 0
		At most 1 **	0.899 808	74.050 60	47.856 13	0.000 0
		At most 2 **	0.826 747	37.239 88	29.797 07	0.005 8
		At most 3	0.433 900	9.191 81	15.494 71	0.348 0
	加总花生数据	None **	0.965 320	127.836 16	69.818 89	0.000 0
		At most 1 **	0.899 808	74.050 60	47.856 13	0.000 04
		At most 2 **	0.826 747	37.239 88	29.797 07	0.005 8
		At most 3	0.433 900	9.191 81	15.494 71	0.348 0
德国	带壳花生数据	None **	0.948 382	86.377 16	69.818 89	0.001 4
		At most 1	0.745 373	38.955 16	47.856 13	0.262 1
	去壳花生数据	None **	0.952 539	103.611 55	88.803 80	0.002 8
		At most 1	0.806 158	54.846 03	63.876 10	0.226 9
	加总花生数据	None **	0.897 941	70.432 94	69.818 89	0.044 6
		At most 1	0.700 859	33.917 68	47.856 13	0.506 4
英国	带壳花生数据	None **	0.951 918	106.776 94	69.818 89	0.000 0
		At most 1 **	0.847 772	58.219 48	47.856 13	0.004 0
		At most 2	0.727 705	28.101 47	29.797 07	0.077 4
	去壳花生数据	None **	0.966 089	115.640 153	69.818 887	0.000 001
		At most 1 **	0.884 305	61.495 883	47.856 127	0.001 595
		At most 2	0.732 644	26.987 130	29.797 073	0.101 935

续表

分类		Hypothesized No. of CE (s)	Eigenvalue	Trace Statistic	0. 05 Critical Value	Prob. **
英国	加总花生数据	None **	0. 968 146	118. 143 519 4	69. 818 887	0. 000 000 2
		At most 1 **	0. 891 114	62. 998 216	47. 856 127	0. 001 036
		At most 2	0. 737 924	27. 518 993	29. 797 073	0. 089 559
意大利	带壳花生数据	None **	0. 914 814	99. 004 65	69. 818 89	0. 000 1
		At most 1 **	0. 859 629	59. 597 91	47. 856 13	0. 002 7
		At most 2	0. 773 169	28. 182 50	29. 797 07	0. 075 9
	去壳花生数据	None **	0. 955 016	98. 688 14	69. 818 89	0. 000 1
		At most 1 **	0. 768 753	49. 065 09	47. 856 13	0. 038 3
		At most 2	0. 715 997	25. 636 78	29. 797 07	0. 139 9
	加总花生数据	None **	0. 943 456	101. 933 94	69. 818 9	0. 000 0
		At most 1 **	0. 822 537	55. 970 25	47. 856 1	0. 007 2
		At most 2	0. 772 984	28. 306 40	29. 797 1	0. 073 5
荷兰	带壳花生数据	None **	0. 921 059	72. 076 07	69. 818 89	0. 032 7
		At most 1	0. 647 976	31. 451 22	47. 856 13	0. 642 2
	去壳花生数据	None **	0. 920 066	84. 629 62	69. 818 89	0. 002 1
		At most 1	0. 824 275	44. 204 74	47. 856 13	0. 105 7
	加总花生数据	None **	0. 930 526	86. 269 72	69. 818 89	0. 001 4
		At most 1	0. 820 804	43. 600 86	47. 856 13	0. 118 6
五国总体	带壳花生数据	None **	0. 955 508	92. 388 18	69. 818 89	0. 000 3
		At most 1	0. 758 062	42. 589 18	47. 856 13	0. 142 9
	去壳花生数据	None **	0. 934 085	92. 544 71	69. 818 89	0. 000 3
		At most 1 **	0. 833 167	49. 034 57	47. 856 13	0. 038 6
		At most 2	0. 562 045	20. 382 34	29. 797 07	0. 397 3
	加总花生数据	None **	0. 931 225	90. 619 82	69. 818 89	0. 000 5
		At most 1	0. 826 646	47. 789 18	47. 856 13	0. 050 7

注：***、**、*分别表示在 1%、5% 和 10% 的水平上显著。

资料来源：笔者根据联合国商品贸易数据库 1995 ~ 2011 年欧盟五国与中国花生贸易数据，运用 EViews 6. 0 软件计算结果整理而得。

表 8.13　　第二类简单加总形式中的变量 JJ 最大特征值检验

分类		Hypothesized No. of CE (s)	Eigenvalue	Max-Eigen Statistic	0.05 Critical Value	Prob.**
法国	带壳花生数据	None **	0.922 930	41.008 70	33.876 87	0.006 0
		At most 1	0.774 391	23.823 20	27.584 34	0.141 0
	去壳花生数据	None **	0.965 320	53.785 55	33.876 87	0.000 0
		At most 1 **	0.899 808	36.810 73	27.584 34	0.002 5
		At most 2 **	0.826 747	28.048 07	21.131 62	0.004 5
		At most 3	0.433 900	9.103 75	14.264 60	0.277 6
	加总花生数据	None **	0.943 076	45.856 65	33.876 87	0.001 2
		At most 1 **	0.896 567	36.301 33	27.584 34	0.003 0
		At most 2 **	0.820 379	27.470 53	21.131 62	0.005 6
		At most 3	0.422 895	8.795 70	14.264 60	0.303 6
德国	带壳花生数据	None **	0.948 381	47.422 00	33.876 87	0.000 7
		At most 1	0.745 373	21.887 29	27.584 34	0.226 2
	去壳花生数据	None **	0.952 539	103.611 548	88.803 80	0.002 8
		At most 1	0.806 158	54.846 03	63.876 10	0.226 9
	加总花生数据	None **	0.897 941	36.515 26	33.876 87	0.023 6
		At most 1	0.700 859	19.309 45	27.584 34	0.391 0
英国	带壳花生数据	None **	0.951 918	48.557 460	33.876 867	0.000 474
		At most 1 **	0.847 772	30.118 009	27.584 338	0.023 122
		At most 2	0.727 705	20.813 917	21.131 616	0.055 318
	去壳花生数据	None **	0.966 089	54.144 270	33.876 867	0.000 066
		At most 1 **	0.884 305	34.508 754	27.584 338	0.005 501
		At most 2	0.732 644	21.106 812	21.131 616	0.050 397
	加总花生数据	None **	0.968 146	55.145 304	33.876 867	0.000 046
		At most 1 **	0.891 114	35.479 222	27.584 338	0.003 952
		At most 2 **	0.737 924	21.425 910	21.131 616	0.045 467
		At most 3	0.233 517	4.255 079	14.264 600	0.831 514
意大利	带壳花生数据	None **	0.914 814	39.406 75	33.876 87	0.009 9
		At most 1 **	0.859 629	31.415 41	27.584 34	0.015 3
		At most 2 **	0.773 169	23.736 80	21.131 62	0.021 0
		At most 3	0.231 433	4.211 64	14.264 60	0.836 4
	去壳花生数据	None **	0.955 016	49.623 05	33.876 87	0.000 3
		At most 1	0.768 753	23.428 31	27.584 34	0.155 9

续表

分类		Hypothesized No. of CE（s）	Eigenvalue	Trace Statistic	0.05 Critical Value	Prob. **
意大利	加总花生数据	None **	0.943 456	45.963 69	33.876 87	0.001 2
		At most 1 **	0.822 537	27.663 86	27.584 34	0.048 8
		At most 2 **	0.772 984	23.723 77	21.131 62	0.021 1
		At most 3	0.228 521	4.151 13	14.264 60	0.843 1
荷兰	带壳花生数据	None **	0.921 059	40.624 85	33.876 87	0.006 8
		At most 1	0.647 976	16.704 87	27.584 34	0.605 4
	去壳花生数据	None **	0.920 066	40.424 88	33.876 87	0.007 2
		At most 1 **	0.824 275	27.821 40	27.584 34	0.046 7
		At most 2	0.458 054	9.801 421	21.131 62	0.763 0
	加总花生数据	None **	0.930 526	42.668 87	33.876 87	0.003 5
		At most 1	0.820 804	27.508 44	27.584 34	0.051 1
五国总体	带壳花生数据	None **	0.955 508	49.799 01	33.876 87	0.000 3
		At most 1	0.758 062	22.705 19	27.584 34	0.186 4
	去壳花生数据	None **	0.934 085	43.510 13	33.876 87	0.002 6
		At most 1 **	0.833 167	28.652 23	27.584 34	0.036 4
		At most 2	0.562 045	13.210 22	21.131 62	0.433 1
	加总花生数据	None **	0.931 225	42.830 64	33.876 87	0.003 3
		At most 1 **	0.826 646	28.038 72	27.584 34	0.043 7
		At most 2	0.572 114	13.582 36	21.131 62	0.400 2

注：***、**、* 分别表示在 1%、5% 和 10% 的水平上显著。

资料来源：笔者根据联合国商品贸易数据库 1995 ~ 2001 年欧盟五国与中国花生贸易的数据，运用 EViews 6.0 软件计算整理而得。

8.3.3　逐步分类加总（classified aggregation）路径结构

第二类简单加总形式下的 TBT 贸易效应测度研究与加总偏误检验研究的基本逻辑是：通过一般化的引力模型对中国与欧盟五国的花生贸易，以及相关 TBT 在花生类别加总、国别加总两条路径上进行 TBT 贸易效应测度，设计不同分类加总路径考察相应的细分数据回归模型贸易效应和加总数据回归模型贸易效应的差异性，并对其进行识别与检验研究。

本小节给出了两条可能的加总路径：一是国别数据加总；二是基于

SITC 编码体系的花生类别加总。在每条加总路径上，加总过程都分成两步进行加总。在第一条国别数据加总路径上，先将细分数据加总为国别花生贸易数据，然后，将欧盟五国的花生贸易额国别数据加总为欧盟五国花生贸易额加总数据。在第二条加总路径上，先将细分数据按带壳花生和去壳花生加总成欧盟五国花生分类数据，然后，将这两类五位数 SITC 的花生加总成欧盟五国的花生加总数据。欧盟五国花生贸易数据逐步分类加总路径结构，如图 8.1 所示。

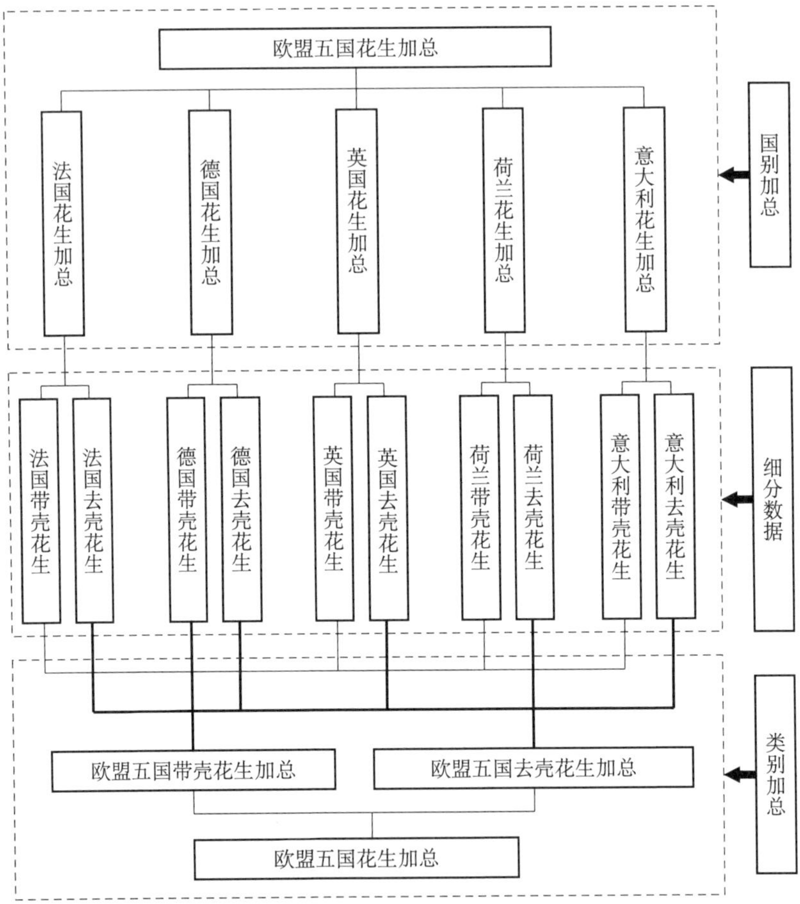

图 8.1　欧盟五国花生贸易数据逐步分类加总路径结构

资料来源：笔者整理绘制而得。

在加总过程中，不仅涉及被解释变量中欧盟五国花生贸易数据加总，还涉及解释变量中的欧盟五国 GDP 的加总；自变量部分加总特指，自变量中欧盟五国的各国 GDP 以及各国 GDP 数据加总；而以欧盟统一标准指令的黄曲霉素最大限量标准政策为代表的 TBT 变量和中国 GDP 等在加总数据模型中并不参与加总。因此，上述结构安排反映了第二类简单加总中涉及的部分加总问题。

从图 8.1 可以看出，欧盟五国花生贸易作为第二类简单加总形式有两条加总路径。第一条加总路径是通过各国的第一类简单加总形成国别花生加总数据，在此基础上，进行第二类简单加总形成欧盟五国加总数据模型；第二条加总路径与第一条加总路径相比，第一步是第二类的部分加总，第二步是第一类的简单加总。即先将欧盟五国带壳花生数据分类加总和去壳花生数据分类加总，在此基础上，将两类数据模型进行加总。接下来，贸易效应参数估计中的基本分析框架是：首先，分析十类细分数据模型的 TBT 贸易效应；其次，分析第一条路径下的加总；最后，分析第二条路径下的加总。

8.3.4　细分数据模型下的模型参数估计度量

这里的细分数据涉及欧盟五国两类花生贸易数据共十类细分数据模型。在之前的分析中，本章已经得到了十类细分数据模型变量之间的协整关系。因此，经验研究中的十类细分数据模型的基本结构构建如下：

$$vk_f = \beta_{10} + \beta_{11}\ln GDP_c + \beta_{12}GDP_f + \beta_{13}TBT_1 + \beta_{14}TBT_2 + \beta_{15}ER + \beta_{16}EC + \varepsilon_{11} \tag{8.58}$$

$$vm_f = \beta'_{10} + \beta'_{11}\ln GDP_c + \beta'_{12}GDP_f + \beta'_{13}TBT_1 + \beta'_{14}TBT_2 + \beta'_{15}ER + \beta'_{16}EC + \varepsilon'_{11} \tag{8.59}$$

$$vk_g = \beta_{20} + \beta_{21}\ln GDP_c + \beta_{22}GDP_g + \beta_{23}TBT_1 + \beta_{24}TBT_2 + \beta_{25}ER + \beta_{26}EC + \varepsilon_{21} \tag{8.60}$$

$$vm_g = \beta'_{20} + \beta'_{21}\ln GDP_c + \beta'_{22}GDP_g + \beta'_{23}TBT_1 + \beta'_{24}TBT_2 + \beta'_{25}ER + \beta'_{26}EC + \varepsilon'_{21} \tag{8.61}$$

$$vk_e = \beta_{30} + \beta_{31}\ln GDP_c + \beta_{32}GDP_e + \beta_{33}TBT_1 + \beta_{34}TBT_2 + \beta_{35}ER + \beta_{36}EC + \varepsilon_{31} \tag{8.62}$$

$$vm_e = \beta'_{30} + \beta'_{31}\ln GDP_c + \beta'_{32}GDP_e + \beta'_{33}TBT_1 + \beta'_{34}TBT_2 + \beta'_{35}ER + \beta'_{36}EC + \varepsilon'_{31} \quad (8.63)$$

$$vk_i = \beta_{40} + \beta_{41}\ln GDP_c + \beta_{42}GDP_i + \beta_{43}TBT_1 + \beta_{44}TBT_2 + \beta_{45}ER + \beta_{46}EC + \varepsilon_{41} \quad (8.64)$$

$$vm_i = \beta'_{40} + \beta'_{41}\ln GDP_c + \beta'_{42}GDP_i + \beta'_{43}TBT_1 + \beta'_{44}TBT_2 + \beta'_{45}ER + \beta'_{46}EC + \varepsilon'_{41} \quad (8.65)$$

$$vk_n = \beta_{50} + \beta_{51}\ln GDP_c + \beta_{52}GDP_n + \beta_{53}TBT_1 + \beta_{54}TBT_2 + \beta_{55}ER + \beta_{56}EC + \varepsilon_{51} \quad (8.66)$$

$$vm_n = \beta'_{50} + \beta'_{51}\ln GDP_c + \beta'_{52}GDP_n + \beta'_{53}TBT_1 + \beta'_{54}TBT_2 + \beta'_{55}ER + \beta'_{56}EC + \varepsilon'_{51} \quad (8.67)$$

本章采用 1995 ~ 2011 年共 17 年的各变量年度数据，估计上述十个细分数据回归模型的参数。带壳花生细分数据模型的参数估计结果，见表 8.14。

表 8.14　　带壳花生的细分数据模型的参数估计结果

模型	vk_f 模型	vk_g 模型	vk_e 模型	vk_i 模型	vk_n 模型
$\hat{\beta}_{j0}$	116 000 000** (2.42)	-464 305.4 (0.01)	64 359 426 (1.13)	79 421 015 (1.15)	200 000 000 (1.16)
$\hat{\beta}_{j1}$	-4 930 768** (-2.50)	-816 808.1 (-0.09)	-2 711 980 (-1.19)	-2 880 865 (-1.01)	-7 864 340 (-1.14)
$\hat{\beta}_{j2}$	12.746 49** (2.93)	11.660 16 (0.74)	6.686 866* (1.87)	5.122 733 (0.59)	45.642 12 (1.17)
$\hat{\beta}_{j3}$	-100 605 9* (-2.06)	-1 174 521 (-0.46)	34 750.19 (0.08)	-683 486.8 (-0.76)	-3 243 959* (-1.88)
$\hat{\beta}_{j4}$	87 316.19 (0.18)	-6 820 819** (-2.50)	1 484 767** (2.55)	1 441 928 (1.38)	234 475.5 (0.13)
$\hat{\beta}_{j5}$	153 296.7 (0.35)	3 219 894 (1.00)	345 734.4 (0.69)	-309 651.3 (-0.31)	2 679 733 (1.47)
$\hat{\beta}_{j6}$	741 036.7 (1.23)	513 199.3 (0.16)	152 954.9 (0.21)	-432 466.4 (0.32)	1 718 379 (0.99)
R^2	0.65	0.65	0.89	0.78	0.43
F 值	3.08	3.12	13.79	6.02	1.25

注：***、**、*分别表示在 1%、5% 和 10% 的水平上显著，其中，j = 1，3，4，5。

资料来源：笔者根据联合国商品贸易数据库 1995 ~ 2011 年欧盟五国与中国花生贸易数据，运用 EViews 6.0 软件计算整理而得。

从上述带壳花生贸易数据模型的分析中可以看出，TBT_1 的贸易效应系数估计值在五个模型中除英国带壳花生贸易模型外都为负值，这说明，1998 年实施的黄曲霉素最低限量标准客观上总体限制了中国带壳花生向欧盟五国中其他四国的出口。TBT_2 的贸易效应在欧盟五国细分数据模型中也存在符号差异，其中，除德国的贸易影响显著为负外，其他四国模型都是正的。2010 年实施的 TBT_2 在黄曲霉素最低限量标准上没有改变，但是在内容上做了一些修订，总体上说，标准略有放宽。因此，理论上该参数的符号为正。数据分析结果显示，除德国外其他四国都符合正向预期。这说明，2010 年欧盟的黄曲霉素法规修订对中国向欧盟五国的带壳花生出口，除德国的影响依然是负的以外，基本上起到了正向促进作用。①

去壳花生细分数据模型参数估计结果，见表 8.15。

表 8.15　　去壳花生细分数据模型参数估计结果

模型	vm_f 模型	vm_g 模型	vm_e 模型	vm_i 模型	vm_n 模型
$\hat{\beta}'_{j0}$	474 000 000 (1.01)	231 000 000 (0.67)	416 000 000 (0.70)	−23 164 633 (−1.0)	2 390 000 000 (1.32)
$\hat{\beta}'_{j1}$	−16 696 029 (−0.86)	−8 162 264 (−0.58)	−15 298 637 (−0.65)	644 502.2 (0.68)	−88 251 362 (−1.22)
$\hat{\beta}'_{j2}$	−0.557 670 (−0.01)	1.220 855 (0.05)	9.754 803 (0.26)	3.438 672 (1.18)	187.985 6 (0.46)
$\hat{\beta}'_{j3}$	−626 660.2 (−0.13)	5 041 031 (1.30)	11 484 101 ** (2.41)	94 095.29 (0.31)	1 603 808 (0.09)
$\hat{\beta}'_{j4}$	3 002 032 (0.64)	2 164 305 (0.53)	5 399 246 (0.90)	152 465.6 (0.43)	2 291 129 (0.12)
$\hat{\beta}'_{j5}$	6 733 161 (1.54)	−2 968 471 (−0.61)	2 762 625 (0.54)	10 638.64 (0.03)	33 421 167 * (1.76)
$\hat{\beta}'_{j6}$	6 290 921 (1.06)	1 255 861 (0.26)	7 544 897 (1.02)	185 636.2 (0.41)	23 679 289 (1.30)
R^2	0.58	0.53	0.65	0.913	0.26
F 值	2.34	1.90	3.09	17.58	1.03

注：***、**、* 分别表示在 1%、5% 和 10% 的水平上显著，其中，j = 1，2，3，4，5。

资料来源：笔者根据联合国商品贸易数据库 1995 ~ 2011 年欧盟五国与中国的花生贸易数据，运用 EViews 6.0 软件计算整理而得。

---

① 考虑到 TBT_2 的虚拟变量设置为 0，1 变量，其中，2010 年之前为 0，2010 年后为 1。

从 TBT 的贸易效应角度看，对去壳花生而言，只有英国贸易模型中的 TBT_1 的贸易效应系数估计值是显著的，其他 TBT 的贸易效应系数都不显著。另外，上述去壳花生的 TBT 贸易效应细分数据模型质量并不理想，五个回归模型的 F 值都偏小，其中，荷兰模型中的 F 值不显著。从总体上说明，上述两类技术性贸易壁垒 TBT_1、TBT_2 对中国向欧盟五国的去壳花生出口贸易影响并不显著。

8.3.5 加总数据模型中的参数估计

第二类加总形式涉及被解释变量的加总和部分解释变量的加总。在本小节的实证研究中，花生贸易额作为被解释变量进行了加总；欧盟的国别 GDP 作为解释变量进行了加总；中国的 GDP、两类 TBT 虚拟变量、欧盟欧元区的建立、欧洲金融危机等控制变量未参与加总。本小节的实证研究涉及的加总结构，实际上比理论分析和数值模拟中的加总结构更为复杂。花生贸易额和欧盟国别 GDP 细分数据的加总涉及两条路径：第一条路径是，先进行第一类简单加总，只在国别特征上对带壳花生贸易额和去壳花生贸易额的加总进行分析，然后，再通过国别花生贸易额以及 GDP 加总，构成最终的第二类加总形式的加总数据模型；第二条路径是，先在带壳花生结构下进行欧盟五国加总，并在去壳花生结构下进行欧盟五国数据的加总，然后，再将带壳花生欧盟五国模型和去壳花生欧盟五国模型进行加总。

先分析第一种路径下加总数据模型中的贸易效应度量。该路径下的加总分为两个步骤：第一步，是单个国家的两类细分花生贸易数据加总成国别花生数据，即在花生类别 SITC22211（带壳花生）和 SITC22212（去壳花生）的国别贸易模型之上，进行四位数目录为 SITC 2221 的花生贸易国别加总数据模型的构建和参数估计。这类加总形式实质上为第一类简单加总形式，相应的加总数据模型为：

$$\begin{aligned} v_f = vk_f + vm_f = \beta_{f0} + \beta_{f1}\ln GDP_c + \beta_{f2}GDP_f + \beta_{f3}TBT_1 \\ + \beta_{f4}TBT_2 + \beta_{f5}ER + \beta_{f6}EC + \varepsilon_{f1} \end{aligned} \tag{8.68}$$

$$\begin{aligned} v_g = vk_g + vm_g = \beta_{g0} + \beta_{g1}\ln GDP_c + \beta_{g2}GDP_g + \beta_{g3}TBT_1 \\ + \beta_{g4}TBT_2 + \beta_{g5}ER + \beta_{g6}EC + \varepsilon_{g1} \end{aligned} \tag{8.69}$$

$$v_e = vk_e + vm_e = \beta_{e0} + \beta_{e1}\ln GDP_c + \beta_{e2}GDP_e + \beta_{e3}TBT_1 + \beta_{e4}TBT_2 + \beta_{e5}ER + \beta_{e6}EC + \varepsilon_{e1} \quad (8.70)$$

$$v_i = vk_i + vm_i = \beta_{i0} + \beta_{i1}\ln GDP_c + \beta_{i2}GDP_i + \beta_{i3}TBT_1 + \beta_{i4}TBT_2 + \beta_{i5}ER + \beta_{i6}EC + \varepsilon_{i1} \quad (8.71)$$

$$v_n = vk_n + vm_n = \beta_{n0} + \beta_{n1}\ln GDP_c + \beta_{n2}GDP_n + \beta_{n3}TBT_1 + \beta_{n4}TBT_2 + \beta_{n5}ER + \beta_{n6}EC + \varepsilon_{n1} \quad (8.72)$$

下面，对上述五个加总数据模型的参数进行估计，第一条加总路径下的第一步加总参数估计结果，见表 8.16。

表 8.16　　第一条加总路径下的第一步加总参数估计结果

模型	v_f 模型	v_g 模型	v_e 模型	v_i 模型	v_n 模型
$\hat{\beta}_{l0}$	590 000 000 (1.25)	230 000 000 (0.56)	480 000 000 (0.77)	56 256 382 (0.75)	2 590 000 000 (1.38)
$\hat{\beta}_{l1}$	-21 626 797 (-1.11)	-8 979 072 (-0.53)	-18 010 617 (-0.73)	-2 236 362 (-0.73)	-96 115 702 (-1.28)
$\hat{\beta}_{l2}$	12.188 82 (0.28)	12.881 01 (0.45)	16.441 67 (0.42)	8.561 404 (0.91)	233.627 7 (0.55)
$\hat{\beta}_{l3}$	-1 632 719 (-0.34)	3 866 510 (0.84)	11 518 851** (2.29)	-589 391.6 (-0.60)	-1 640 151 (-0.09)
$\hat{\beta}_{l4}$	3 089 348 (0.66)	-4 656 513 (-0.96)	6 884 013 (1.09)	1 594 393 (1.40)	2 525 604 (0.13)
$\hat{\beta}_{l5}$	6 886 457 (1.57)	251 423 (0.04)	3 108 359 (0.57)	-299 012.7 (-0.28)	36 100 900* (1.82)
$\hat{\beta}_{l6}$	7 031 958 (1.18)	1 769 060 (0.31)	7 697 852 (0.99)	-246 830.2 (-0.17)	25 397 667 (1.34)
R^2	0.59	0.30	0.69	0.44	0.44
F 值	2.42	0.70	3.77	1.30	1.33

注：***、**、* 分别表示在 1%、5% 和 10% 的水平上显著。其中，估计量下标 l = f, g, e, i, n。

资料来源：笔者根据联合国商品贸易数据库 1995 ~ 2011 年欧盟五国与中国的花生贸易数据，运用 EViews 6.0 软件计算整理而得。

从表 8.16 中可以看出，在第一类加总路径上的第一步加总环节，由各国带壳花生贸易数据与去壳花生贸易数据加总构成的国别花生贸易加总数据模型分析看出，在 TBT 的贸易效应参数估计中，只有英国花生贸易模型中的 $\hat{\beta}_{l3}$ 显著为正；而其他四个国家花生贸易计量模型中的相关参数并不显著。

第一条路径下的第二步加总，体现为花生国别数据进一步加总成欧盟五国的加总数据，计量模型结构为：

$$v_t = \beta_{t0} + \beta_{t1}\ln GDP_c + \beta_{t2}GDP_t + \beta_{t3}TBT_1 + \beta_{t4}TBT_2 + \beta_{t5}ER + \beta_{t6}EC + \varepsilon_{t1} \tag{8.73}$$

在式（8.73）中，因变量加总和自变量部分加总结构表现为：

$$v_t = v_f + v_g + v_e + v_i + v_n \tag{8.74}$$

$$GDP_t = GDP_f + GDP_g + GDP_e + GDP_i + GDP_n \tag{8.75}$$

第二条加总路径与第一条加总路径相比，第一步是第二类的部分加总，第二步是第一类的简单加总。即先将欧盟五国带壳花生数据加总和去壳花生数据加总，在此基础上，将两类数据模型进行加总。相应的第一步加总数据模型为：

$$vk_t = \alpha_{k0} + \alpha_{k1}\ln GDP_c + \alpha_{k2}GDP_t + \alpha_{k3}TBT_1 + \alpha_{k4}TBT_2 + \alpha_{k5}ER + \alpha_{k6}EC + \mu_{k1} \tag{8.76}$$

$$vm_t = \alpha_{m0} + \alpha_{m1}\ln GDP_c + \alpha_{m2}GDP_t + \alpha_{m3}TBT_1 + \alpha_{m4}TBT_2 + \alpha_{m5}ER + \alpha_{m6}EC + \mu_{m1} \tag{8.77}$$

部分加总形式体现为：

$$vk_t = vk_f + vk_g + vk_e + vk_i + vk_n \tag{8.78}$$

$$vm_t = vm_f + vm_g + vm_e + vm_i + vm_n \tag{8.79}$$

$$GDP_t = GDP_f + GDP_g + GDP_e + GDP_i + GDP_n \tag{8.80}$$

下面，对第二条路径上的第一次加总，即花生类别加总数据模型的参数加以估计，第二条加总路径下的第一步加总参数估计结果，见表 8.17。

表 8.17　　第二条加总路径下的第一步加总参数估计结果

模型	vk_t 模型	vm_t 模型
$\hat{\alpha}_{h0}$	658 000 000 * (1.84)	4 870 000 000 ** (2.84)
$\hat{\alpha}_{h1}$	−27 911 541 * (−1.91)	−188 000 000 ** (−2.69)
$\hat{\alpha}_{h2}$	16.981 62 ** (2.49)	51.569 55 (1.58)
$\hat{\alpha}_{h3}$	−6 887 576 * (−1.94)	11 308 915 (0.66)

续表

模型	vk_t 模型	vm_t 模型
$\hat{\alpha}_{h4}$	-2 297 452 (-0.60)	19 714 532 (1.07)
$\hat{\alpha}_{h5}$	5 730 058 (1.52)	41 001 363 ** (2.27)
$\hat{\alpha}_{h6}$	5 736 446 (1.20)	56 397 829 ** (2.46)
R^2	0.65	0.56
F 值	3.04	2.09

注：***、**、* 分别表示在 1%、5% 和 10% 的水平上显著。其中，估计量下标 h 表示 h = k，m。

资料来源：笔者根据联合国商品贸易数据库 1995 ~ 2011 年欧盟五国与中国的花生贸易数据，运用 EViews 6.0 软件计算整理而得。

由表 8.17 的回归参数估计可以看出，第一类技术性贸易壁垒 TBT_1 对带壳花生贸易的影响是显著的；而第二类技术性贸易壁垒 TBT_2 对带壳花生贸易和去壳花生贸易的影响都不显著。

第二条路径的第二步加总，即由欧盟五国的两类细分花生 SITC22211 的带壳花生和 SITC22212 的去壳花生的加总数据模型进一步进行四位数 SITC 2221 花生加总数据模型分析，见式（8.81）。

$$v_t = \beta_{t0} + \beta_{t1}\ln GDP_c + \beta_{t2}GDP_t + \beta_{t3}TBT_1 + \beta_{t4}TBT_2 + \beta_{t5}ER + \beta_{t6}EC + \varepsilon_{t1} \tag{8.81}$$

在式（8.81）中：

$$v_t = vk_t + vm_t \tag{8.82}$$

从两条路径上最后节点的加总数据模型的变量与模型结构看是一致的，其实，本质含义也相同。因此，只需估计一个加总数据模型及其相关参数即可。最终加总数据模型参数估计结果，见表 8.18。

表 8.18　　最终加总数据模型参数估计结果

v_t 模型参数	参数值
$\hat{\beta}_{t0}$	5 520 000 000 *** (3.32)
$\hat{\beta}_{t1}$	-216 000 000 *** (-3.17)

续表

v_t 模型参数	参数值
$\hat{\beta}_{t2}$	68.551 17 * (2.16)
$\hat{\beta}_{t3}$	4 421 345 (0.27)
$\hat{\beta}_{t4}$	17 417 082 (0.97)
$\hat{\beta}_{t5}$	46 731 415 *** (2.66)
$\hat{\beta}_{t6}$	62 134 269 ** (2.78)
R^2	0.60
F 值	2.48

注：***、**、*分别表示在1%、5%和10%的水平上显著。

资料来源：笔者根据联合国商品贸易数据库 1995～2011 年欧盟五国与中国的花生贸易数据，运用 EViews 6.0 软件计算整理而得。

依据表 8.18 的结果，从最终的加总数据模型的参数估计中可以看出，两类技术性贸易壁垒对中欧花生贸易的影响都是不显著的。

至此，本节通过两种路径探讨了细分数据结构下中欧花生贸易中的 TBT 贸易效应度量与加总数据结构下中欧花生贸易中的 TBT 贸易效应度量。先从两类花生的细分数据，即从 SITC22211 的带壳花生贸易模型和 SITC22212 的去壳花生贸易模型可以看出，两类技术性贸易壁垒变量对带壳花生贸易的影响比去壳花生更显著。其中，法国带壳花生贸易模型中的$\hat{\beta}_{i3}$和荷兰带壳花生贸易模型中的$\hat{\beta}_{i3}$显著为负。德国带壳花生贸易模型中的$\hat{\beta}_{j4}$显著为负，英国带壳花生贸易模型中的$\hat{\beta}_{j4}$显著为正，而意大利带壳花生贸易模型中两类技术性贸易壁垒的影响均不显著。上述法国、意大利和荷兰的技术性贸易壁垒的贸易效应参数符号符合预期假定，即第一类技术性贸易壁垒客观上限制了中国带壳花生的出口；而第二类技术性贸易壁垒则客观上促进了中国带壳花生的出口。但是，对于英国花生模型而言，$\hat{\beta}_{j4}$的符号与本章预期的相反。理论上，该符号为负。本章给出的可能解释是英国不属于欧元区，在贸易效应上存在某些独立性特征或者替代性特征。在去壳花生贸易中，本章发现，回归模型较为不理想，从 t 检验上看，只有英国花生贸易模型中的$\hat{\beta}'_{j3}$是显著为正的。

在第一条加总路径上，由各国带壳花生贸易数据与去壳花生贸易数据加总构成的国别花生贸易加总数据模型分析看出，在 TBT 的贸易效应参数估计中，只有英国模型中的$\hat{\beta}_{l3}$显著为正。而其他四国模型中的相关参数并不显著。但是，在第二类加总路径上，上述情况略有改变，在带壳花生贸易的欧盟五国加总数据模型中，第一类技术性贸易壁垒的贸易效应参数 $\hat{\alpha}_{h3}$是显著为负的。这说明，欧盟五国从中国进口的带壳花生贸易受第一类技术性贸易壁垒的影响是显著的。而欧盟五国从中国进口的去壳花生贸易，受两类技术性贸易壁垒的影响都不显著。这一分析结果与细分数据模型的基本结果相一致。

在最终的 SITC 2221 四位数花生贸易加总数据模型中，通过欧盟金融危机、欧元区等变量控制之后，本节发现，两类技术性贸易壁垒对花生贸易的影响均不显著。那么，上述参数显著性的变化，是否是数据加总过程中的加总偏误问题造成的？下面，对加总偏误问题进行研究。

8.3.6　加总偏误的分层检验（stratified test）与识别

从理论章节的分析中得出，在第一类简单加总形式下无偏的标准，即，加总数据模型参数和细分数据模型参数满足：

$$\sum_{i=1}^{m} \beta_i = \beta \tag{8.83}$$

在第二类简单加总形式下无偏的条件为[①]：

$$\sum_{i=1}^{m} \beta_i x_i = \beta x \tag{8.84}$$

先考察第一条加总路径下的第一步加总：欧盟五国国别花生贸易加总数据模型中的 TBT 贸易效应加总偏误问题。根据式（8.83）的无偏条件，分别计算比较细分数据模型参数之和，以及国别加总花生贸易中的参数，结果显示见表 8.19。

---

① 不同于理论部分和实证部分的向量结构，实证部分考虑到经验数据问题选择的变量都是标量形式，因此，对无偏估计等式做了简单调整，但显然满足向量形式的一般性。

表 8.19　　第一条加总路径下的第一步加总数据模型与细分数据模型 TBT 效应参数比较结果

加总数据模型估计参数	估值	细分数据模型估计参数之和	估 值
$\hat{\beta}_{f3}$	-1 632 719	$\hat{\beta}_{fk3}+\hat{\beta}'_{fm3}$	-1 632 719. 2
$\hat{\beta}_{f4}$	3 089 348	$\hat{\beta}_{fk4}+\hat{\beta}'_{fm4}$	3 089 348. 19
$\hat{\beta}_{g3}$	3 866 510	$\hat{\beta}_{gk3}+\hat{\beta}'_{gm3}$	3 866 510
$\hat{\beta}_{g4}$	-4 656 513	$\hat{\beta}_{gk4}+\hat{\beta}'_{gm4}$	-4 656 514
$\hat{\beta}_{e3}$	11 518 851	$\hat{\beta}_{ek3}+\hat{\beta}'_{em3}$	11 518 851. 19
$\hat{\beta}_{e4}$	6 884 013	$\hat{\beta}_{ek4}+\hat{\beta}'_{em4}$	6 884 013
$\hat{\beta}_{i3}$	-589 391. 6	$\hat{\beta}_{ik3}+\hat{\beta}'_{im3}$	-589 391. 51
$\hat{\beta}_{i4}$	1 594 393	$\hat{\beta}_{ik4}+\hat{\beta}'_{im4}$	1 594 393. 6
$\hat{\beta}_{n3}$	-1 640 151	$\hat{\beta}_{nk3}+\hat{\beta}'_{nm3}$	-1 640 151
$\hat{\beta}_{n4}$	2 525 604	$\hat{\beta}_{nk4}+\hat{\beta}'_{nm4}$	2 525 604. 5

资料来源：笔者根据联合国商品贸易数据库 1995 ~ 2011 年欧盟五国与中国的花生贸易数据，运用 EViews 6. 0 软件计算整理而得。

从表 8. 19 的分析可以看出，假定细分数据模型中的 TBT 参数估计是无偏估计量，那么，本章无须构建加总偏误的检验统计量，就可以得到第一种加总路径下的第一步加总中的 TBT 参数与细分数据模型 TBT 贸易效应参数之间不存在加总偏误问题。接下来，考察第一步加总与第二步加总之间计量模型中的 TBT 贸易效应参数估计的加总偏误问题。

因为第二步加总涉及部分加总问题，所以，加总无偏性的条件变为式（8. 84），计算得到的结果，见表 8. 20。

表 8. 20　　第一条加总路径下第二步的部分加总的参数比较结果

第二步加总数据模型估计参数	估值	第一步加总数据模型估计参数之和	估值
$\hat{\beta}x$	1 443 730 160	$\sum_{i=1}^{4}\hat{\beta}_i x_i$	1 435 675 671

资料来源：笔者根据联合国商品贸易数据库 1995 ~ 2011 年欧盟五国与中国花生贸易数据，运用 EViews 6. 0 软件的计算整理而得。

从表 8. 20 的结果可以看出，两类参数估计之间存在一定差异性。下面，构建相应的假设检验和相关统计量进行加总偏误检验。与第 7 章略有不同的是，假设 H_0 和假设 H_1 由式（8. 84）的无偏估计等式转化而来，其中，涉及解释变量。假设 H_0 为：

$$H_0:\beta x = \sum_{i=1}^{5}\beta_{ij}x_{ij} \quad j = 0,1,\cdots,6 \tag{8.85}$$

假设 H_1 为：

$$H_1:\beta x \neq \sum_{i=1}^{5}\beta_{ij}x_{ij} \quad j = 0,1,\cdots,6 \tag{8.86}$$

式（8.85）可以转化为多元回归模型中的参数约束方程。将其调整得：

$$\beta x - \sum_{i=1}^{5}\beta_{ij}x_{ij} = 0 \tag{8.87}$$

式（8.87）中的参数是未知的，本章只能通过其参数估计值加以判断。若用表 8.19 的参数估计值代替模型参数，则式（8.87）的估计方程显然不为零。类似地，将式（8.87）转化为 $R\beta = q$ 的形式，即：

$$(x - x_{1j} - x_{2j} - x_{3j} - x_{4j} - x_{5j})\begin{pmatrix}\beta_{tj}\\ \beta_{1j}\\ \beta_{2j}\\ \beta_{3j}\\ \beta_{4j}\\ \beta_{5j}\end{pmatrix} = 0 \tag{8.88}$$

在式（8.88）中，

$$R = (x - x_{1j} - x_{2j} - x_{3j} - x_{4j} - x_{5j}) \tag{8.89}$$

$$\beta = \begin{pmatrix}\beta_{tj}\\ \beta_{1j}\\ \beta_{2j}\\ \beta_{3j}\\ \beta_{4j}\\ \beta_{5j}\end{pmatrix} \tag{8.90}$$

给定 β 的最小二乘法估计量 b，给出一个距离向量 d：

$$d = Rb - q = Rb \tag{8.91}$$

进而得到类似的 F 统计量：

$$F[J,n - K] = \frac{(Rb)'[s^2R(X'X)^{-1}R']^{-1}(Rb)}{J} \tag{8.92}$$

同样，也可以得到另一个相同的约束检验的 F 统计量：

$$F[J,n-K]=\frac{(e'_*e_*-e'e)/J}{e'e/(n-K)} \tag{8.93}$$

在式（8.93）中，e_*为受约束方程的样本残差，e 为非约束方程的样本残差。与此同时，与式（8.93）相关的非约束方程为：

$$\begin{aligned}v_t &= \beta_{t0}+\beta_{t1}\ln GDP_c+\beta_{t2}GDP_t+\beta_{t3}TBT_1+\beta_{t4}TBT_2\\&\quad+\beta_{t5}ER+\beta_{t6}EC+\varepsilon_{t1}\end{aligned} \tag{8.94}$$

受式（8.88）约束的方程为：

$$v'=v_t-\sum_{i=1}^{b}x_i\hat{\beta}_i=\beta_0+\varepsilon_{t1} \tag{8.95}$$

由此，分别计算式（8.94）和式（8.95）中的相关残差平方和，并根据式（8.93）计算得到相应的 F 统计量，第一条加总路径下第二步部分加总的参数偏误检验结果，见表 8.21。

表 8.21　第一条加总路径下第二步部分加总的参数偏误检验结果

F 统计量	F 值临界值（α = 0.10）	加总偏误
2.65	3.29	无偏

注：对于 F 值，J 为约束方程个数等于 1，（n－K）等于 10。

资料来源：笔者根据联合国商品贸易数据库 1995～2011 年欧盟五国与中国花生贸易数据，运用 EViews 6.0 软件的计算结果整理而得。

通过上述分析与检验结果可以看出，第一条加总路径下加总偏误是不存在的。下面，从第二条加总路径考察加总偏误问题。第二条加总路径与第一条加总路径相比，第一步是第二类的部分加总，第二步是第一类的简单加总，先分析第一步的部分加总问题。依据无偏条件式（8.84）对第一步加总数据模型与细分数据模型的参数估计进行比较，第二条加总路径下的第一步加总数据模型与细分模型 TBT 效应参数比较结果，见表 8.22。

表 8.22　第二条加总路径下的第一步加总数据模型与细分数据模型 TBT 效应参数比较结果

加总数据模型类型	加总数据模型估计参数	估值	细分数据模型估计参数	估值
带壳花生加总数据模型	$\hat{\beta}x$	403 005 462.7	$\sum_{i=1}^{m}\hat{\beta}_i x_i$	400 175 575

续表

加总数据模型类型	加总数据模型估计参数	估值	细分数据模型估计参数	估值
去壳花生加总数据模型	$\hat{\beta}x$	1 219 280 256	$\sum_{i=1}^{m}\hat{\beta}_i x_i$	1 050 717 125

资料来源：笔者根据联合国商品贸易数据库 1995 ~ 2011 年欧盟五国与中国的花生贸易数据，运用 EViews 6.0 软件的计算结果整理而得。

从表 8.22 可以发现，带壳花生贸易和去壳花生贸易的第二种加总路径下的第一步加总数据模型与细分数据模型的参数，存在一定差异性。统计意义上的加总数据偏误，由下面的 F 统计量进行判断。

同样，利用式（8.93）的 F 统计量计算公式，构建不带约束的加总计量模型和带约束的加总计量模型。其中，不带约束的带壳花生贸易模型为：

$$
\begin{aligned}
vk_t = {} & \alpha_{k0} + \alpha_{k1}\ln GDP_c + \alpha_{k2}GDP_t + \alpha_{k3}TBT_1 \\
& + \alpha_{k4}TBT_2 + \alpha_{k5}ER + \alpha_{k6}EC + \mu_{k1}
\end{aligned}
\tag{8.96}
$$

相应的假设 H_0 为：

$$
H_0: x\beta = \sum_{i=1}^{5} x_i\beta_i \tag{8.97}
$$

假设 H_1 为：

$$
H_1: x\beta \neq \sum_{i=1}^{5} x_i\beta_i \tag{8.98}
$$

给定约束方程式（8.99），得到带约束的加总计量模型为：

$$
vk'_t = \alpha'_{k0} + \mu_{k1} \tag{8.99}
$$

第二条加总路径下的第一步加总偏误检验结果（带壳花生），见表 8.23。

表 8.23　　第二条加总路径下的第一步加总偏误检验结果（带壳花生）

F 统计量	F 值临界值（$\alpha=0.10$）	加总偏误
0.20	3.29	无　偏

注：对于 F 值，J 为约束方程个数等于 1，（n－K）等于 10。

资料来源：笔者根据联合国商品贸易数据库 1995 ~ 2011 年欧盟五国与中国的花生贸易数据，运用 EViews 6.0 软件的计算整理而得。

同理，得到第二条加总路径下的第一步去壳花生贸易数据的加总偏误检验结果，见表 8.24。

表 8.24　　第二条加总路径下的第一步加总偏误检验结果（去壳花生）

F 统计量	F 值临界值（α=0.10）	加总偏误
2.08	3.29	无　偏

注：对于 F 值，J 为约束方程个数等于 1，（n－K）等于 10。

资料来源：笔者根据联合国商品贸易数据库 1995～2011 年欧盟五国与中国的花生贸易数据，运用 EViews 6.0 软件计算整理而得。

表 8.23 和表 8.24 的结果表明，对两类花生而言，第二条加总路径下的第一步加总，也不存在加总偏误。接着，分析第二条加总路径下的第二步加总中可能存在的加总偏误问题，第二条加总路径下的第二步加总数据模型 TBT 参数比较结果，见表 8.25。

表 8.25　　第二条加总路径下的第二步加总数据模型与第一步加总数据模型 TBT 效应参数比较结果

第二步加总数据模型估计参数	估值	第一步加总数据模型估计参数	估值	细分模型估计参数	估值
$\hat{\beta}x$	1 443 730 160	$\hat{\beta}_i x$	1 622 285 719	$\sum_{i=1}^{m}\hat{\beta}_i x_i$	1 450 892 745

资料来源：笔者根据联合国商品贸易数据库 1995～2011 年欧盟五国与中国的花生贸易数据，运用 EViews 6.0 软件计算整理而得。

表 8.25 中显示的三个估值都存在一定差异性，为进一步确定加总偏误是否存在，同样采用 F 统计量检验加总模型中参数估计加总偏误的显著性。

同理，构建相应的不带约束的花生贸易模型为：

$$v_t = \alpha_{k0} + \alpha_{k1}\ln GDP_c + \alpha_{k2}GDP_t + \alpha_{k3}TBT_1 + \alpha_{k4}TBT_2 + \alpha_{k5}ER + \alpha_{k6}EC + \mu_{k1} \tag{8.100}$$

带约束的花生贸易模型为：

$$v_t' = \alpha_0 + \mu_1 \tag{8.101}$$

第二条加总路径下的第二步加总偏误检验结果，见表 8.26。

表 8.26　　第二条加总路径下的第二步加总偏误检验结果

F 统计量	F 值临界值（α=0.10）	加总偏误
0	3.29	无　偏

注：对于 F 值，J 为约束方程个数等于 1，（n－K）等于 10。

资料来源：笔者根据联合国商品贸易数据库 1995～2011 年欧盟五国与中国的花生贸易数据，运用 EViews 6.0 软件计算整理而得。

表 8.26 的结果显示，加总偏误的 F 统计量在 10% 的显著性水平上都无法拒绝无偏性假定，可见，第二条加总路径下的第二步加总偏误也不显著。

至此，完成了对中欧花生 TBT 贸易效应度量在两条加总路径下各个加总步骤的偏误测度与偏误检验。分析结果表明，虽然大部分加总数据模型参数存在一定的差异性，但是通过加总偏误检验，各类加总数据模型并不存在显著的加总偏误问题。上述加总偏误的检验实质上考察的是，在假定系列细分数据模型参数估计无偏的前提下，加总过程的内生性导致的加总偏误问题。由此并未发现有显著的加总过程内生性导致的加总偏误问题影响了中欧花生贸易 TBT 效应测度。

8.4　第三类简单加总形式下的逐步分类加总与分层检验

在前两类简单加总形式的实证研究中，均未发现显著的加总过程内生性导致的加总偏误，因此，逐步分类加总与分层检验方法并未特别显著、有效地发挥其作用。为此，本节考察更为复杂的加总形式：第三类加总形式下的逐步分类加总与分层检验。第三类简单加总结构，本小节考虑北美自由贸易区和欧盟之间的大豆产品贸易问题。大豆贸易不涉及 HS 编码下或 SITC 编码下的数据加总，只讨论国别数据加总。因此，因变量涉及国别大豆贸易的加总数据与细分数据；而自变量涉及两大自由贸易区的各国 GDP 加总问题和 TBT 虚拟变量加总问题。

选择北美自由贸易区与欧盟两个经济体之间的 HS 1201 的大豆（soya beans）贸易及其技术性贸易壁垒的影响进行分析。这种选择有两个理由：一是发达国家之间也存在频发的技术性贸易壁垒摩擦，如美日关于苹果贸易的技术性贸易壁垒摩擦（Calvin and Krissoff，1998；Roberts and Krissoff，2004；Yue，Beghin and Jensen，2006；Calvin，Krissoff and Foster，2008）；新西兰和澳大利亚之间水果贸易中的技术性贸易壁垒纠纷。而在北美洲与欧洲之间大豆贸易的最大争议，在于转基因问题。欧盟的转基因政策属于技术性贸易壁垒范畴。二是第三类加总形式要求解释变量和被解释变量都参与加总，而上述两个经济体之间的贸易形式满足要求。

因此，本小节将集中讨论欧盟转基因政策对美国、加拿大向欧盟五国出口大豆影响中的加总偏误问题。在欧盟转基因政策的测度方面，本小节以 1998 年、2004 年为基本节点，采用虚拟变量法测度转基因政策的影响程度。其中，选择 1998 年的节点原因在于，欧盟自 1998 年起不再批准销售转基因食品种类，即限制了转基因产品的销售。而选择 2004 年的节点原因在于，2004 年 5 月，欧盟取消了部分有关转基因食品销售的禁令，允许 9 种转基因食品在其成员国市场上销售。[①] 接下来，考察转基因政策的变化对美国和加拿大分别与欧盟五国大豆贸易的影响，其中，涉及美国和加拿大对欧盟五国大豆出口的国别细分数据和加总数据。

针对上述有关转基因政策的变化，本节设定相应的 TBT 虚拟变量。[②] 另一个需要说明的问题是，欧盟农产品进口配额问题。欧盟的农产品进口配额分为全球配额制和国别配额制。但是，配额作为贸易的一个阈限，从实际执行情况来看，美国和加拿大并没有用完相应的贸易额度，因此，并不考虑配额问题的影响。

8.4.1 经验数据特征分析

在北美与欧盟五国大豆贸易的技术性贸易壁垒影响研究中，本小节选用的变量有美国的 GDP、加拿大的 GDP、欧盟五国的 GDP、美国和加拿大分别对欧盟五国的大豆出口额以及欧盟以转基因政策为代表的技术性贸易壁垒。本节收集了 1994 ~2011 年共 18 年的年度统计数据。在国别 GDP 数据方面，与前两节的处理方法基本相同。欧盟五国 GDP 数据的单整性，已通过检验。另外，需要进行单整性检验的有美国和加拿大分别出口欧盟五国的大豆贸易额变量和 TBT 变量。[③] 大豆贸易相关变量的单整性检验结果，见表 8. 27。

---

① WTO 官网。

② 在第三类简单加总形式中，所有的回归量都参与加总。那么，此处的虚拟变量如何加总呢？因为此处的技术性贸易壁垒是欧盟统一政策，在各个细分数据模型中具有同一性，所以，加总之后仍然保持虚拟变量的性质，参数估计的性质并不因同一性而发生改变。只是这一加总形式稍显简单，初看近似第二类简单加总形式。

③ 考虑到第三类加总形式的结构特征，本章在回归量中只包含了 GDP 变量和 TBT 虚拟变量，而未包含诸如欧债危机、欧元区等变量。从回归结果看，上述未包含的变量并没有显著影响模型的有效性。

表 8.27　　大豆贸易相关变量的单整性检验结果

变量	(c, t, m)	ADF 统计量	PP 检验	单整性
GDP_{ca}	(c, 0, 0)	-3.117**	-3.117***	I (1)
GDP_{u}	(c, t, 1)	-3.328*	-3.48*	I (1)
GDP_{uc}	(c, t, 1)	-3.338*	-3.495*	I (1)
GDP_{f}	(c, t, 1)	3.707**	-2.707*	I (1)
GDP_{g}	(c, t, 2)	-3.941**	-6.696***	I (1)
GDP_{i}	(c, t, 1)	-3.605*	-4.365**	I (1)
GDP_{n}	(c, 0, 0)	-2.786*	-2.807*	I (1)
GDP_{e}	(0, 0, 0)	-1.766*	-1.690*	I (1)
GDP_{eu}	(c, 0, 0)	-3.346**	-3.287***	I (1)
EX_{cf}	(c, t, 2)	-5.115***	-12.65***	I (1)
EX_{cg}	(c, t, 0)	-6.496***	-6.496***	I (1)
EX_{ci}	(c, t, 1)	-3.842**	-21.03***	I (1)
EX_{cn}	(c, t, 1)	-4.517**	-3.464*	I (1)
EX_{cs}	(c, t, 1)	-4.477**	-6.605***	I (1)
EX_{uf}	(c, t, 3)	-4.966***	-10.778***	I (1)
EX_{ug}	(c, t, 3)	-3.363*	-4.333**	I (1)
EX_{ui}	(c, t, 0)	-3.218**	-3.140**	I (1)
EX_{un}	(c, t, 0)	-3.770**	-4.067***	I (1)
EX_{us}	(c, 0, 0)	-4.279***	-4.279***	I (1)
EX_{eu}	(c, t, 2)	-5.558***	-4.552**	I (1)
TBT	(c, t, 0)	-3.976**	-4.009**	I (1)

注：检验结果运用 EViews 6.0 软件计算而得。检验类型（c，t，m）分别表示单位根检验方程，包括常数项、时间趋势和滞后阶段。***、**、* 分别表示在 1%、5% 和 10% 的水平上显著。

资料来源：笔者根据联合国商品贸易数据库 1994～2011 年美国和加拿大分别与欧盟五国的大豆贸易数据，运用 EViews 6.0 软件计算整理而得。

单整性检验结果表明，上述变量都是一阶单整的。那么，根据协整理论，同阶单整变量可能构成协整关系。因此，本节分别就细分数据模型、加总数据模型对上述变量的不同组合采用 Johnson-Juselius（JJ）检验，协整关系涉及的变量分别是：美国和加拿大分别对欧盟五国的大豆贸易额、各国 GDP、两类需要分析的 TBT 虚拟变量。协整关系的分析方法依然采用 8.3 节所用的 Johnson-Juselius（JJ）检验中的迹检验和最大特征值检验两类方法。第三类简单加总形式下的大豆贸易变量的协整检验——JJ 特征值的迹检验，见表 8.28，第三类简单加总形式下的大豆贸易变量的协整检验——JJ 最大特征值检验，见表 8.29，各个可能的细分数据计量估计模型中是有变量存在协整关系的，因此可以构建计量模型。

表 8.28　　第三类简单加总形式下的大豆贸易变量的协整检验——JJ 特征值的迹检验

模型	Hypothesized No. of CE（s）	Eigenvalue	Trace Statistic	0.05 Critical Value	Prob.
加—法模型	None **	0.855 505	62.685 91	47.856 13	0.001 1
	At most 1 **	0.731 987	31.733 77	29.797 07	0.029 5
	At most 2	0.414 208	10.666 25	15.494 71	0.232 9
美—法模型	None **	0.848 449	64.873 00	47.856 13	0.000 6
	At most 1 **	0.662 062	34.683 71	29.797 07	0.012 6
	At most 2 **	0.504 091	17.325 42	15.494 71	0.026 2
	At most 3 **	0.317 147	6.103 606	3.841 466	0.013 5
加—德模型	None **	0.961 168	96.666 83	47.856 13	0.000 0
	At most 1 **	0.840 626	44.690 58	29.797 07	0.000 5
	At most 2	0.574 353	15.306 56	15.494 71	0.053 4
美—德模型	None **	0.879 283	70.969 09	47.856 13	0.000 1
	At most 1 **	0.814 787	37.140 16	29.797 07	0.006 0
	At most 2	0.469 511	10.160 19	15.494 71	0.268 6
加—意模型	None **	0.905 310	59.933 67	47.856 13	0.002 5
	At most 1	0.554 857	22.219 36	29.797 07	0.286 5
美—意模型	None **	0.962 042	94.310 64	63.876 10	0.000 0
	At most 1	0.805 873	41.970 24	42.915 25	0.062 0
加—荷模型	None **	0.944 689	78.070 70	47.856 13	0.000 0
	At most 1 **	0.787 093	31.754 12	29.797 07	0.029 4
	At most 2	0.354 104	7.003 721	15.494 71	0.577 2
美—荷模型	None **	0.959 098	92.854 89	63.876 10	0.000 0
	At most 1	0.741 803	41.709 67	42.915 25	0.065 7
加—英模型	None **	0.869 170	56.951 26	47.856 13	0.005 6
	At most 1	0.648 918	24.409 56	29.797 07	0.183 7
美—英模型	None **	0.871 437	79.584 96	63.876 10	0.001 4
	At most 1 **	0.770 447	46.763 54	42.915 25	0.019 6
	At most 2	0.590 125	23.217 62	25.87 211	0.103 3

续表

模型	Hypothesized No. of CE (s)	Eigenvalue	Trace Statistic	0.05 Critical Value	Prob.
英—美—加模型	None **	0.888 774	52.677 78	47.856 13	0.016 5
	At most 1	0.466 450	17.538 67	29.797 07	0.600 2
法—美—加模型	None **	0.907 945	79.444 41	63.876 10	0.001 4
	At most 1	0.685 920	41.278 49	42.915 25	0.072 2
德—美—加模型	None **	0.935 480	81.337 22	47.856 13	0.000 0
	At most 1 **	0.820 298	37.484 75	29.797 07	0.005 4
	At most 2	0.458 891	10.021 42	15.494 71	0.279 1
意—美—加模型	None **	0.846 584	48.413 74	47.856 13	0.044 3
	At most 1	0.485 519	18.420 09	29.797 07	0.535 2
荷—美—加模型	None **	0.948 641	87.833 32	63.876 10	0.000 1
	At most 1	0.729 171	40.330 77	42.915 25	0.088 6
加—欧模型	None **	0.835 993	61.662 72	47.856 13	0.001 5
	At most 1 **	0.716 443	32.737 20	29.797 07	0.022 3
	At most 2	0.544 049	12.571 74	15.494 71	0.131 5
美—欧模型	None **	0.969 932	86.724 57	47.856 13	0.000 0
	At most 1 **	0.626 828	30.655 66	29.797 07	0.039 7
	At most 2	0.443 864	14.884 21	15.494 71	0.061 6
加总数据模型	None **	0.957 689	81.420 33	47.856 13	0.000 0
	At most 1 **	0.629 102	30.817 04	29.797 07	0.038 0
	At most 2	0.446 386	14.947 79	15.494 71	0.060 3

注：***、**、*分别表示在1%、5%和10%的水平上显著。

资料来源：笔者根据联合国商品贸易数据库1994～2011年美国和加拿大分别与欧盟五国的大豆贸易数据，运用EViews 6.0软件计算整理而得。

表8.29 第三类简单加总形式下的大豆贸易变量的协整检验——JJ最大特征值检验

模型	Hypothesized No. of CE (s)	Eigenvalue	Max-Eigen Statistic	0.05 Critical Value	Prob.
加—法模型	None **	0.855 505	30.952 14	27.584 34	0.017 8
	At most 1	0.731 987	21.067 52	21.131 62	0.051 0
美—法模型	None **	0.8484 49	30.189 28	27.584 34	0.022 6
	At most 1	0.662 062	17.358 29	21.131 62	0.155 8
加—德模型	None **	0.961 168	51.976 25	27.584 34	0.000 0
	At most 1 **	0.840 626	29.384 02	21.131 62	0.002 8
	At most 2	0.574 353	13.666 32	14.264 60	0.062 0

续表

模型	Hypothesized No. of CE（s）	Eigenvalue	Trace Statistic	0.05 Critical Value	Prob.
美—德模型	None **	0.879 283	33.828 92	27.584 34	0.006 9
	At most 1 **	0.814 787	26.979 98	21.131 62	0.006 7
	At most 2	0.469 511	10.143 30	14.264 60	0.202 7
加—意模型	None **	0.905 310	37.714 30	27.584 34	0.001 8
	At most 1	0.554 857	12.949 76	21.131 62	0.456 8
美—意模型	None **	0.962 042	52.340 39	32.118 32	0.000 1
	At most 1 **	0.805 873	26.227 86	25.823 21	0.044 2
	At most 2	0.450 636	9.583 915	19.387 04	0.663 3
加—荷模型	None **	0.944 689	46.316 58	27.584 34	0.000 1
	At most 1 **	0.787 093	24.750 40	21.131 62	0.014 8
	At most 2	0.354 104	6.993 874	14.264 60	0.489 9
美—荷模型	None **	0.959 098	51.145 23	32.118 32	0.000 1
	At most 1	0.741 803	21.664 53	25.823 21	0.161 2
加—英模型	None **	0.869 170	32.54 170	27.584 34	0.010 6
	At most 1	0.648 918	16.747 79	21.131 62	0.018 42
美—英模型	None **	0.871 437	32.821 41	32.008 32	0.041 0
	At most 1	0.770 447	23.545 92	25.823 21	0.097 1
英—美—加模型	None **	0.888 774	35.039 11	27.584 34	0.004 4
	At most 1	0.466 450	10.051 25	21.131 62	0.739 9
法—美—加模型	None **	0.907 945	38.165 92	32.118 32	0.0081
	At most 1	0.685 920	18.529 70	25.823 21	0.338 0
德—美—加模型	None **	0.935 480	43.852 47	27.584 34	0.000 2
	At most 1 **	0.820 298	27.463 33	21.131 62	0.005 6
	At most 2	0.458 891	9.8262 62	14.264 60	0.223 6
意—美—加模型	None **	0.846 584	29.993 66	27.584 34	0.024 0
	At most 1	0.485 519	10.633 56	21.131 62	0.683 7
荷—美—加模型	None **	0.948 641	47.502 55	32.008 32	0.000 3
	At most 1	0.729 171	20.900 31	25.823 21	0.195 6
加—欧模型	None **	0.835 993	28.925 51	27.584 34	0.033 5
	At most 1	0.716 443	20.165 47	21.131 62	0.067 8
美—欧模型	None **	0.969 932	56.068 91	27.584 34	0.000 0
	At most 1	0.626 828	15.771 46	21.131 62	0.238 5

续表

模型	Hypothesized No. of CE (s)	Eigenvalue	Trace Statistic	0.05 Critical Value	Prob.
加总数据模型	None **	0.957 689	50.603 29	27.584 34	0.000 0
	At most 1	0.629 102	15.869 25	21.131 62	0.232 6

注：***、**、*分别表示在1%、5%和10%的水平上显著。

资料来源：笔者根据联合国商品贸易数据库1994~2011年美国和加拿大分别与欧盟五国的大豆贸易数据，运用EViews 6.0软件计算整理而得。

8.4.2 逐步分类加总路径与计量模型框架

在理论分析部分，第5章提出了第三类简单加总形式是第一类简单加总形式和第二类简单加总形式的一般形式。在变量的向量形式定义结构中，细分数据模型为：

$$y_i = x_i\beta_i + \varepsilon_i \tag{8.102}$$

而加总数据模型为：

$$y = x\beta + \varepsilon \tag{8.103}$$

在式（8.103）中，

$$y = \sum_{i=1}^{m} y_i \tag{8.104}$$

$$x = \sum_{i=1}^{m} x_i \tag{8.105}$$

相应的加总数据模型参数β的无偏估计量b须满足：

$$x\beta = \sum_{i=1}^{m} x_i\beta_i \tag{8.106}$$

本节将加总过程分为两条加总路径进行。第一条加总路径是，由细分数据通过欧盟五国加总形成与美国、加拿大欧盟五国的两个大豆贸易部分加总数据模型，即美国出口欧盟五国的部分加总数据模型以及加拿大出口欧盟五国的部分加总数据模型，在此基础上，再将美国大豆贸易模型和加拿大大豆贸易模型加总，形成第三类美欧贸易加总数据模型；第二条加总路径是构建美国、加拿大分别出口欧盟五国的部分加总数据模型。在此基础上，将欧盟五国对美国、加拿大的贸易数据加总，形成第三类加总数据模型。美欧大豆贸易数据加总路径结构，见图8.2。

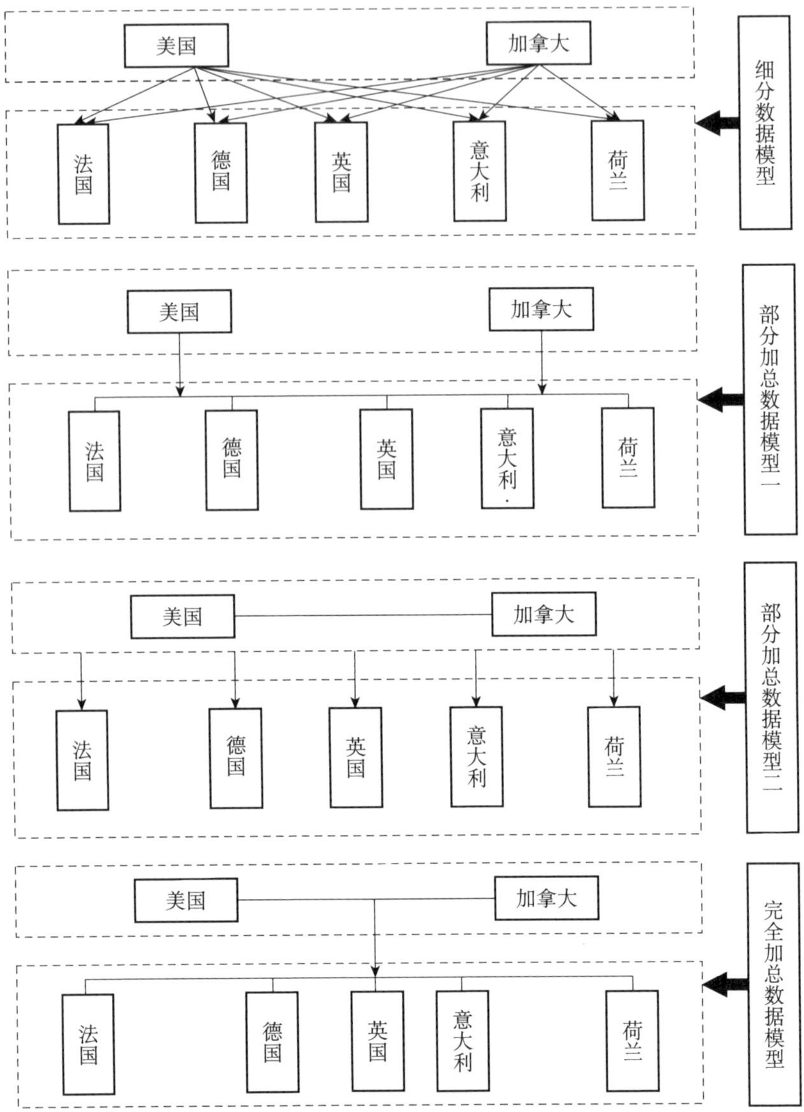

图 8.2　美欧大豆贸易数据加总路径模型

资料来源：笔者绘制。

构建上述模型的经济意义在于，国别细分数据模型是研究国别贸易的重要途径，也是常用的基本方法；而单一国家向某一地区的出口贸易的部分加总数据模型，也是研究区域经济与贸易的重要手段。同样，地区之间的贸易摩擦也是国际经济中越来越重要的课题，随着区域一体化进程的不断推进，欧盟、北美自由贸易区、东盟等经济与贸易联合体，在世界经济中扮演着越来越重要的角色。因此，从经济意义与现实意义上看，运用细分数据模型与加总数据模型研究农产品国际贸易中的技术性贸易壁垒的影响是有意义的。

8.4.3　逐步分类加总与分层检验

基于式（8.22）的 LM 统计量，对美国和加拿大与欧盟五国之间大豆贸易中的转基因政策效应展开逐步分类检验，识别与诊断加总过程中的加总偏误。

下面，以美国和加拿大与欧盟五国之间 1994～2011 年共 18 年的大豆贸易数据为例，采用逐步分类加总方法，识别与诊断欧盟转基因政策贸易效应测度偏误及其存在的节点。逐步分类加总方法中的计量分析模型基本架构来自宏观引力模型，按照主流的贸易效应测度研究，主要选取贸易国的 GDP、技术壁垒和出口额之间的简单线性计量模型。[①] 相应的细分数据模型结构，见式（8.107）。

$$Ex_{jlt} = \beta_{jl1} + \beta_{jl2}GDP_{jt} + \beta_{jl3}GDP_{lt} + \beta_{jl4}EP_{jt} + \varepsilon_{jlt} \qquad (8.107)$$

在式（8.107）中，Ex_{jlt} 为 j 国在 t 期向 l 国出口的大豆总额，GDP_{jt} 为 j 国在 t 期的国内生产总值，GDP_{lt} 为 l 国在 t 期的国内生产总值，EP_{jt} 为欧盟转基因政策虚拟变量，下标 j = u，c，其中，u 代表美国，c 代表加拿大；l = g，f，e，i，n，其中，g 代表德国，f 代表法国，e 代表英国，i 代表意大利，n 代表荷兰，t 代表统计年份。EP_{jt} 的设定分别以 1998 年、2004 年为两个关键节点，以此描述转基因政策的变化。其中，1998 年的节点是指，欧盟规定自 1998 年起不再批准销售转基因食品，即限制转基因食品的销售，该节点之前定义为 0，之后定义为 2；2004 年的节点是指，2004 年 5 月，欧盟取消了有关转基因食品销售的禁令，允许 9 种转基因食品在其成员国市场上销售，2004 年 5 月之后定义为 1。其他三个变量的经验数据，来自联合国商品贸易数据库，相关数据

---

① 简单线性计量模型不一定存在模型误设问题，即便存在细分数据模型的参数估计偏误，也不影响本章要考察的加总过程中内生性导致的加总偏误问题。

都以不变价格进行了调整。假设其他遗漏变量与回归量不相关，则上述简单回归方程成立。由式（8.107）所代表的十个细分数据模型，可以得到相对应的参数估计值，大豆贸易细分数据回归模型参数估计值见表8.30。

表8.30　大豆贸易细分数据回归模型参数估计值

模型参数	b_{jl1}	b_{jl2}	b_{jl3}	b_{jl4}
美—法模型	121 176 922.6 (0.49)	-14.486 65 (-0.26)	49.460 03 (0.11)	-5 287 462 (-0.67)
美—德模型	-1 230 248 152 (-1.16)	-57.106 21 (-0.73)	834.369 4 (1.04)	-90 900 442 (-1.68)
美—英模型	240 988 680.4*** (3.69)	141.329 1* (1.95)	-849.642 3** (-2.18)	-23 855 695.8 (-1.64)
美—意模型	74 679 360 (0.30)	-36.681 48** (-2.15)	250.325 4 (0.99)	-15 872 117 (-1.57)
美—荷模型	1 777 564 091*** (4.38)	-340.406 0* (-1.77)	4 351.045 (1.06)	-100 733 931.3* (-1.89)
加—法模型	-9 132 876 (-0.09)	125.578 (0.66)	-52.350 75 (-0.35)	-4 958 930* (-1.73)
加—德模型	-279 767 552.3* (-2.14)	-103.851 1 (-0.83)	149.604 9 (1.60)	-4 236 900 (-0.81)
加—英模型	43 430 387** (2.53)	298.202 2** (2.53)	-155.900 9** (-2.50)	-7 345 673** (-2.63)
加—意模型	193 042 355.6*** (3.67)	175.730 2*** (5.14)	-217.193 8*** (-4.32)	1 057 698 (0.45)
加—荷模型	220 117 666.1 (-0.75)	919.315 7 (0.84)	-1 057.892 (-0.46)	-31 722 816 (-1.03)

注：***、**、*分别表示在1%、5%和10%的水平上显著。

资料来源：笔者根据联合国贸易统计数据库1994~2011年美国和加拿大分别与欧盟五国的大豆贸易数据，运用EViews 6.0软件计算整理而得。

在此基础上构建加总数据模型，加总数据模型也有与式（8.107）相似的结构：

$$Ex_t = \beta_1 + \beta_2 GDP_{uc} + \beta_3 GDP_{et} + \beta_4 EP_t + \varepsilon_t \tag{8.108}$$

在式（8.108）中，Ex_t 为美加两国在t期向欧盟五国出口的大豆总额，GDP_{uc} 为美加两国的国内生产总值，GDP_{et} 为欧盟五国国内生产总值之和。那么，大豆贸易加总数据模型参数估计值结果，见表8.31。

表 8.31　　大豆贸易加总数据模型参数估计值结果

模型	b_{i0}	b_{i1}	b_{i2}	b_{i3}
加总数据模型	-3 673 505 471 (-1.57)	-1 082.45 ** (-2.69)	2 015.692 ** (2.53)	-464 737 66 ** (-2.88)

注：***、**、*分别表示在1%、5%和10%的水平上显著。

资料来源：笔者根据联合国贸易统计数据库 1994～2011 年美国和加拿大分别与欧盟五国的大豆贸易数据，运用 EViews 6.0 软件计算整理而得。

大豆贸易细分数据模型参数估计值与加总数据模型参数估计值比较，见表 8.32。

表 8.32　　大豆贸易细分数据模型参数估计值与加总数据模型参数估计值比较

细分数据模型参数估计值 $E(\sum_{i=1}^{10} x_i b_i)_{18\times1}$	加总数据模型参数估计值 $E\ (xb)_{18\times1}$
1 918 854 753	1 483 544 384
1 921 594 187	1 585 120 760
1 861 383 716	1 443 718 439
1 838 484 284	1 329 992 103
1 239 963 906	883 959 148
1 231 311 394	727 427 873
1 238 059 197	820 551 578
1 247 112 931	1 026 623 648
1 177 927 917	926 193 923
1 032 073 948	766 908 667
1 250 799 558	857 112 919
1 181 381 341	714 449 498
1 237 175 729	873 904 499
1 290 190 463	1 156 317 881
1 411 691 625	1 193 626 789
1 347 889 316	770 463 317
1 419 386 642	883 312 028
1 482 062 399	919 439 420

资料来源：笔者根据联合国贸易统计数据库 1994～2011 年美国和加拿大分别与欧盟五国的大豆贸易数据，运用 EViews 6.0 软件计算整理而得。

从表 8.32 中的大豆贸易细分数据模型参数估计值和加总数据模型参数估计值比较可以发现，两者差距较大。因此，进一步采用式

(8.22) 的 LM 统计量进行假设检验得到，大豆贸易加总数据模型参数总体偏误检验结果，见表 8.33。

表 8.33　　大豆贸易加总数据模型参数总体偏误检验结果

模型	LM 统计量	临界值（$\alpha=0.90$）	加总偏误
加总数据模型与细分数据模型	4.5	1.06	有偏

资料来源：笔者根据联合国贸易统计数据库 1994 ~ 2011 年欧盟五国与美国、加拿大的大豆贸易数据，运用 EViews 6.0 软件计算整理而得。

由表 8.33 的 LM 统计量可知，加总数据模型参数估计值与细分数据模型参数估计值存在显著偏误。根据理论分析的基本结论，在细分数据模型参数估计值给定的前提下，这类加总偏误来自加总过程的内生性，但是，究竟来自加总过程的哪个阶段或哪个节点，仅从上述加总偏误检验无法获知。

接下来，采用逐步分类加总方法对上述加总偏误做进一步剖析。以式 (8.11)、式 (8.12) 和式 (8.13) 的加总结构为基准，结合美国、加拿大与欧盟五国的大豆贸易结构特点，将逐步分类加总沿着两条加总路径逐一展开。第一条加总路径是，由国别细分数据通过欧盟五国加总构成美国与欧盟五国模型（简称美—欧模型）、加拿大与欧盟五国模型（简称加—欧模型）两个部分加总结构。在此基础上，进一步将美—欧模型和加—欧模型加总为最终加总数据模型。第二条加总路径是，先构建欧盟五国与美国和加拿大的部分加总数据模型，即形成德国模型、法国模型、英国模型、意大利模型和荷兰模型，再在此基础上进一步将欧盟五国模型加总成为最终加总数据模型。

通过上述加总方法，可用分类筛选的方式搜寻产生加总偏误的具体节点，为加总偏误找到症结所在，进而为下一步有效处理加总偏误提供必要的经验证据。

在第一条加总路径上，先构建美—欧模型和加—欧模型两个部分加总数据模型，相应的计量模型结构为：

$$Ex_{jt} = \beta_{j1} + \beta_{j2}GDP_{jt} + \beta_{j3}GDP_{eut} + \beta_{j4}EP_t + \varepsilon_j \qquad (8.109)$$

在式 (8.109) 中，$j=c$，u，GDP_{eu}为欧盟五国 GDP 加总。第一条加总路径下的大豆贸易部分加总数据模型参数估计值，见表 8.34。

表 8.34　第一条加总路径下的大豆贸易部分加总数据模型参数估计值

模型	b_{i0}	b_{i1}	b_{i2}	b_{i3}
加—欧模型	1 361 685 707 (1.38)	3 666.654 ** (2.25)	−547.384 5 * (−1.88)	−49 167 707 (−1.51)
美—欧模型	−2 555 288 763 (−1.39)	−1 140.156 *** (−3.24)	1 823.760 ** (2.87)	−171 784 015.4 ** (−2.59)

注：***、**、* 分别表示在 1%、5% 和 10% 的水平上显著。

资料来源：笔者根据联合国贸易统计数据库 1994 ~ 2011 年美国和加拿大分别与欧盟五国的大豆贸易数据，运用 EViews 6.0 软件计算整理而得。

下面，分别比较细分数据模型参数估计值与两类部分加总数据模型参数估计值的差异性，判断加总偏误的来源。第一条加总路径下的加—欧大豆贸易模型参数估计值比较，见表 8.35。

表 8.35　第一条加总路径下的加—欧大豆贸易模型参数估计值比较

部分加总数据模型	加—欧部分加总数据模型参数估计值 $E(x_1b_1)_{18\times1}$	细分数据模型参数估计值 $E(\sum_{i=1}^{5}x_ib_i)_{18\times1}$
加—欧模型	55 785 039	479 502 366
	37 538 410	482 470 736
	20 140 420	474 094 187
	45 315 907	489 947 981
	−39 901 728	412 795 252
	24 411 457	445 816 690
	35 437 156	474 855 095
	3 772 665	476 293 304
	70 821 132	507 540 027
	94 349 308	518 510 554
	161 312 972	583 962 917
	201 913 737	604 998 389
	168 349 284	622 074 711
	105 844 203	622 381 740
	137 263 457	634 140 872
	259 810 808	631 815 085
	266 864 940	675 730 101
	288 164 506	717 432 961

资料来源：笔者根据联合国贸易统计数据库 1994 ~ 2011 年加拿大与欧盟五国的大豆贸易数据，运用 EViews 6.0 软件计算整理而得。

表 8.36 显示了第一条加总路径下的美—欧大豆贸易模型参数估计值比较。

表 8.36　第一条加总路径下的美—欧大豆贸易模型参数估计值比较

部分加总数据模型	美—欧部分加总数据模型参数估计值 $E(x_1b_1)_{18\times1}$	细分数据模型参数估计值 $E(\sum_{i=1}^{5}x_ib_i)_{18\times1}$
美—欧模型	1 466 668 235	1 439 352 386
	1 544 375 699	1 439 123 451
	1 374 480 056	1 387 289 529
	1 238 114 289	1 348 536 303
	792 420 979	827 168 654
	619 621 653	785 494 704
	680 712 141	763 204 101
	865 016 823	770 819 626
	770 149 209	670 387 890
	598 190 172	513 563 394
	650 319 396	666 836 642
	493 506 306	576 382 952
	615 409 056	615 101 018
	856 498 683	667 808 723
	905 880 486	777 550 754
	555 936 181	716 074 231
	646 211 077	743 656 541
	670 292 469	764 629 438

资料来源：笔者根据联合国贸易统计数据库 1994 ~ 2011 年美国与欧盟五国的大豆贸易数据，运用 EViews 6.0 软件计算整理而得。

从表 8.35 和表 8.36 的参数估计值计算结果可以发现，加—欧部分加总数据模型参数估计值与细分数据模型参数估计值相比差异明显，而美—欧部分加总数据模型参数估计值与细分数据模型参数估计值相比差异较小。因此，加总偏误可能部分来自加—欧模型加总过程中的内生性。为进一步确定加总偏误的存在节点，采用式（8.22）的方法构建 LM 统计量，以此比较参数估计差异在统计意义上的显著性，第一条加总路径下的第一步部分加总大豆贸易模型参数偏误检验结果，见表 8.37。

表 8.37　第一条加总路径下的第一步部分加总大豆贸易模型参数偏误检验结果

部分加总数据模型	LM 统计量	临界值（α=0.90）	加总偏误
加—欧模型	2.52	1.06	有偏
美—欧模型	0.15	1.06	无偏

资料来源：笔者根据联合国贸易统计数据库 1994～2011 年欧盟五国与美国、加拿大的大豆贸易数据，运用 EViews 6.0 软件计算整理而得。

从表 8.37 的结果可以看出，加—欧模型中的参数估计确实存在显著的加总偏误，而美—欧模型中的加总偏误并不显著。因此，加总偏误可能部分来自加—欧模型加总过程中的内生性。接着，考察第二步加总过程是否存在加总偏误，将加—欧模型和美—欧模型进一步加总得到加总数据模型，第一条加总路径下的第二步加总数据模型参数估计值比较，见表 8.38。

表 8.38　第一条加总路径下的第二步加总数据模型参数估计值比较

部分加总数据模型参数 $E(\sum_{i=1}^{2} x_i b_i)_{18\times1}$	加总数据模型参数估计值 $E(xb)_{18\times1}$	细分数据模型参数估计值 $E(\sum_{i=1}^{10} x_i b_i)_{18\times1}$
1 520 767 567	1 483 544 384	1 918 854 753
1 580 228 402	1 585 120 760	1 921 594 187
1 392 934 769	1 443 718 439	1 861 383 716
1 281 744 489	1 329 992 103	1 838 484 284
750 833 543	883 959 148	1 239 963 906
642 347 402	727 427 873	1 231 311 394
714 463 591	820 551 578	1 238 059 197
867 103 781	1 026 623 648	1 247 112 931
839 284 635	926 193 923	1 177 927 917
690 853 772	766 908 667	1 032 073 948
809 946 661	857 112 919	1 250 799 558
693 734 335	714 449 498	1 181 381 341
782 072 633	873 904 499	1 237 175 729
960 657 179	1 156 317 881	1 290 190 463
1 041 458 236	1 193 626 789	1 411 691 625
814 061 281	770 463 317	1 347 889 316
911 390 309	883 312 028	1 419 386 642
956 771 268	919 439 420	1 482 062 399

资料来源：笔者根据联合国贸易统计数据库 1994～2011 年美国、加拿大分别与欧盟五国的大豆贸易数据，运用 EViews 6.0 软件计算整理而得。

可以发现，部分加总数据模型的参数估计值与加总数据模型参数估计值之间存在一定差异性，但是，这类差异和细分数据模型与加总数据模型参数估计值的差异相比要小很多。因此，进一步采用LM统计量，第一条加总路径下第二步加总数据模型参数估计偏误检验结果，见表8.39。

表8.39　　第一条加总路径下第二步加总数据模型参数估计偏误检验结果

模型	LM统计量	临界值（α=0.90）	加总偏误
加总数据模型与部分加总数据模型	0.612	1.06	无偏

资料来源：笔者根据联合国贸易统计数据库1994~2011年美国、加拿大分别与欧盟五国的大豆贸易数据，运用EViews 6.0软件计算整理而得。

表8.39的参数估计偏误检验结果显示，第二步加总数据模型参数估计值与部分加总数据模型参数估计值并不存在显著差异。因此，从第一条加总路径可以看出，参数估计的加总偏误实质上来自加—欧模型，即加拿大与欧盟五国细分数据加总到加—欧模型过程中的内生性导致了参数估计的加总偏误。

为使上述分析结果更为充分，接着，展开第二条加总路径上的逐步分类加总分析，识别与检验加总偏误及其显著性。先构建第二条加总路径上的第一步加总形式，即将加拿大数据与美国数据加总，再分别对欧盟五国进行转基因政策的贸易效应计量分析。相应的基本计量模型结构，见式（8.110）。

$$Ex_{lt} = \beta_{l1} + \beta_{l2}GDP_{uct} + \beta_{l3}GDP_{lt} + \beta_{l4}TBT_t + \varepsilon_{lt} \qquad (8.110)$$

在式（8.110）中，l=f，g，e，i，n，其中，GDP_{uct}为美国的GDP与加拿大的GDP的加总变量。第二条加总路径下的第一步加总大豆贸易模型参数估计值，见表8.40。

表8.40　　第二条加总路径下的第一步加总大豆贸易模型参数估计值

模型	德国模型	法国模型	英国模型	意大利模型	荷兰模型
b_{l1}	-1 530 076 743 (-1.34)	-55 675 350 (-0.18)	273 067 427*** (4.07)	300 269 568 (1.07)	1 220 785 769** (2.82)
b_{l2}	-63.885 59 (-0.61)	-33.746 06 (-0.56)	146.904 6** (2.16)	-14.512 80 (-0.83)	-383.466 7* (-2.08)
b_{l3}	1 004.362 (1.17)	272.283 3 (0.52)	-955.695 9** (5.14)	-18.716 33 (-0.07)	6 923.795 (1.60)

续表

模型	德国模型	法国模型	英国模型	意大利模型	荷兰模型
b_{14}	-94 449 326 (-1.66)	-10 550 226 (-1.17)	-31 037 264 * (-2.09)	-15 492 554 (-1.34)	-148 888 271 ** (-2.70)

注：***、**、*分别表示在1%、5%和10%的水平上显著。

资料来源：笔者根据联合国贸易统计数据库 1994 ~ 2011 年美国、加拿大分别与欧盟五国的大豆贸易数据，运用 EViews 6.0 软件计算整理而得。

接下来，分别比较表 8.40 中的五国模型与相应的细分数据模型参数估计值的差异性及其统计检验。先比较英国模型参数估计值与细分数据模型参数估计值，第二条加总路径下的英国大豆贸易模型加总参数估计值，见表 8.41。

表 8.41　第二条加总路径下的英国大豆贸易模型加总参数估计值

部分加总数据模型	英国大豆贸易模型参数估计值 $E(x_e b_e)_{18\times1}$	细分数据模型参数估计值 $E(\sum_{i=1}^{2} x_i b_i)_{18\times1}$
英国模型	3 237 223 711	127 868 973
	3 320 764 034	116 412 045
	3 419 020 766	120 064 507
	3 540 667 167	132 760 789
	3 606 925 776	78 790 692
	3 743 136 902	105 175 636
	3 893 155 484	102 112 259
	3 968 409 861	67 108 105
	4 050 536 931	55 187 862
	4 172 739 021	22 290 453
	4 329 215 134	57 873 927
	4 448 398 063	58 449 744
	4 559 237 675	55 179 116
	4 680 921 811	11 550 740
	4 652 613 186	31 085 023
	4 496 088 216	60 241 045
	4 585 881 599	72 103 178
	4 641 718 500	95 970 488

资料来源：笔者根据联合国贸易统计数据库 1994 ~ 2011 年欧盟五国中的英国分别与美国和加拿大的大豆贸易数据，运用 EViews 6.0 软件计算整理而得。

从表 8.41 中可以看出，英国大豆贸易模型参数估计值与相应的细分数据模型参数估计值之间差异较大，但是，通过 LM 统计量进行检验发现，两者之间的参数估计偏误并不显著，英国大豆贸易模型加总参数估计偏误检验结果，见表 8.42。因此，加总偏误并不是来自英国大豆贸易模型。

表 8.42　　英国大豆贸易模型加总参数估计偏误检验结果

模型	LM 统计量	临界值（α = 0.90）	加总偏误
英国模型	0.03	1.06	无 偏

资料来源：笔者根据联合国贸易统计数据库 1994 ~ 2011 年欧盟五国中的英国分别与美国和加拿大的大豆贸易数据，运用 EViews 6.0 软件计算整理而得。

接下来，第二条加总路径下的德国大豆贸易模型加总参数估计值，见表 8.43。

表 8.43　　第二条加总路径下的德国大豆贸易模型加总参数估计值

部分加总数据模型	德国大豆贸易模型参数估计值 $E(x_e b_e)_{18\times1}$	细分数据模型参数估计值 $E(\sum_{i=1}^{2} x_i b_i)_{18\times1}$
德国模型	276 139 815	274 922 767
	300 954 610	299 542 510
	297 741 579	297 721 506
	311 618 199	312 181 915
	517 696 466	139 636 525
	530 808 897	153 154 065
	579 091 779	200 855 738
	610 998 582	232 047 735
	596 202 027	217 453 867
	565 932 262	188 592 964
	474 841 589	287 894 170
	467 661 273	281 544 035
	547 069 830	359 851 746
	623 900 552	435 413 323
	658 620 679	468 831 285
	532 560 933	344 468 972
	629 506 074	439 554 645
	702 688 531	511 312 152

资料来源：笔者根据联合国贸易统计数据库 1994 ~ 2011 年欧盟五国中的德国分别与美国和加拿大的大豆贸易数据，运用 EViews 6.0 软件计算整理而得。

从表 8. 43 中可以看出，德国大豆贸易模型加总参数的部分估计值与相应的细分数据模型参数估计值相近，部分估计值差异较大，因此，进一步采用 LM 统计量进行检验，德国大豆贸易模型加总参数估计值偏误检验结果，见表 8. 44。

表 8. 44　　德国大豆贸易模型加总参数估计值偏误检验结果

模型	LM 统计量	临界值（$\alpha=0.90$）	加总偏误
德国模型	0. 001	1. 06	无偏

资料来源：笔者根据联合国贸易统计数据库 1994 ~ 2011 年欧盟五国中的德国分别与美国和加拿大的大豆贸易数据，运用 EViews 6. 0 软件计算整理而得。

表 8. 44 的统计结果显示，德国大豆贸易模型加总参数估计值不存在加总偏误。类似地，我们考察意大利大豆贸易模型加总参数估计值、法国大豆贸易模型加总参数估计值和荷兰大豆贸易模型加总参数估计值与相应的细分数据模型参数估计值。

第二条加总路径下的意大利大豆贸易模型加总参数估计值，见表 8. 45，从表中可以看出，意大利大豆贸易模型加总参数估计值与相应的细分数据模型加总参数估计值之间的差异较小，相应的 LM 统计量，第二条加总路径下的意大利大豆贸易模型加总参数估计值偏误检验结果，见表 8. 46。

表 8. 45　　第二条加总路径下的意大利大豆贸易模型加总参数估计值

部分加总数据模型	意大利大豆贸易模型加总参数估计值 $E(x_i b_i)_{18\times1}$	细分数据模型加总参数估计值 $E(\sum_{i=1}^{2} x_i b_i)_{18\times1}$
意大利模型	132 666 953	134 470 949
	128 276 642	131 606 099
	122 799 984	121 984 351
	115 622 854	113 642 668
	77 442 008	75 211 881
	69 062 629	66 500 615
	60 731 569	60 828 825
	58 109 153	60 537 893
	54 538 241	58 463 936
	50 012 292	51 144 820
	58 509 287	57 772 348

续表

部分加总数据模型	意大利大豆贸易模型 加总参数估计值 $E(x_i b_i)_{18\times1}$	细分数据模型加总参数估计值 $E(\sum_{i=1}^{2} x_i b_i)_{18\times1}$
意大利模型	52 277 772	50 405 315
	46 229 390	45 075 829
	41 711 972	41 577 106
	42 679 593	44 039 411
	50 958 253	49 797 059
	45 443 292	46 349 622
	41 475 002	43 228 143

资料来源：笔者根据联合国贸易统计数据库 1994 ~ 2011 年欧盟五国中的意大利分别与美国和加拿大的大豆贸易数据，运用 EViews 6.0 软件计算整理而得。

表 8.46　　第二条加总路径下的意大利大豆贸易模型加总参数估计值偏误检验结果

模型	LM 统计量	临界值（$\alpha=0.90$）	加总偏误
意大利模型	0.002	1.06	无偏

资料来源：笔者根据联合国贸易统计数据库 1994 ~ 2011 年欧盟五国中的意大利分别与美国和加拿大的大豆贸易数据，运用 EViews 6.0 软件计算整理而得。

第二条加总路径下的法国大豆贸易模型加总参数估计值，见表 8.47。

表 8.47　　第二条加总路径下的法国大豆贸易模型加总参数估计值

部分加总数据模型	法国大豆贸易模型 加总参数估计值 $E(x_n b_n)_{18\times1}$	细分数据模型加总参数估计值 $E(\sum_{i=1}^{2} x_i b_i)_{18\times1}$
法国模型	81 136 830	79 311 869
	82 244 298	78 765 408
	75 289 627	75 425 108
	70 242 246	73 608 564
	498 075 626	51 154 402
	47 858 533	50 029 661
	50 163 987	49 596 183
	55 306 868	49 964 048
	52 425 875	50 660 777

续表

部分加总数据模型	法国大豆贸易模型 加总参数估计值 $E\ (x_nb_n)_{18\times1}$	细分数据模型加总参数估计值 $E(\sum_{i=1}^{2} x_ib_i)_{18\times1}$
法国模型	46 833 283	48 835 076
	56 605 148	57 174 241
	53 267 217	55 804 870
	55 263 817	54 831 768
	59 720 224	54 344 117
	60 544 374	56 063 601
	56 234 222	57 993 534
	54 590 558	58 223 434
	55 882 346	58 445 249

资料来源：笔者根据联合国贸易统计数据库 1994 ~ 2011 年欧盟五国中的法国分别与美国和加拿大的大豆贸易数据，运用 EViews 6.0 软件计算整理而得。

相应的 LM 统计量，法国大豆贸易模型加总参数估计偏误检验结果，见表 8.48。

表 8.48　　法国大豆贸易模型加总参数估计偏误检验结果

模型	LM 统计量	临界值（$\alpha=0.90$）	加总偏误
法国模型	0.06	1.06	无偏

资料来源：笔者根据联合国贸易统计数据库 1994 ~ 2011 年欧盟五国中的法国分别与美国和加拿大的大豆贸易数据，运用 EViews 6.0 软件计算整理而得。

第二条加总路径下的荷兰大豆贸易模型加总参数估计值，见表 8.49。

表 8.49　第二条加总路径下的荷兰大豆贸易模型加总参数估计值

部分加总数据模型	荷兰大豆贸易模型 加总参数估计值 $E\ (x_nb_n)_{18\times1}$	细分数据模型加总参数估计值 $E(\sum_{i=1}^{2} x_ib_i)_{18\times1}$
荷兰模型	835 290 135	1 302 280 1954
	843 358 937	12 952 681 254
	823 004 548	1 246 188 244
	798 021 850	12 062 903 491
	464 958 620	8 951 704 061

续表

部分加总数据模型	荷兰大豆贸易模型加总参数估计值 $E(x_n b_n)_{18\times1}$	细分数据模型加总参数估计值 $E(\sum_{i=1}^{2} x_i b_i)_{18\times1}$
荷兰模型	433 400 175	8 564 514 117
	399 898 576	8 246 661 921
	426 003 242	837 455 151
	338 745 011	796 161 475
	232 929 371	721 210 636
	306 744 063	790 084 872
	238 893 603	735 177 377
	248 549 705	722 237 270
	323 576 865	747 305 176
	424 218 652	811 672 306
	415 761 655	835 388 705
	361 466 811	803 155 763
	307 411 298	773 106 367

资料来源：笔者根据联合国贸易统计数据库 1994 ~ 2011 年欧盟五国中的荷兰分别与美国和加拿大的大豆贸易数据，运用 EViews 6.0 软件计算整理而得。

进一步采用式（8.22）的 LM 统计量进行检验，第二条加总路径下的荷兰大豆贸易模型加总参数估计偏误检验结果，见表 8.50。

表 8.50　　第二条加总路径下的荷兰大豆贸易模型加总参数估计偏误检验结果

模型	LM 统计量	临界值（$\alpha=0.90$）	加总偏误
荷兰模型	6.48	1.06	有偏

资料来源：笔者根据联合国贸易统计数据库 1994 ~ 2011 年欧盟五国中的荷兰分别与美国和加拿大的大豆贸易数据，运用 EViews 6.0 软件计算整理而得。

表 8.50 显示，第二条加总路径下的荷兰大豆贸易模型加总参数估计存在显著的加总偏误。因此，在第二条加总路径的第一步加总过程中，找到加总偏误的节点，即荷兰大豆贸易模型中的内生性问题是加总偏误的来源之一。

此外，在第二条加总路径的第二步加总过程中，将欧盟五国模型进一步加总为加总数据模型。在这一过程中，也可能存在参数估计的加总偏误问题。第二步加总参数估计值比较结果，见表 8.51。

表 8.51　第二步加总参数估计值比较结果

欧盟五国加总数据模型参数估计值 $E(\sum_{i=1}^{5} x_i b_i)_{18\times1}$	加总数据模型参数估计值 $E(xb)_{18\times1}$	细分数据模型参数估计值 $E(\sum_{i=1}^{10} x_i b_i)_{18\times1}$
4 563 580 209	1 483 544 384	1 918 854 753
4 676 721 285	1 585 120 760	1 921 594 187
4 738 979 268	1 443 718 439	1 861 383 716
4 837 295 080	1 329 992 103	1 838 484 284
3 826 024 742	883 959 148	1 239 963 906
3 933 461 446	727 427 873	1 231 311 394
409 223 5705	820 551 578	1 238 059 197
4 228 022 017	1 026 623 648	1 247 112 931
42 016 423 947	926 193 923	1 177 927 917
41 776 405 397	766 908 667	1 032 073 948
4 781 073 758	857 112 919	1 250 799 558
4 815 656 464	714 449 498	1 181 381 341
5 011 508 954	873 904 499	1 237 175 729
5 284 989 961	1 156 317 881	1 290 190 463
5 393 835 021	1 193 626 789	1 411 691 625
5 106 761 815	770 463 317	1 347 889 316
5 232 046 870	883 312 028	1 419 386 642
5 304 334 213	919 439 420	1 482 062 399

资料来源：笔者根据联合国贸易统计数据库 1994 ~ 2011 年美国和加拿大分别与欧盟五国的大豆贸易数据，运用 EViews 6.0 软件计算整理而得。

从表 8.51 可以看出，欧盟五国加总数据模型参数估计值与加总数据模型参数估计值差异较大，因此，进一步采用式（8.22）的 LM 统计量进行检验，第二步加总过程偏误检验结果，见表 8.52。

表 8.52　第二步加总过程偏误检验结果

模型	LM 统计量	临界值（$\alpha=0.90$）	加总偏误
欧盟五国加总数据模型与加总数据模型	18.90	1.06	有偏

资料来源：笔者根据联合国贸易统计数据库 1994 ~ 2011 年美国和加拿大分别与欧盟五国的大豆贸易数据，运用 EViews 6.0 软件计算整理而得。

从表 8.52 可以看出，欧盟五国加总数据模型参数估计值与加总数据模型参数估计值之间存在显著的加总偏误。从加总偏误理论可知，上述加总偏误来自欧盟五国的模型加总过程。

至此，结合第一条加总路径和第二条加总路径上的加总偏误识别与检验，可以得到，该加总数据模型中的加总偏误在第一条加总路径上，表现为加—欧大豆贸易模型中的加总偏误；在第二条加总路径上，加总偏误表现为荷兰大豆贸易模型中的加总偏误和欧盟五国大豆贸易加总数据模型中的加总偏误，加总偏误存在节点，见表 8.53。

表 8.53　　加总偏误存在节点

加总过程	加总偏误
第一条加总路径第一步加总	加—欧大豆贸易模型
第二条加总路径第一步加总	荷兰大豆贸易模型
第二条加总路径第二步加总	欧盟五国大豆贸易加总数据模型

资料来源：笔者根据上述数据分析结果整理而得。

第9章

加总偏误的 Castle-IV 变量校正方法研究

加总偏误校正是解决加总偏误问题的根本途径。在文献综述部分，已经概述了现有的加总偏误校正方法，如细分数据模型、代理变量法等，都存在较为严重的缺陷。而设计有效地校正加总偏误的具体方法，是本书研究的落脚点。

本书从加总无偏性研究出发，详尽分析了加总无偏性的特征、加总无偏性的实现条件，由此引出了违背加总无偏性条件的加总偏误问题，并通过加总无偏性分析探究产生加总偏误的两类内生性因素。由细分数据模型内生性引发的加总偏误问题与常见的由细分数据模型内生性引发的参数估计偏误相似，处理这类加总偏误问题也可以由处理内生性的一般方法解决，即文献综述中提及的退回到细分数据模型解决加总偏误的方法。但是，针对由加总过程内生性导致的加总偏误问题，既有文献只是笼统地提出了一个代理变量方法，并未给出有效的解决方案。

本章结合第 8 章提出的逐步分类加总方法与分层检验方法，利用有限剔除法对产生加总偏误问题的加总过程内生性“病灶”实施精准切除，以实现加总偏误的有效校正。在实施多重逐步分类加总方法与分层检验方法之后，加总数据模型中加总偏误产生的节点以及相关细分数据模型回归量被精确锁定。此时，为校正加总数据模型中的加总偏误，对被锁定的相关节点及其细分数据模型回归量进行剔除，这一方法构成了加总偏误有限剔除法。与传统的内生变量识别方法和替代方法不同，加总偏误有限剔除法中剔除的是具有显著内生性的部分细分数据模型回归量。因此，有限剔除法并不会改变加总数据模型回归量的维度，也不会提高参数估计的有效性。可以将上文中针对加总过程内生性采用的逐步分类加总、分层检验和有限剔除过程称为 Castle 过程。

对计量经济学来说，误差项始终是一个“黑箱”，因此，直接通过误差项检验内生性问题十分困难。现实中的替代方法往往是运用工具变量等方法，以获得一个有偏的一致估计量。在计量模型加总偏误研究中，前文已将加总偏误的内生性归结为细分数据模型内生性和加总过程内生性两类。对于前者，可以运用传统的处理方法加以应对；而对于后者，可以运用逐步分类加总方法和分层检验方法，识别和检验加总过程内生性导致的加总偏误的存在节点。在这一基础上，可以进一步对加总过程内生性导致的加总偏误问题进行有效校正。

当第三类简单加总形式构建的计量加总数据模型回归量的外生性条件无法满足时，即：

$$\sum_{i\neq j} E(x_i'\varepsilon_j) \neq 0 \tag{9.1}$$

因为无法直接获取误差项，所以，无法根据式（9.1）进行直接检验。一个替代方法是根据式（9.2）的参数估计公式进行检验：

$$E(b) = \left\{(x'x)^{-1}x'\Big(\sum_{i=1}^{m} x_i\beta_i\Big) + (x'x)^{-1}\sum_{i\neq j} E(x_i'\varepsilon_j)\right\} \tag{9.2}$$

式（9.1）成立，意味着式（9.2）中的参数估计是有偏的，存在加总偏误问题，即：

$$d_{ck} = E(b_{ck}) - \beta_{ck} = (x_{ck}'x_{ck})^{-1}\sum_{i\neq j} E(x_{cki}'\varepsilon_{ckj}) \neq 0 \tag{9.3}$$

在式（9.3）中，d_{ck}为根据 k 类加总方法实施加总的第 c 阶段的参数估计偏误，若式（9.2）成立，则说明第 c 阶段的加总过程存在加总偏误，其缘于第 c 阶段的某些细分数据模型回归量 x_{cki}存在内生性。调整加总方法 v，继续利用逐步分类加总方法和分层检验方法识别加总偏误，若发现在 v 类加总方法实施加总的第 d 阶段的参数估计偏误，那么，某些 x_{dvi}就存在内生性。据此，结合多重逐步分类加总方法和分层检验方法，就可以逐步锁定某些细分数据模型变量 $\hat{x}_i$：

$$\hat{x}_i \subset (x_{cki}, x_{dvi}) \tag{9.4}$$

因为该细分数据模型变量 $\hat{x}_i$ 存在加总偏误，所以，将其从加总数据模型中剔除，形成新的加总数据模型回归量。新的加总数据模型满足回归量外生性条件，因此，即便实施了细分数据的有限剔除法，该加总数据模型参数仍然可以获得有效估计量。

$$d_{ck} = E(b_{ck}) - \beta_{ck} = (\tilde{x}'_{ck}\tilde{x}_{ck})^{-1}\sum_{i\neq j}E(\tilde{x}_{cki}\varepsilon_{ckj}) = 0 \qquad (9.5)$$

在式（9.5）中，$\tilde{x}$ 为实施有限剔除之后的加总数据模型回归量。

结合第 8 章实证研究中的例子，在第三类简单加总形式中，加—欧大豆贸易模型中的内生性，可能来自加拿大大豆贸易模型回归量与欧盟五国大豆贸易数据模型误差项之间的相关性。而荷兰大豆贸易模型中的内生性，则可能来自美—加大豆贸易模型与荷兰大豆贸易数据模型之间的相关性。欧盟五国大豆贸易加总数据模型的内生性，可能来自加拿大与欧盟五国数据模型之间的相关性。结合上述三类逐步加总过程，可以确定三类加总过程中的共同因子——荷兰大豆贸易数据可能存在加总过程的内生性问题。将荷兰大豆贸易数据实施有限剔除之后，再一次实施逐步分类加总方法和分层检验方法，以确保有限剔除法的准确运用。上文分析表明，运用 Castle 过程可以剔除存在加总过程内生性的细分数据模型回归量。在此基础上，可以进一步对由加总过程内生性导致的加总偏误问题进行有效校正。

9.1　加总偏误 Castle-IV 变量的生成机制

本节研究的逻辑起点，源自关于加总偏误的代理变量处理方法 Castle-PV（覃琼霞，2015）。Castle-PV 校正方法的基本思想，是基于 Castle 过程，剔除了所有存在加总过程内生性的大豆贸易细分数据模型回归量，并据此构建原加总数据模型回归量的代理变量进行加总数据模型参数的有效估计，加总偏误得到了显著改进。但是，Castle-PV 方法仍然无法获得原加总数据模型参数的一致估计量。此时，需要进一步引入加总偏误的 Castle-IV 校正方法。

基于上述基本理论，进一步对逐步分类加总、分层检验和有限剔除过程，即 Castle 过程进行优化与完善。先设定简单加总形式下加总数据模型的一般形式和细分数据模型的一般形式，其中，加总数据模型为：

$$y = x\beta + \varepsilon \tag{9.6}$$

细分数据模型为：

$$y_i = x_i\beta_i + \varepsilon_i \tag{9.7}$$

设定 y，ε，y_i 和 ε_i 均为 $n \times 1$ 向量，x 和 x_i 为 $n \times k$ 矩阵，β 和 β_i 为 $k \times 1$ 向量。加总形式仍然以因变量与自变量同时加总的第三类加总形式为例（覃琼霞，2011），即 m 个 y_i 加总成 y，m 个 x_i 加总成 x，见式（9.8）、式（9.9）。

$$y = \sum_{i=1}^{m} y_i \tag{9.8}$$

$$x = \sum_{i=1}^{m} x_i \tag{9.9}$$

当式（9.6）中的加总数据模型参数 β 的估计量 b 出现如下情形时：

$$E(xb) \neq E\left(\sum_{i=1}^{m} x_i b_i\right) \tag{9.10}$$

式（9.6）中的加总数据模型参数估计量会显示出加总偏误。在式（9.10）中，b_i 为细分数据模型参数 β_i 的估计量。进一步地，由覃琼霞（2011）研究可知，该加总偏误是由细分数据模型内生性和加总过程内生性两类内生性因素造成的。细分数据模型内生性可以通过常规的内生性处理方法加以校正，本节则侧重于处理由加总过程内生性导致的加总偏误。为此，假定加总数据模型中不存在细分数据模型内生性，即式（9.11）成立：

$$\sum_{i=1}^{m} x_i\beta_i = E\left(\sum_{i=1}^{m} x_i b_i\right) \tag{9.11}$$

由此，式（9.10）中的加总偏误是由加总过程内生性导致的，见式（9.12）。

$$E(xb) \neq x\beta \tag{9.12}$$

Castle 过程这一套分析方法旨在通过对加总数据的细分化、重新加总及显著性检验，以期精准分离产生加总过程内生性偏误的细分数据模型回归量，并对相应的细分数据模型进行有限剔除以达到对于加总过程内生性的有效识别，最终实现加总偏误参数估计的一致性。其中，逐步分类加总方法是将细分数据模型中的各回归量 x_i 按照一定的加总规则分为若干个加总阶段，并逐步加总成 $\sum_{i=1}^{m} x_i$ 。在细分数据基础上，将 m 个细分数据模型回归量 x_i 归并为 j 个子类：

$$\sum_{i=1}^{m} x_i = \underbrace{\sum_{i=1}^{j_1} x_i + \sum_{i=j_1+1}^{j_2} x_i + \cdots + \sum_{i=j_{j-1}+1}^{m} x_i}_{j\text{个子类}} \tag{9.13}$$

再将 j 个子类进一步两两加总成 k 个子类，其中，k < j。

$$\sum_{i=1}^{m} x_i = \underbrace{\sum_{i=1}^{k_0} x_i + \sum_{i=k_0+1}^{k_1} x_i + \cdots + \sum_{i=k_{k-1}+1}^{m} x_i}_{k\text{个子类}} \tag{9.14}$$

依此类推，式（9.14）右边子类通过逐步加总方法加总成为式（9.8）和式（9.9）左边的最终加总结构。在这一加总过程中，存在若干步加总步骤和若干个逐步加总的子类等式。如从式（9.13）左边的细分数据结构加总到式（9.13）右边的子类，以及从式（9.13）右边的若干子类进一步加总成式（9.14）右边的子类，由此构成式（9.15）和式（9.16）所示的逐步加总过程中的阶段性加总等式结构。

$$\sum_{i=j_{j-1}+1}^{j_j} x_i \beta_i = \sum_{i=j_{j-1}+1}^{j_j} x_i \beta_j \tag{9.15}$$

$$\sum_{i=k_{k-1}+1}^{k_k} x_i \beta_k = \sum_{i=j_{j-1}+1}^{j_j} x_i \beta_j \tag{9.16}$$

为精确地锁定由加总过程内生性导致的加总偏误产生节点，需要进一步实施多重逐步分类加总过程，即将 m 个细分数据模型回归量 x_i，按照不同的加总规则和加总路径重新归并为若干个子类，继而对各子类进行逐步加总。设定导致加总偏误的原因来自加总过程内生性，即以式（9.15）和式（9.16）为代表的若干子类等式不成立。那么，通过逐步加总过程可以确定内生性节点所在范围，并进一步通过多重逐步分类加总过程不断缩小内生性节点的区域，最终识别出产生加总偏误的细分数据模型和相应的细分数据模型回归量，见式（9.17）~式（9.19）。

$$\operatorname{cov}(x_q, \varepsilon_w) \neq 0 \tag{9.17}$$

$$y_q = x_q \beta_q + \varepsilon_q \tag{9.18}$$

$$y_w = x_w \beta_w + \varepsilon_w \tag{9.19}$$

若式（9.17）成立，则意味着，细分数据模型式（9.18）和式（9.19）存在加总过程内生性，这一结果导致了加总数据模型参数估计偏误。

进一步从统计意义上准确识别产生加总偏误的细分数据模型，需要运用基于逐步分类加总过程的分层检验方法。对以式（9.15）和式（9.16）为代表的每一个子类等式结构进行无偏性检验。因为这一检验过程是结合逐步分类加总过程进行的，所以，称之为分层检验。在每个子类加总的基础上，逐一检验加总偏误的存在性，即假设：

$$E\left(\sum_{i=j_{j-1}+1}^{j_j} x_i b_i\right) = E\left(\sum_{i=j_{j-1}+1}^{j_j} x_i b_j\right) \tag{9.20}$$

$$E\left(\sum_{i=k_{k-1}+1}^{k_k} x_i b_k\right) = E\left(\sum_{i=j_{j-1}+1}^{j_j} x_i b_j\right) \tag{9.21}$$

针对式（9.20）和式（9.21），构建距离函数并选择 LM 统计量进行分层检验，以确定加总偏误的存在性和存在节点。类似于覃琼霞（2015）的设定，针对每一步分类加总过程，见式（9.20），构建相应的距离函数：

$$d_j = \sum_{i=j_{j-1}+1}^{j_j} x_i b_j - \sum_{i=j_{j-1}+1}^{j_j} x_i b_i \tag{9.22}$$

针对式（9.21），构建相应的距离函数：

$$d_k = \sum_{i=k_{k-1}+1}^{k_k} x_i b_k - \sum_{i=j_{j-1}+1}^{j_j} x_i b_j \tag{9.23}$$

当距离 d 为零时，上述距离函数转化为经典约束条件中的结构：

$$Rb_j = q_j \tag{9.24}$$

以及：

$$Rb_k = q_k \tag{9.25}$$

根据式（9.24）和式（9.25），构建 LM 统计量，即：

$$LM = (b_j - q_j)'[(\hat{\sigma}_j^2(x_j'x_j)^{-1}]^{-1}(b_j - q_j) \tag{9.26}$$

以及：

$$LM = (b_k - q_k)'[\hat{\sigma}_k^2(x_k'x_k)^{-1}]^{-1}(b_k - q_k) \tag{9.27}$$

由式（9.26）和式（9.27）构建的LM统计量进行假设检验，以识别加总偏误的显著性。在运用逐步分类方法、多重逐步分类方法和分层检验方法精准识别出产生加总偏误的关键节点之后，进一步采用有限剔除方法将内生性细分数据模型从加总数据模型中剔除。

特别地，运用逐步分类方法、多重逐步分类方法和分层检验方法精准识别出的关键节点有两种具体形式：一是单一内生性节点；二是多重内生性节点。其中，多重内生性节点又可以分为联结性内生性节点和非联结性内生性节点两个子类。针对上述不同的内生性节点形式，构建相应的有限剔除方法。

在单一内生性节点的情形下，存在以下两种具体的有限剔除方法。

第一种方法是，将包含产生加总偏误的细分数据 x_i 所在的细分数据模型从加总数据模型中整体剔除，余下的细分数据模型回归量重新归并成加总数据模型回归量 x_{-i}，即通过剔除产生加总过程内生性的细分数据得到一个新的变量 x_{-i}，该变量是原加总数据模型的一个外生变量。覃琼霞（2015）将 x_{-i} 作为原加总数据模型回归量的代理变量，对加总数据模型进行了参数估计。事实上，x_{-i} 具有如式（9.28）所示的外生性特征。

$$E[\varepsilon \mid x_{-i}] = 0 \tag{9.28}$$

第二种方法是，将包含产生加总偏误的 ε_j 所在的细分数据模型从加总数据模型中剔除，余下的细分数据模型回归量重新加总成总量数据模型回归量 x_{-j}。显然，新变量 x_{-j} 也具有式（9.29）的外生性特征。

$$E[\varepsilon \mid x_{-j}] = 0 \tag{9.29}$$

在多重内生性节点的情形下，即加总数据模型中存在 v（v-1）个产生加总偏误的节点，此时，加总过程内生性是由多组细分数据模型中的回归量与非本组的细分数据模型的误差项构成的。进一步依据内生性节点是否具有关联性，将其区分为非关联性内生性节点和关联性内生性节点。非关联性内生性节点是指，存在加总过程内生性的细分数据模型回归量及误差项之间各不相同，假设在两个内生性节点的情形下同时存在：

$$\mathrm{cov}(x_i,\varepsilon_k)\neq 0,\ \mathrm{cov}(x_j,\varepsilon_m)\neq 0 \tag{9.30}$$

针对式（9.30）所示的非关联性内生性节点情形，存在三种具体的有限剔除方法。第一种是，剔除具有加总过程内生性的回归量 x_i 和回归量 x_j 所在的两个细分数据模型，剩余的细分数据模型重新加总之后，将不存在加总过程内生性；第二种是，剔除产生加总过程内生性的包含误差项 ε_k 和误差项 ε_m 的两个细分数据模型，剩余的细分数据模型重新加总之后，也不存在加总过程内生性；第三种是，交替剔除一个包含回归量 x_i 的细分数据模型和另一个包含误差项 ε_m 的细分数据模型，或者剔除一个包含回归量 x_j 的细分数据模型，再剔除另一个包含误差项 ε_k 的细分数据模型，剩余的细分数据模型重新加总之后，也不存在加总过程内生性。

而在关联性内生性节点的情形下，加总过程内生性的细分数据模型的变量存在交叉性，仍然以两个内生性节点为例，可能存在以下两种形式：

$$\mathrm{cov}(x_i,\varepsilon_m)\neq 0,\ \mathrm{cov}(x_j,\varepsilon_m)\neq 0 \tag{9.31}$$

或者：

$$\mathrm{cov}(x_i,\varepsilon_m)\neq 0,\ \mathrm{cov}(x_i,\varepsilon_k)\neq 0 \tag{9.32}$$

针对式（9.31）和式（9.32）所示的关联性内生性节点，存在两种剔除方式。第一种方式是，仅剔除产生加总过程内生性的关联性变量所在的细分数据模型，如在式（9.31）的情况下，只需剔除包含误差项 ε_m 的一个细分数据模型，式（9.32）中只需剔除包含回归量 x_i 的一个细分数据模型；第二种方式是，同时剔除非关联性节点的细分数据模型，如式（9.31）中分别剔除包含回归量 x_i 和回归量 x_j 的两个细分数据模型，式（9.32）中分别剔除包含误差项 ε_m 和误差项 ε_k 的两个细分数据模型。

在经过上述有限剔除之后，剩余的细分数据重新加总后构成新的加总数据模型。将剩余的细分数据模型回归量重新排序变为：

$$x_i, i = 1,2,3,\cdots,m-v \tag{9.33}$$

在式（9.33）中，v 为剔除的细分数据模型的数量。进一步将上述剩余的细分数据模型回归量 x_i 加总，得到 $\sum_{i=1}^{m-v} x_i$ 。至此，经过有限剔除之后的加总数据结构中不再出现加总过程的内生性问题，但是，如何实现加总数据模型参数的一致估计，还需要构建相应的 Castle-IV 变量。

9.2　加总偏误 Castle-IV 变量设计

9.2.1　Castle-IV 变量设计的一般方式

一般情形下，假设在有限剔除阶段，有 v 个细分数据模型被剔除，如式（9.34）所示。那么，细分数据模型经过重新排序后的结构方程组变为：

$$\begin{cases} y_1 = x_1\beta_1 + \varepsilon_1 \\ y_2 = x_2\beta_2 + \varepsilon_2 \\ \cdots \\ y_{m-v} = x_{m-v}\beta_{m-v} + \varepsilon_{m-v} \end{cases} \tag{9.34}$$

式（9.34）遵循第三类简单加总形式（覃琼霞，2011），加总之后的数据模型设定为：

$$\sum_{i}^{m-v} y_i = \sum_{i}^{m-v} x_i\beta + \sum_{i}^{m-v} \varepsilon_i \tag{9.35}$$

令式（9.35）中的回归量为：

$$z = \sum_{i=1}^{m-v} x_i \tag{9.36}$$

因为 $z = \sum_{i=1}^{m-v} x_i$ 属于原加总数据模型回归量 $\sum_{i=1}^{m} x_i$ 的一部分，所以，与原加总数据模型回归量相关，进而满足 IV 变量的相关性条件：

$$\operatorname{cov}(z, x) \neq 0 \tag{9.37}$$

同时，$z = \sum_{i=1}^{m-v} x_i$ 是剔除了导致加总过程内生性的 v 个细分数据模型后形成的外生变量，因此，z 也满足 IV 变量的外生性条件：

$$\operatorname{cov}(z, \varepsilon) = 0 \tag{9.38}$$

在同时满足式（9.37）和式（9.38）所给出的相关性条件和外生性条件下，变量 z 构成了原加总数据模型回归量 $\sum_{i=1}^{m} x_i$ 的 Castle-IV 变量。

9.2.2 Castle-IV 变量设计的具体类型

在有限剔除过程中，区分了单一内生性节点和多重内生性节点两大类型。因此，针对不同内生性节点，会产生不同的 Castle-IV 形式。

在单一内生性节点的情形下，依据上述两种具体有限剔除方法可以构建两个单一 Castle-IV 变量和一个多重 Castle-IV 变量。第一个单一 Castle-IV 变量是剔除了产生加总过程内生性回归量 x_i 的细分数据模型后，余下的细分数据模型回归量重新加总成总量数据模型回归量 x_{-i}，定义为工具变量 z_i；第二个单一 Castle-IV 变量是剔除了产生加总过程内生误差项 ε_j 的细分数据模型后，余下的细分数据模型回归量重新加总成总量数据模型回归量 x_{-j}，定义为工具变量 z_j；多重 Castle-IV 变量是由 z_i 和 z_j 组合而成的 z_{ij}，即：

$$z_{ij} = (z_i \ z_j) \tag{9.39}$$

在多重内生性节点的情形下，Castle-IV 更是表现出不同的形式。不失一般性，仍然对多重内生性节点下的非关联性内生性节点和关联性内生性节点分别加以讨论。

针对式（9.30）的非关联性内生性节点情形，依据三种具体的有限剔除方法会产生四种单一 Castle-IV 变量：第一种是分别剔除了包含回归量 x_i 和回归量 x_j 的两个细分数据模型，剩余的细分数据模型回归量加总构成的 x_{-ij}，该变量是加总数据模型的外生变量，将其定义为 IV 变量 z_{ij}；第二种是剔除包含误差项 ε_m 和误差项 ε_k 的两个细分数据模型，剩余的细分数据模型回归量加总构成的 x_{-mk}，将其定义为 IV 变量 z_{mk}；第三种是剔除一个包含回归量 x_i 的细分数据模型和另一个包含误差项 ε_k 的细分数据模型，剩余的细分数据模型回归量加总之后构成的 x_{-ik}，将其定义为 IV 变量 z_{ik}；第四种是剔除包含回归量 x_j 的一个细分数据模型，再剔除另一个包含误差项 ε_m 的细分数据模型，剩余的细分数据模型回归量加总构成的 x_{-jm}，定义为 IV 变量 z_{jm}。因此，在两个非关联性内生性节点情形中，存在四个单一 IV 变量。另外，根据排列组合方法，这四个单一 Castle-IV 变量可以组合成 11 个多重 Castle-IV 变量。

针对关联性内生性节点情形，在式（9.31）和式（9.32）两种关联结构下，分别存在两类 Castle-IV 形式。在式（9.31）中，第一个 Castle-IV 变量是在剔除包含内生性节点的误差项 ε_m 的细分数据模型后剩余的细分数据模型回归量加总构成的 x_{-m}，定义为 IV 变量 z_m；第二个 Castle-IV 变量是分别剔除了包含回归量 x_i 和回归量 x_j 的两个细分数据模型，剩余的细分数据模型回归量加总构成的 x_{-ij}，该变量是加总数据模型的外生变量，将其定义为 IV 变量 z_{ij}。类似地，在式（9.34）的结构下，第一个 Castle-IV 变量是分别剔除了包含误差项 ε_m 和误差项 ε_k 的两个细分数据模型，剩余的细分数据模型回归量加总构成的 x_{-mk}，该变量是加总数据模型的外生变量，定义为 IV 变量 z_{km}；第二个 Castle-IV 变量是在剔除包含内生性节点回归量 x_i 的细分数据模型后剩余的细分数据模型回归量加总构成的 x_{-i}，将其定义为 IV 变量 z_i。由此，在两个关联性内生性节点情形下，依据两种具体结构，分别存在两个单一 Castle-IV 变量和一个多重 Castle-IV 变量。

由此可知，上述 Castle-IV 变量与原加总数据模型的内生加总变量 y 构成式（9.40）的系统结构方程（structural system of equation）：

$$ya + zb = u \tag{9.40}$$

在式（9.40）中，y 为 $n\times1$ 的内生变量，z 作为单一工具变量时是 $n\times k$ 的外生变量，z 作为 v（$v>1$）个多重工具变量时是 $n\times vk$ 的外生变量，u 为 $n\times1$ 的误差项，a 和 b 为结构参数。其中，a 为 1×1 标量，b 为 $k\times1$ 向量或 $vk\times1$ 向量。

$$y = -zba^{-1} + ua^{-1} = z\Pi + v \tag{9.41}$$

结合加总数据模型结构，式（9.40）和式（9.41）中的 y 为加总数据 $\sum_{i=1}^{m} y_i$，z 为外生变量。在此情形下，依据 $E(v \mid z) = 0$，可以得到 Π 的一致估计量。

9.3　加总偏误 Castle-IV 变量的统计特性

9.3.1　单一 Castle-IV 变量的统计特性

在上述有限剔除过程中，构建单一 Castle-IV 变量进行参数估计时，

Castle-IV 变量的维度与原加总数据模型中的回归量的维度保持不变，即 Castle-IV 变量 z 的列向量个数等于原加总回归量列向量个数 k，内生解释变量的个数恰好等于 Castle-IV 变量的个数，此情形为恰好识别。由此可见，z 作为 Castle-IV 变量的加总数据模型参数估计结果为：

$$\begin{aligned} b_{IV} &= (z'\sum x_i)^{-1}z'(\sum y_i) = (z'\sum x_i)^{-1}z'(\sum x_i\beta + \varepsilon) \\ &= \beta + (z'\sum x_i)^{-1}z'\varepsilon \end{aligned} \tag{9.42}$$

$$E(b_{IV}) \triangleq \beta + E[(z'\sum x_i)^{-1}z'\varepsilon] = \beta \tag{9.43}$$

在大样本条件下：

$$\begin{aligned} p\lim b_{IV} &= \beta + p\lim[(z'\sum x_i)^{-1}z'\varepsilon] \\ &= \beta + p\lim\left(\frac{z'\sum x_i}{n}\right)^{-1} p\lim\left(\frac{z'\varepsilon}{n}\right)^{-1} \\ &= \beta \end{aligned} \tag{9.44}$$

据此，运用逐步加总方法、分层检验方法和有限剔除方法得到的加总数据模型 Castle-IV 变量 z 可以实现加总数据模型参数的一致估计。此外，由式（9.42）得到：

$$\sqrt{n}(b_{IV} - \beta) = \left(\frac{1}{n}(\sum_{i=1}^{m-v} x_i)'\sum_{i=1}^{m} x_i\right)^{-1}\left[\left(\frac{1}{\sqrt{n}}\sum_{i=1}^{m-v} x_i\right)'\varepsilon\right] \tag{9.45}$$

IV 估计量的一致渐近正态分布为：

$$\sqrt{n}(b_{IV} - \beta) \xrightarrow{d} N\left\{0, \sigma^2 p\lim\left(\frac{(\sum_{i=1}^{m-v} x_i)'\sum_{i=1}^{m} x_i}{n}\right)^{-1} \frac{(\sum_{i=1}^{m-v} x_i)'(\sum_{i=1}^{m-v} x_i)}{n} \left(\frac{(\sum_{i=1}^{m} x_i)'\sum_{i=1}^{m-v} x_i}{n}\right)^{-1}\right\} \tag{9.46}$$

又因：

$$\left(\frac{1}{n}(\sum_{i=1}^{m-v} x_i)'\sum_{i=1}^{m} x_i\right)^{-1} \xrightarrow{p} Q_{zx}^{-1},\ \left(\frac{1}{\sqrt{n}}\sum_{i=1}^{m-v} x_i\right)'\varepsilon \xrightarrow{d} N(0, \sigma^2 Q_{zx}^{-1}Q_{zz}Q_{xz}^{-1}) \tag{9.47}$$

则式（9.46）简化为：

$$\sqrt{n}(b_{IV}-\beta)\xrightarrow{d}N(0,\sigma^2Q_{zx}^{-1}Q_{zz}Q_{xz}^{-1})\tag{9.48}$$

此时，加总数据模型的残差向量为：

$$\begin{aligned}\hat{\varepsilon}&=(\sum_{i=1}^{m}y_i)-(\sum_{i=1}^{m}x_i)[(\sum_{i=1}^{m-v}x_i)'(\sum_{i=1}^{m}x_i)]^{-1}(\sum_{i=1}^{m-v}x_i)'(\sum_{i=1}^{m}y_i)\\&=(\sum_{i=1}^{m}x_i)\beta+\varepsilon-(\sum_{i=1}^{m}x_i)[(\sum_{i=1}^{m-v}x_i)'(\sum_{i=1}^{m}x_i)]^{-1}(\sum_{i=1}^{m-v}x_i)'((\sum_{i=1}^{m}x_i)\beta+\varepsilon)\\&=[I-[(\sum_{i=1}^{m-v}x_i)'(\sum_{i=1}^{m}x_i)]^{-1}(\sum_{i=1}^{m-v}x_i)']\varepsilon\end{aligned}\tag{9.49}$$

又因：

$$\hat{\sigma}^2=\frac{\hat{\varepsilon}'\hat{\varepsilon}}{n}\tag{9.50}$$

将式（9.49）代入式（9.50）得到：

$$\begin{aligned}\hat{\sigma}^2=\frac{\hat{\varepsilon}'\hat{\varepsilon}}{n}&=\frac{\varepsilon'[I-[(\sum_{i=1}^{m-v}x_i)'(\sum_{i=1}^{m}x_i)]^{-1}(\sum_{i=1}^{m-v}x_i)']'[I-[(\sum_{i=1}^{m-v}x_i)'(\sum_{i=1}^{m}x_i)]^{-1}(\sum_{i=1}^{m-v}x_i)']\varepsilon}{n}\\&=\frac{\varepsilon'\varepsilon}{n}-2\frac{\varepsilon'(\sum_{i=1}^{m-v}x_i)}{n}\left[\frac{(\sum_{i=1}^{m-v}x_i)'(\sum_{i=1}^{m}x_i)}{n}\right]^{-1}\frac{(\sum_{i=1}^{m}x_i)'\varepsilon}{n}+\frac{\varepsilon'(\sum_{i=1}^{m-v}x_i)}{n}\left[\frac{(\sum_{i=1}^{m-v}x_i)'(\sum_{i=1}^{m}x_i)}{n}\right]^{-1}\\&\quad\frac{(\sum_{i=1}^{m}x_i)'(\sum_{i=1}^{m}x_i)}{n}\left[\frac{(\sum_{i=1}^{m-v}x_i)'(\sum_{i=1}^{m}x_i)}{n}\right]^{-1}\frac{(\sum_{i=1}^{m-v}x_i)'\varepsilon}{n}\end{aligned}\tag{9.51}$$

结合式（9.47）可以得到：

$$\begin{aligned}p\lim\hat{\sigma}^2&=\sigma^2-2\cdot0\cdot Q_{xz}^{-1}\cdot Q_{zx}+0\cdot Q_{xz}^{-1}\cdot Q_{xx}\cdot0\\&=\sigma^2\end{aligned}\tag{9.52}$$

此时，Castle-IV 统计量的渐近协方差矩阵表示为：

$$\begin{aligned}\text{Est. Asy. Var}[b_{IV}]&=\frac{1}{n}\hat{\sigma}^2((\sum_{i=1}^{m-v}x_i)'\sum_{i=1}^{m}x_i)^{-1}(\sum_{i=1}^{m-v}x_i)'(\sum_{i=1}^{m-v}x_i)\\&\quad((\sum_{i=1}^{m}x_i)'\sum_{i=1}^{m-v}x_i)^{-1}\end{aligned}\tag{9.53}$$

9.3.2　多重 Castle-IV 变量统计特性

采用多个单一 Castle-IV 变量组合而成的多重 Castle-IV 变量进行参

数估计时，多重 Castle-IV 变量 z 的列向量维度 l 大于原加总数据模型回归量 x 的列向量个数 k，即 Castle-IV 变量个数大于内生解释变量个数，为过度识别。此时，可以构建投影矩阵 $p=z(z'z)^{-1}z'$，将 x 投影到 IV 变量 z 的超平面上，构建 x 在 z 列空间上的投影，进而得到：

$$\tilde{z} = z(z'z)^{-1}z'x \tag{9.54}$$

$$\begin{aligned} b_{IV} &= (\tilde{z}'x)^{-1}\hat{x}'y = [x'z(z'z)^{-1}z'x]^{-1}x'z(z'z)^{-1}z'y \\ &= [(\sum x_i)'z(z'z)^{-1}z'(\sum x_i)']^{-1}(\sum x_i)'z(z'z)^{-1}z'(\sum y_i) \\ &= [(\sum x_i)'z(z'z)^{-1}z'(\sum x_i)]^{-1}(\sum x_i)'z(z'z)^{-1}z'(\sum x_i\beta + \varepsilon) \\ &= \beta + [(\sum x_i)'z(z'z)^{-1}z'(\sum x_i)]^{-1}(\sum x_i)'z(z'z)^{-1}z'\varepsilon \end{aligned} \tag{9.55}$$

因为 x 投影到 Castle-IV 变量 z 的超平面，所以，x 在 z 列空间上的投影 $\tilde{z}$ 已经剔除了内生性因素，即：

$$E(\tilde{z}'\varepsilon) = 0 \tag{9.56}$$

可以得到：

$$E(b_{IV}) \triangleq \beta + E\{[(\sum x_i)'z(z'z)^{-1}z'(\sum x_i)]^{-1}(z(z'z)^{-1}z'x)'\varepsilon\} = \beta \tag{9.57}$$

在大样本条件下，同样可以得到加总数据模型参数的渐近一致估计量：

$$\begin{aligned} p\lim b_{IV} &= \beta + p\lim\{[(\sum x_i)'z(z'z)^{-1}z'(\sum x_i)]^{-1}(\sum x_i)'z(z'z)^{-1}z'\varepsilon\} \\ &= \beta + p\lim\left(\frac{(\sum x_i)'z(z'z)^{-1}z'(\sum x_i)}{n}\right)^{-1} p\lim\left(\frac{(z(z'z)^{-1}z'x)'\varepsilon}{n}\right)^{-1} \\ &= \beta \end{aligned} \tag{9.58}$$

由式（9.55）得到：

$$\sqrt{n}(b_{IV} - \beta) = \left[\frac{1}{n}(\sum x_i)'z(z'z)^{-1}z'(\sum x_i)\right]^{-1}\left[\frac{1}{\sqrt{n}}(z(z'z)^{-1}z'(\sum x_i))\varepsilon\right] \tag{9.59}$$

在多重 Castle-IV 变量情形下，相应 IV 估计量的渐近一致正态分布为：

$$\sqrt{n}(b_{IV} - \beta) \xrightarrow{d} N\left(0, \sigma^2 p\lim\left[\frac{1}{n}\tilde{z}'x(\tilde{z}'\hat{x})^{-1}x'\tilde{z}\right]^{-1}\right) \tag{9.60}$$

又因：

$$\left(\frac{1}{n}\tilde{z}'x\right)\xrightarrow{p} Q_{\tilde{z}x}^{-1},\ \left(\frac{1}{\sqrt{n}}\tilde{z}\right)'\varepsilon \xrightarrow{d} N(0,\sigma^2 Q_{\tilde{z}x}^{-1} Q_{\tilde{z}\tilde{z}} Q_{x\tilde{z}}^{-1}) \tag{9.61}$$

则，式（9.60）简化为：

$$\sqrt{n}(b_{IV}-\beta)\xrightarrow{d} N(0,\sigma^2 Q_{\tilde{z}x}^{-1} Q_{\tilde{z}\tilde{z}} Q_{x\tilde{z}}^{-1}) \tag{9.62}$$

另外，加总数据模型的残差向量为：

$$\begin{aligned}\hat{\varepsilon} &= y - x[\tilde{z}'x]^{-1}\tilde{z}'y \\ &= x\beta + \varepsilon - x(\tilde{z}'x)^{-1}\tilde{z}'(x\beta+\varepsilon) \\ &= [I-(\tilde{z}'x)^{-1}\tilde{z}']\varepsilon \end{aligned}\tag{9.63}$$

又因估计方差满足式（9.50），则由式（9.63）和式（9.50）可以得到：

$$\begin{aligned}\hat{\sigma}^2 &= \frac{\hat{\varepsilon}'\hat{\varepsilon}}{n} = \frac{\varepsilon'[I-(\tilde{z}'x)^{-1}\tilde{z}']'[I-(\tilde{z}'x)^{-1}\tilde{z}']\varepsilon}{n} \\ &= \frac{\varepsilon'\varepsilon}{n} - 2\frac{\varepsilon'\tilde{z}}{n}\left[\frac{\tilde{z}'x}{n}\right]^{-1}\frac{x'\varepsilon}{n} \\ &\quad + \frac{\varepsilon'\tilde{z}}{n}\left[\frac{\tilde{z}'x}{n}\right]^{-1}\frac{x'x}{n}\left[\frac{\tilde{z}'x}{n}\right]^{-1}\frac{\tilde{z}'\varepsilon}{n}\end{aligned}\tag{9.64}$$

结合式（9.63）可以得到：

$$p\lim \hat{\sigma}^2 = \sigma^2 - 2\cdot 0\cdot Q_{x\tilde{z}}^{-1}\cdot Q_{\tilde{z}x} + 0\cdot Q_{x\tilde{z}}^{-1}\cdot Q_{xx}\cdot 0 = \sigma^2 \tag{9.65}$$

此时，Castle-IV 统计量的渐近协方差矩阵表示为：

$$\text{Est. Asy. Var}[b_{IV}] = \frac{1}{n}\hat{\sigma}^2(\tilde{z}'x)^{-1}\tilde{z}'\hat{x}(x'\tilde{z})^{-1} \tag{9.66}$$

9.4 加总偏误 Castle-IV 变量有效识别

9.4.1 加总过程内生性与 Castle-IV 变量识别

针对加总数据模型中的加总偏误问题，本节分别运用多重逐步加总方法和分层检验方法得到了存在加总过程内生性的细分数据模型组，并据此设计了相应的多个单一 Castle-IV 变量和多重 Castle-IV 变量。那么，在实践过程中，如何区分并识别 Castle-IV 变量中哪些是有效 IV 变量、伪 IV 变量和弱 IV 变量呢？

借鉴豪斯曼（Huasman）检验的基本思想，一个有效 Castle-IV 变量必能显著改善参数的偏误程度，并能得到参数的渐近一致估计量，而伪 Castle-IV 变量和弱 Castle-IV 变量并不能有效地改善参数估计的偏误程度，甚至会扩大偏误程度。为此，先将单一 Castle-IV 变量逐一纳入 Castle-IV 变量加总估计模型中，得到：

$$b_{IV} = (z'\sum x_i)^{-1}z'(\sum y_i) \tag{9.67}$$

同样地，将多重 Castle-IV 变量纳入 IV 变量加总估计模型中，得到相应的参数估计值：

$$b_{IV} = (\tilde{z}'x)^{-1}\hat{x}'y \tag{9.68}$$

如果 Castle-IV 变量是有效 IV 变量，则相应的参数估计值应当满足：

$$E(zb_{IV}) \triangleq \sum_{i=v}^{j} x_i\beta_i \tag{9.69}$$

以及：

$$E(\tilde{z}b_{IV}) \triangleq \sum_{i=v}^{j} x_i\beta_i \tag{9.70}$$

因此，构建距离函数：

$$d_{iv}^{z} = z\beta_{iv} - \sum_{i=v}^{j} x_i\beta_i \tag{9.71}$$

以及：

$$d_{iv}^{\tilde{z}} = \tilde{z}\beta_{iv} - \sum_{i=v}^{j} x_i\beta_i \tag{9.72}$$

当距离 d_{iv}^{z} 和距离 $d_{iv}^{\tilde{z}}$ 为零时，上述距离函数转化为经典约束条件中的结构：

$$R\beta_{iv} = q_{iv} \tag{9.73}$$

将式（9.71）和式（9.72）分别转化为式（9.74）和式（9.75）的形式：

$$\beta_{iv}^{z} = (z'z)^{-1}z'\sum_{i=v}^{j} x_i\beta_i \tag{9.74}$$

以及：

$$\beta_{iv}^{\tilde{z}} = (\tilde{z}'\tilde{z})^{-1}\tilde{z}'\sum_{i=v}^{j} x_i\beta_i \tag{9.75}$$

根据式（9.74）和式（9.75），构建 Wald 统计量，即：

$$\mathrm{Wald}_z = (b_{iv}^{z} - q_z)'(\hat{\sigma}_j^2(z'z)^{-1})^{-1}(b_{iv}^{z} - q_z) \xrightarrow{d} \chi^2(k) \tag{9.76}$$

$$\mathrm{Wald}_{\tilde{z}} = (b_{iv}^{\tilde{z}} - q_{\tilde{z}})'(\hat{\sigma}_j^2(\tilde{z}'\tilde{z})^{-1})^{-1}(b_{iv}^{\tilde{z}} - q_{\tilde{z}}) \xrightarrow{d} \chi^2(k) \tag{9.77}$$

若假设检验无法拒绝距离为零的原假设，则相应的 Castle-IV 变量为有效 IV 变量，而当假设检验拒绝原假设时，该 Castle-IV 变量即为伪 IV 变量或弱 IV 变量。

9.4.2　弱工具变量识别

如何进一步识别弱 Castle-IV 变量，也是在 IV 变量实际应用过程中一个越来越不容忽视的问题。虽然通过上述一系列方法可以得到有效 Castle-IV 变量，但是，在细分数据模型中的回归量 x_i 剔除数量较多，或 IV 变量 z 与原回归量 x 相关性较弱时，该 IV 变量仍存在是弱工具变量的可能性。此时，式（9.45）和式（9.59）中的 $(\sum_{i=1}^{m-v} x_i)'\sum_{i=1}^{m} x_i$ 或 $(\sum x_i)'z(z'z)^{-1}z'(\sum x_i)$ 很小，接近于零，由此导致相应的逆矩阵 $((\sum_{i=1}^{m-v} x_i)'\sum_{i=1}^{m} x_i)^{-1}$ 或 $[(\sum x_i)'z(z'z)^{-1}z'(\sum x_i)]^{-1}$ 很大，那么，加总数据模型中的参数估计，即式（9.42）和式（9.55）存在估计偏误。因此，弱工具变量检验十分重要。

在加总偏误的 Castle-IV 变量估计中，通过 Castle 过程所用到的 Castle-IV 变量都是单一 Castle-IV 变量或由单一 Castle-IV 变量组合而成的多重 Castle-IV 变量。因此，Castle-IV 变量 z 的列向量个数大于 1。此时，弱 Castle-IV 变量检验相对复杂。下面，在区分单一 Castle-IV 变量和多重 Castle-IV 变量基础上，分别研究弱工具变量必要性检验和充分性检验。

当单一 Castle-IV 变量 z 的列向量个数 l 恰好等于内生性变量 $\sum_{i=1}^{m} x_i$ 的个数 k 时，弱工具变量的检验方法，引入施泰格和斯托克（Staiger and Stock，1997）的基本方法。构建如下辅助回归方程：

$$x = z\omega + v \tag{9.78}$$

在式（9.78）中，x 和 z 均为 $n\times k$ 的矩阵，ω 为 $k\times k$ 的待估参数矩阵，v 为 $n\times k$ 的误差矩阵。检验的零假设为：$\omega=0$。相应的 Wald 统计量为：

$$W_{\omega} = \frac{x'z(z'z)^{-1}z'x}{\hat{\sigma}_{\omega}^{2}} = \frac{x'z(z'z)^{-1}z'x}{x'M_{z}x/n} \tag{9.79}$$

在式（9.79）中：

$$M_{z} = I - P_{z} \tag{9.80}$$

在零假设下，$W_{\omega}\xrightarrow{d}\chi_{k}^{2}$，相应的 F 统计量为：

$$F = \frac{W_{\omega}}{k_{z}} \tag{9.81}$$

式（9.81）的 F 检验，可以有效地识别单一 Castle-IV 变量的弱工具变量性质。在 F 统计量无法拒绝原假设的前提下，认定该单一 Castle-IV 变量为弱工具变量，进而在加总数据模型 Castle-IV 变量估计时避免误用。

当多重 Castle-IV 变量 z 的列向量个数 l 大于内生变量 $\sum_{i=1}^{m}x_{i}$ 的个数 k 时，采用式（9.54）的投影方法，将多重 Castle-IV 变量 z 转化为 $\tilde{z}$。此时，$\tilde{z}$ 列向量个数恰好等于内生变量 $\sum_{i=1}^{m}x_{i}$ 的个数 k。据此可知，用类似于式（9.79）～式（9.81）的检验方法可构建如下辅助回归方程：

$$x = \tilde{z}\omega + v \tag{9.82}$$

$\tilde{z}$ 也转化为 $n\times k$ 的矩阵，此时，相应的 Wald 统计量为：

$$W_{\omega} = \frac{x'\tilde{z}(\tilde{z}'\tilde{z})^{-1}\tilde{z}'x}{\hat{\sigma}_{\omega}^{2}} = \frac{x'\tilde{z}(\tilde{z}'\tilde{z})^{-1}\tilde{z}'x}{x'M_{\tilde{z}}x/n} \tag{9.83}$$

在式（9.83）中：

$$M_{\tilde{z}} = I - P_{\tilde{z}} \tag{9.84}$$

那么，在零假设下，$W_{\omega}\xrightarrow{d}\chi_{k\tilde{z}}^{2}$，对应的 F 统计量也表示为：

$$F = \frac{W_{\omega}}{k_{\tilde{z}}} \tag{9.85}$$

在上述检验方法中，当 $k=1$ 时，既是弱 IV 变量的必要性检验，也是充分性检验。但是，当 $k>1$ 时，上述检验方法退化为弱 IV 变量的必要性检验，而非充分性检验。如本章中提及的回归量 x 为 n×k 的矩阵、单一 Castle-IV 变量 z 为 n×k 的矩阵，而多重 Castle-IV 变量 $\tilde{z}$ 为 n×vk 的矩阵。当 k>1 时，z 和 $\tilde{z}$ 内部的多重共线性会影响参数检验结果，进而干扰上述弱 IV 变量的检验结果。为此，结合有限剔除方法的 Castle-IV 变量具体类型特征，考虑到可能存在的完全线性相关问题对弱 IV 变量检验产生的干扰，进一步引入并拓展桑德森和温德梅尔（Sanderson and Windmeijer，2016）和安格里斯特和皮施克（Angrist and Pischke，2009）提出的条件 F 值检验方法。

先将加总数据模型回归量矩阵 x 分为 k 个分块矩阵：

$$x = (x_1, x_2, x_3, \cdots, x_k) \tag{9.86}$$

相应地，单一 Castle-IV 变量 z 也分为 k 个分块矩阵，而多重 Castle-IV 变量 $\tilde{z}$ 则通过投影之后，也分为 k 个分块矩阵：

$$z = (z_1, z_2, z_3, \cdots, z_k)_{n\times k} \tag{9.87}$$

$$\tilde{z} = (\tilde{z}_1, \tilde{z}_2, \tilde{z}_3, \cdots, \tilde{z}_k)_{n\times k} \tag{9.88}$$

在式（9.87）和式（9.88）中，x_k，z_k 和 $\tilde{z}_k$ 均为 n×1 的向量。分别设计辅助回归方程为：

$$x_k - x_{-k}\hat{\delta} = z\kappa + \xi \tag{9.89}$$

$$x_k - x_{-k}\hat{\delta} = \tilde{z}\kappa + \xi \tag{9.90}$$

在式（9.89）和式（9.90）中，x_{-k} 为除 x_k 之外的加总内生回归量，$\hat{\delta} = (\hat{x}'_{-k}\hat{x}_{-k})^{-1}\hat{x}'_{-k}x_k$。检验的零假设为：k=0，此时，单一 Castle-IV 变量弱工具变量检验的条件 F 统计量为：

$$F_{x_k|x_{-k}} = \frac{\hat{\kappa}'z'z\hat{\kappa}}{(k_z - 2)(\hat{\xi}'\hat{\xi}/n)} \tag{9.91}$$

而多重 Castle-IV 变量弱工具变量检验的条件 F 统计量为：

$$F_{x_k|x_{-k}} = \frac{\hat{\kappa}'\tilde{z}'\tilde{z}\hat{\kappa}}{(k_{\tilde{z}} - 2)(\hat{\xi}'\hat{\xi}/n)} \tag{9.92}$$

在 k≥2 的状态下，单一 Castle-IV 变量弱工具变量的一个充分性检验，需要对所有的分块矩阵中的加总数据模型回归量 x_k 运用式（9.91）的 F 统计量进行逐一验证。在所有 F 统计量拒绝原假设的前提下，方可认为该 Castle-IV 变量通过了弱工具变量检验。类似地，多重 Castle-IV

变量的弱工具变量检验，则采用式（9.92）的F统计量。经弱工具变量检验之后，可以将弱工具变量从单一Castle-IV变量或多重Castle-IV变量中剔除，由此可以有效地避免弱工具变量带来的加总数据模型参数Castle-IV变量估计的不一致性。

9.5 加总偏误的Castle-IV方法校正实证

传统工具变量方法往往从系统外部寻找一个IV变量对模型内生性进行控制，从而得到模型参数的渐近一致估计量。但众所周知，从外部获得一个有效Castle-IV变量并不容易。而本书所提出的基于多重逐步分类加总方法、分层检验方法和内生性细分数据模型回归量有限剔除方法的Castle-IV方法，选择从加总数据模型系统内部获得相应的Castle-IV变量。在Castle-IV方法的理论部分，对各类可行的单一Castle-IV变量和多重Castle-IV变量进行了研究，提出了有效Castle-IV变量和弱Castle-IV变量的检验方法。本节将在上述Castle-IV方法的理论研究基础之上，基于最一般化的第三类简单加总结构，以欧盟五国（德国、法国、英国、意大利、荷兰）与美加（美国、加拿大）之间1994~2016年共23年的六种农产品［大豆（1201）、玉米（1005）、小麦（1001）、大米（1006）、谷物（1104）、种子（1209）］的贸易数据为例，采用Castle-IV方法对欧盟转基因政策对于欧盟进口美加农产品的贸易效应测度中的加总偏误进行校正研究。现实数据往往是一个多维度数据，无法直接运用二维细分面板数据模型进行计量分析，必须在若干维度上进行加总或投影降维处理，这就无法回避加总偏误问题。

9.5.1 基本模型

依照宏观引力模型的基本思想构建计量模型，其中，细分数据计量模型如下：

$$\begin{aligned} EX_{jlit} = {} & \beta_{jl1} + \beta_{jl2} EX_{jlit-1} + \beta_{jl3} GDP_{jt} + \beta_{jl4} GDP_{lt} \\ & + \beta_{jl5} EP1_{t} + \beta_{jl6} EP2_{t} + \beta_{jl7} PR_{jlit} + \varepsilon_{jlit} \end{aligned} \tag{9.93}$$

在式（9.93）中，EX_{jlit}为欧盟五国中的 j 国在 t 期从美国、加拿大的 l 国进口农产品 i 的总额，GDP_{jt}为欧盟五国中的 j 国在 t 期的 GDP；GDP_{lt}为美国、加拿大中的 l 国在 t 期的 GDP；$EP1_t$ 和 $EP2_t$ 为两个欧盟转基因政策虚拟变量；PR_{jlit}为农产品出口价格。下标 j = g，f，e，i，n，其中，g 代表德国，f 代表法国，e 代表英国，i 代表意大利，n 代表荷兰；l = u，c，其中，u 代表美国，c 代表加拿大；t 代表统计年份。$EP1_t$ 和 $EP2_t$ 的设定，以 1998 年和 2004 年为两个关键节点，以此描述转基因政策的变化程度。其中，1998 年的节点是指，欧盟规定自 1998 年起不再批准销售转基因食品，即限制了转基因产品的销售，该时点之前定义为 0，之后定义为 1；而 2004 年的节点是指，2004 年 5 月，欧盟又取消了有关转基因食品销售的禁令，允许 9 种转基因食品在其成员国市场上销售，该时点之前定义为 0，之后定义为 1。其他四个变量对应数据来自联合国商品贸易统计数据库和世界银行数据库，相关数据都以不变价格进行了调整。据此，在国别维度上进行加总，形成的加总数据模型为：

$$\begin{aligned} EX_{it} = {} & \beta_1 + \beta_2 EX_{it-1} + \beta_3 GDP_{et} + \beta_4 GDP_{uct} \\ & + \beta_5 EP1_t + \beta_6 EP2_t + \beta_7 PR_{it} + \varepsilon_{it} \end{aligned} \tag{9.94}$$

在式（9.94）中，EX_{it}为美加对欧盟五国农产品出口总额，GDP_{et}为欧盟五国 GDP 加总，GDP_{uct}为美加 GDP 加总，$EP1_t$ 和 $EP2_t$ 为转基因政策虚拟变量，这两个变量不参与加总，PR_{it}为欧盟五国进口美加农产品的平均价格。数据的样本区间为 1994 ~ 2016 年的年度数据。其中，农产品贸易数据来自联合国商品贸易统计数据库，部分贸易缺失数据采用反向出口数据补齐，若无进口数据和反向出口数据，则采用零值加 1 补齐，贸易价格采用移动平均法补齐。GDP 数据来自世界银行数据库，转基因政策变量数据来自中国 WTO/TBT - SPS 通报咨询网。

9.5.2 加总偏误存在性测度

先实施细分数据模型与加总数据模型的参数估计，考虑到细分模型参数估计的无偏性假定，在进行上述模型参数估计时，均采用广义矩估计方法（GMM）。

细分数据模型和加总数据模型面板 GMM 估计结果，见表 9.1。

表 9.1 细分数据模型和加总数据模型面板 GMM 估计结果

变量	法—美模型	法—加模型	德—美模型	德—加模型	意—美模型	意—加模型	英—美模型	英—加模型	荷—美模型	荷—加模型	加总数据模型
EX_{jlit-1}	0.499*** (0.062)	0.798*** (0.058)	0.827*** (0.039)	0.685*** (0.050)	0.717*** (0.048)	0.789*** (0.041)	0.554*** (0.062)	0.814*** (0.042)	0.859*** (0.037)	0.7022*** (0.061)	0.762*** (0.041)
GDP_{jt}	0.111 (0.529)	0.397 (0.270)	2.964** (1.314)	1.180** (0.495)	0.740* (0.433)	−0.010 (0.647)	−0.437 (0.699)	0.734* (0.411)	0.235 (0.254)	−0.166 (0.111)	1.074* (0.576)
GDP_{lt}	0.035 (0.060)	−0.198 (0.270)	−0.370 (0.258)	−1.893** (0.772)	0.084** (0.035)	0.669* (0.411)	0.095 (0.105)	−0.867* (0.479)	0.140* (0.086)	0.553* (0.295)	−0.017 (0.332)
$EP1_t$	−18.682*** (6.821)	−5.952 (4.082)	−8.871 (30.079)	10.905 (9.160)	−28.353** (13.418)	−11.103 (18.727)	−16.188** (6.676)	−2.099 (5.880)	−41.250* (25.655)	−10.337 (9.776)	−176.733*** (60.274)
$EP2_t$	−9.658 (6.142)	−3.647 (3.457)	−2.210 (30.884)	28.152*** (9.654)	−25.711** (11.429)	−8.2827 (16.634)	−7.594 (6.997)	1.978 (5.914)	−19.850 (25.398)	−1.875 (9.563)	−58.245 (56.822)
PR_{jlit}	−3.968*** (1.278)	−0.651* (0.379)	−9.346 (6.140)	−1.521 (1.343)	−3.907* (2.002)	−1.063 (0.911)	−2.203** (1.082)	−1.668 (1.614)	−2.780* (2.153)	−0.744* (0.862)	−51.850*** (17.575)
样本量	132	132	132	132	132	132	132	132	132	132	132
Sargan 检验	166.269	182.463	211.646	179.565	167.382	168.674	185.722	191.286	195.740	167.756	163.902

注：***、**、*分别表示在 1%、5% 和 10% 的水平上显著，括号内为标准误。

资料来源：笔者根据联合国商品贸易数据库 1994～2016 年欧盟五国分别与美国、加拿大之间的农产品贸易数据，运用 Stata 12.0 软件计算整理而得。

接下来，基于式（9.76）的 Wald 统计量，构建带约束的 F 统计量检验细分数据模型参数和加总数据模型参数之间的加总偏误存在性。原方程为式（9.94）加总数据模型的简约形式：

$$EX_{it} = X_{it}\beta + \varepsilon_{it} \tag{9.95}$$

约束条件为：

$$X_{it}\beta = \sum_{j} X_{ijt}\beta_j \tag{9.96}$$

在式（9.96）中，X_{it} 为加总数据模型回归量矩阵，X_{ijt} 为细分数据模型回归量矩阵。由此，基于式（9.76）的 F 统计量为：

$$F[K, n(T-K-1)] = \frac{(e'_* e_* - e'e)/K}{e'e/n(T-K-1)} \tag{9.97}$$

在式（9.97）中，e_* 为受约束方程残差向量，e 为非约束方程残差向量。计算得到相应的 F 值，加总偏误存在性检验，见表 9.2。

表 9.2　　加总偏误存在性检验

F 统计量	F 值临界值（α = 0.10）	加总偏误
1.924	1.858	有偏

资料来源：笔者根据联合国贸易统计数据库 1994 ~ 2016 年欧盟五国与美国、加拿大之间的农产品贸易数据，运用 Stata 12.0 软件计算整理而得。

9.5.3　加总过程内生性识别与有限剔除

基于多重逐步加总方法和偏误识别方法，针对上述实证分析中的细分数据模型与加总数据模型经过多重国别加总路径，并采用式（9.95）、式（9.96）和式（9.97）的方法，构建相应统计量逐一进行加总偏误检验。在欧盟国别加总路径上，分别构建法—美—加局部加总数据模型、英—美—加局部加总数据模型、德—美—加局部加总数据模型、意—美—加局部加总数据模型和荷—美—加局部加总数据模型；在美—加国别加总路径上，分别构建美—欧局部加总数据模型和加—欧局部加总数据模型，进行加总偏误存在性检验。局部加总数据模型面板 GMM 估计结果，见表 9.3。

表 9.3　　局部加总数据模型面板 GMM 估计结果

加总路径	欧盟五国加总路径						美—加加总路径
变量	法—美—加模型	英—美—加模型	德—美—加模型	意—美—加模型	荷—美—加模型	美—欧模型	加—欧模型
EX_{jlit-1}	0.730*** (0.060)	0.645*** (0.053)	0.791*** (0.041)	0.863*** (0.042)	0.872*** (0.037)	0.827*** (0.035)	0.740*** (0.043)
GDP_{jt}	1.102 * (0.660)	0.617 (0.858)	3.368** (1.561)	0.471 (0.885)	0.013 (0.287)	0.780* (0.457)	0.063 (0.238)
GDP_{lt}	-0.075 (0.067)	-0.058 (0.115)	-0.384 (0.273)	0.125** (0.062)	0.132 (0.087)	0.034 (0.295)	0.153 (1.261)
$EP1_t$	-20.217** (8.672)	-13.964* (8.4641)	-10.464 (35.740)	-34.095 (27.301)	-39.293 (28.364)	-145.853*** (47.790)	-8.710 (22.603)
$EP2_t$	-6.62387 (7.300)	-2.007 (8.589)	4.574 (35.507)	-25.393 (23.017)	-15.415 (28.080)	-74.653 (47.039)	28.472 (21.453)
PR_{jlit}	-3.137** (1.5604)	-3.616* (2.273)	-15.016* (7.703)	-3.737 (2.367)	-3.330 (3.339)	-21.792* (11.428)	-11.824** (4.803)
样本量	132	132	132	132	132	132	132
Sargan 检验	173.248	179.100	185.017	180.367	190.078	180.495	157.502

注：***、**、* 分别表示在 1%、5% 和 10% 的水平上显著，括号内为标准误。

资料来源：笔者根据联合国商品贸易数据库 1994 ~ 2016 年欧盟五国与美国、加拿大之间的农产品贸易数据，运用 Stata 12.0 软件计算整理而得。

基于表 9.3 的局部加总数据模型面板 GMM 估计结果，采用式（9.95）、式（9.96）和式（9.97）的方法，构建 F 统计量分别从欧盟五国加总路径和美—加加总路径逐一进行加总偏误检验，欧盟五国加总路径上的加总偏误存在性检验结果（1），见表 9.4；欧盟五国加总路径上的加总偏误存在性检验结果（2），见表 9.5。

表 9.4　　欧盟五国加总路径上的加总偏误存在性检验结果（1）

局部加总（1.1）	F 统计量	F 值临界值（α=0.10）	加总偏误
法—美—加模型	3.156	1.858	有偏
英—美—加模型	1.466	1.858	无偏
德—美—加模型	0.123	1.858	无偏
意—美—加模型	1.812	1.858	无偏

续表

局部加总（1.1）	F 统计量	F 值临界值（α=0.10）	加总偏误
荷—美—加模型	1.173	1.858	无偏

资料来源：笔者根据联合国商品贸易数据库 1994～2016 年欧盟五国与美国、加拿大之间的农产品贸易数据，运用 Stata 12.0 软件计算整理而得。

表 9.5　欧盟五国加总路径上的加总偏误存在性检验结果（2）

局部加总（1.2）	F 统计量	F 值临界值（α=0.10）	加总偏误
欧—美—加模型	1.917	1.858	有偏

资料来源：笔者根据联合国商品贸易数据库 1994～2016 年欧盟五国与美国、加拿大之间的农产品贸易数据，运用 Stata 12.0 软件计算整理而得。

从上面的逐步分类加总和分层检验结果考察，加总数据模型中的加总偏误来自法—美—加和意—美—加两个加总过程。由此，构成加总过程内生性的细分数据模型，分别为法—加模型和法—美模型，以及相应的拟 Castle-IV 变量设计，如表 9.6 所示。

表 9.6　内生性细分数据模型识别与拟 Castle-IV 变量设定

序号	内生模型		拟 Castle-IV 变量
1	法—加模型		IV1 =（PR_{euc_fcit}　GDP_{uct}　$EP1_t$　$EP2_t$　GDP_{e_ft}）
2	法—美模型		IV2 =（PR_{euc_fuit}　GDP_{uct}　$EP1_t$　$EP2_t$　GDP_{e_ft}）
3	法—加模型	法—美模型	IV3 =（PR_{euc_fufcit}　GDP_{uct}　$EP1_t$　$EP2_t$　GDP_{e_ft}）

资料来源：笔者根据联合国商品贸易数据库 1994～2016 年欧盟五国与美国、加拿大之间的农产品贸易数据，运用 Stata 12.0 软件计算整理而得。

在表 9.6 中，PR_{euc_fcit} 为剔除了 PR_{fcit} 后的欧—美—加平均价格；PR_{euc_fuit} 为剔除了 PR_{fuit} 后的欧—美—加平均价格；PR_{euc_fufcit} 为剔除了 PR_{fuit} 和 PR_{fcit} 后的欧—美—加平均价格；GDP_{e_ft} 为剔除了 GDP_{ft} 后的欧盟四国 GDP。

9.5.4　加总偏误的 Castle-IV 变量校正

根据关于有效 Castle-IV 变量识别的理论研究，一个有效 Castle-IV 变量估计不应当存在显著的加总偏误。为此，利用式（9.76）和式（9.77）的基本统计量，对上述三类可能的 Castle-IV 变量进行加总偏误校正效果检验，各类似 Castle-IV 变量的加总偏误校正效果检验，见表 9.7。

表 9.7　　各类拟 Castle-IV 变量的加总偏误校正效果检验

局部加总（1.2）	F 统计量	F 值临界值（α=0.10）	加总偏误
IV1 模型	1.771	1.858	无偏
IV2 模型	2.933	1.858	有偏
IV3 模型	3.300	1.858	有偏

资料来源：笔者根据联合国商品贸易数据库 1994～2016 年欧盟五国与美国、加拿大之间的农产品贸易数据，运用 Stata 12.0 软件计算整理而得。

从表（9.7）可以看出，IV1 模型可以有效地校正法—加模型中的加总偏误。因此，设定 IV1 模型为实证研究的 Castle-IV 变量。Castle-IV 估计结果，见表 9.8。

表 9.8　　Castle-IV 估计结果

变量	EX_{jlit-1}	GDP_{jt}	GDP_{lt}	$EP1_t$	$EP2_t$	PR_{jlit}	样本量	Sargan 检验
IV1 模型	0.685*** (0.060)	0.769* (0.419)	0.078 (0.249)	-163.808*** (52.432)	-54.231 (43.191)	-19.524* (11.406)	132	135.156

注：***、**、* 分别表示在 1%、5% 和 10% 的水平上显著，括号内为标准误。

资料来源：笔者根据联合国商品贸易数据库 1994～2016 年欧盟五国与美国、加拿大之间的农产品贸易数据，运用 Stata 12.0 软件计算整理而得。

虽然表 9.7 中的加总偏误存在性检验已经识别了 IV1 模型的伪 Castle-IV 变量问题和弱 Castle-IV 变量问题，但是，考虑到分析结果的稳健性，进一步利用条件 F 统计量考察上述弱 Castle-IV 变量问题。鉴于此时的 Castle-IV 变量为单一 Castle-IV 变量，且列向量个数恰好等于内生变量的个数。因此，相应的检验统计量，见式（9.79）。原加总数据模型内生回归量为：

$$x = (PR_{eucit} \quad GDP_{uct} \quad EP1_t \quad EP2_t \quad GDP_{et}) \tag{9.98}$$

对应的 Castle-IV 变量为：

$$z = (PR_{euc\_fcit} \quad GDP_{uct} \quad EP1_t \quad EP2_t \quad GDP_{e\_ft}) \tag{9.99}$$

事实上，需要检验的工具变量只有两个，为构建相应的辅助函数：

$$x = z\prod + \nu \tag{9.100}$$

基于式（9.85）的 F 统计量为：

$$F_i = \frac{x_i'z(z'z)^{-1}z'x_i/J}{x_i'M_zx_i/(n-k)} \tag{9.101}$$

表9.9的弱工具检验结果显示，模型中的两个基本Castle-IV变量均拒绝了弱工具假设。事实上，F统计量的超大值，说明原变量与Castle-IV变量之间是高度相关的。

表9.9　　　　弱工具检验结果

原变量	工具变量	F值	判断
$x_1 = GDP_{et}$	$z_1 = GDP_{e\_ft}$	21 824 062.130	拒绝弱工具假设
$x_2 = PR_{eucit}$	$z_2 = PR_{euc\_fcit}$	3 849.233	拒绝弱工具假设

资料来源：笔者根据联合国商品贸易数据库1994～2016年欧盟五国与美国、加拿大之间的农产品贸易数据，运用Stata 12.0软件计算整理而得。

至此，运用Castle-IV方法对加总过程内生性导致的加总偏误进行了精准识别与检验，并针对加总过程内生性这一根本原因，设计了一套单一工具变量与多重工具变量对加总偏误进行有效校正。

第10章

结论与应用前景

10.1 全书总结

本书致力于计量模型中的加总偏误理论与实证研究。在第1章研究框架设计和第2章文献综述的基础上，全书以线性加总数据模型为例，基于不同的加总形式、加总偏误类型和加总数据模型类型，通过加总无偏性的基本原理，深入挖掘计量模型加总偏误的细分数据模型内生性和加总过程内生性两类内生性本质，并运用多重逐步分类加总方法和分层检验方法识别并锁定加总偏误产生的节点，进而实施基于有限剔除的工具变量法（instrumental variable）为核心的Castle-IV变量加总偏误校正创新方法。研究的核心内容包括加总偏误的本质原因研究、基于加总数据模型内生性分类特征的加总偏误有效识别方法与检验方法的构建、数值模拟与实证检验，以及基于加总偏误有效识别与检验基础之上的加总偏误校正方法的理论分析与实证研究。

本书的理论意义在于，挖掘了计量模型加总偏误的细分数据模型内生性和加总过程内生性两类本质成因，为正确理解加总偏误成因、打破加总偏误理论研究停滞不前的困局，找到了一条通往解决计量模型加总偏误的道路。在方法论层面上，本书基于加总偏误的两类内生性因素，创新性地提出了多重逐步分类加总方法和分层检验方法对计量模型中的加总偏误进行精准识别与检验，体现了加总偏误识别与检验层面上的重要方法论创新。在加总偏误校正方法研究中，本书再一次创新性地提出了剔除内生性细分数据模型回归量的有限剔除法以及基于 Castle-IV 变量的加总偏误校正方法，体现了加总偏误校正方法研究中的重要方法论创新。在实践意义上，本书提出的计量模型加总偏误识别、检验与校正的创新性方法将显著提高计量分析的准确性，为政府经济政策调控的有效性和精准度保驾护航，为评估经济政策效应提供有效的科学工具。

第 3 章探讨计量模型加总偏误的理论基础——加总数据模型的最小方差无偏性理论。本章力图在覃琼霞等（2011）关于加总偏误成因研究的基础上，进一步研究加总数据模型的最小方差无偏性特征。无偏性理论的逻辑起点是经典的高斯—马尔科夫定理，并将其拓展到加总数据模型层面，分析加总数据模型参数线性无偏估计的具体形式；探讨加总数据模型最优线性无偏性估计与细分数据模型最优线性无偏性估计之间的关系；依据误差项正态性假定证明，加总数据模型中的最优线性无偏性估计量达到 Cramer-Rao 下界，因此，该估计量不仅是线性最优无偏性估计量，而且是所有形式加总数据模型的最优无偏性估计量。本章揭示了加总数据模型结构下参数估计的最小方差线性无偏（BLUE）性质，探讨了在满足正态误差项的假设下，加总数据模型参数所具有的最优无偏（BUE）特征，进一步证明了在误差项正态性假定下，三类加总数据模型参数的无偏性估计量的方差分别达到 Cramer-Rao 下界。本章的理论研究为线性计量模型中加总数据参数估计的无偏性与方差最小性研究提供了新的分析思路，为进一步探讨加总数据模型参数无偏性的检验方法和估计方法提供了可能的研究途径。因此，本章是全书的理论研究起点。

第 4 章采用联合国 HS 商品目录下 HS 4 位码与 HS 6 位码的中国对日本的茶叶出口贸易数据分析加总偏误的经验事实。研究发现，在 HS 4 位码加总数据模型中，2003 年和 2006 年的日本相关技术性贸易壁垒调整对中国茶叶出口呈现显著影响。进一步对 HS 6 位码下的四类细分数据的茶叶数据模型进行研究，发现日本的技术性贸易壁垒对大包装红茶和大包装绿茶的影响显著，对小包装红茶和小包装绿茶的影响则不显著。这一实证结果进一步引出了细分数据模型中的技术性贸易壁垒的贸易效应差异性，以及细分数据模型与加总数据模型之间的技术性贸易壁垒的贸易效应差异性的可能原因，分析指出了细分类别上的茶叶质量异质性以及计量模型中的内生性是两种可能的影响因素。本章的经验研究得到的基本结论及其可能的解释为加总偏误的经验事实提供了重要证据，同时也引出了对加总偏误存在性及存在原因进一步的理论思考，有助于下一步开展对计量模型加总偏误的内生性成因更为严谨的理论研究，以期挖掘出计量模型加总偏误的本质。

第5章虽然篇幅有限，却是本书的核心内容之一。本章专门研究了计量模型加总偏误的两类内生性因素，挖掘了细分数据模型内生性和加总过程内生性是产生加总偏误的两类根本性因素。这是本书对计量模型加总偏误理论研究的一个边际贡献。上述两类内生性因素的提出，有助于走出加总偏误成因问题的研究困境，厘清加总偏误问题研究的基本方向，从而有力地推进计量模型加总偏误理论的研究进展。另外，本章着重强调了加总偏误内生性识别是有效解决加总偏误的重要前提。只有正确处理加总偏误的识别问题，并寻找和锁定计量模型加总偏误的存在节点，才能构建有效外生性回归量，进一步运用有效的偏误校正方法处理加总偏误问题。

第6章采用数值模拟方法全面考察了三类简单加总形式中的加总偏误与内生性的关系。数值模拟方法分别从无偏性、加总偏误存在性以及加总偏误与内生性关系三个方面逐一展开。第一部分的无偏性模拟的目的在于，探究加总计量模型满足外生性条件时，加总数据模型回归量参数是否满足无偏性要求。研究发现，回归量与随机扰动项严格的外生性是参数无偏的必要条件，同时，回归量的分布形式并不影响参数估计的无偏性。第二部分的加总偏误数值模拟进一步发现，回归量与随机扰动项相关导致三类简单加总形式中的参数估计偏误，参数估计偏误体现在常数项和相关联回归量参数估计值上，其他不相关的回归量参数并不受内生性影响。第三部分的内生性变化与估计偏误的数值模拟发现，三类简单加总数据模型中的参数估计都随着回归量与随机扰动项相关性的变化而变化：在第一类简单加总形式中，只有与扰动项相关的回归量参数存在明显偏误；在第二类简单加总形式和第三类简单加总形式中，除了扰动项相关的回归量参数存在明显偏误外，常数项的系数估计值也存在明显偏误。常数项系数估计值的偏误，是由相关回归量的期望值非零导致的。本章第一次通过数值模拟方法揭开了内生性对加总偏误影响的"黑匣子"，揭示了内生性影响三类简单加总形式中参数估计偏误的结构与程度。本书将为计量模型加总偏误问题的实证研究提供一个清晰的参考坐标系，有助于实证研究对照数值模拟的完美结构，深入探究现实加总数据世界的偏误本质。

第 7 章研究细分数据模型内生性导致的加总偏误问题。本章运用中日茶叶贸易的 HS 4 位码下、HS 6 位码下的海关统计数据，分析了技术性贸易壁垒对中日茶叶贸易的影响，识别与检验了加总数据模型和细分数据模型之间存在的加总偏误问题，探讨了加总偏误存在的内在原因，指出了在中日茶叶贸易总量数据模型中的加总偏误是由细分数据模型内生性引起的。这一结论进一步从经验证据角度证实了细分数据模型内生性是引发加总偏误的一类重要因素，从而为加总过程内生性导致的加总偏误问题研究提供了细分数据层面的研究基础。

第 8 章集中研究加总过程内生性导致的加总偏误识别问题与检验问题。本章采用多重逐步分类加总方法与分层检验方法对三类简单加总形式下的经验数据进行了实证研究。在前两类简单加总形式下的实证研究中，未发现显著的加总偏误问题。但是，在第三类简单加总形式下，运用多重逐步分类加总方法与分层检验方法发现了加总过程内生性导致的加总偏误的存在性与存在节点。这一研究结果证实了多重逐步分类加总方法与分层检验方法在加总偏误识别与检验中的有效性。在第三类简单加总形式的实证研究中，运用多重逐步分类加总方法分别从两条加总路径逐步展开。在第一条加总路径上经验研究发现，加—欧模型参数估计存在显著偏误；而在第二条加总路径上经验研究发现，荷兰模型和欧盟五国加总数据模型都出现了显著的参数估计偏误。由此，结合两条加总路径上的加总偏误识别与检验发现，荷兰模型是两条加总路径中产生加总偏误的重要节点。本章的研究，为解决计量模型中由加总过程内生性引发的加总偏误问题提供了可行的实现路径。多重逐步分类加总方法，可以有效地识别与检验加总偏误的存在性、存在路径和存在节点。这一研究方法为加总偏误问题的有效校正提供了解决之道，为解决加总偏误问题指明了新的发展方向。

第 9 章针对加总数据计量模型中来自加总过程内生性的加总偏误校正方法进行了研究，探讨了在 Castle 过程设计及其基于 Castle-IV 方法的加总偏误校正实施过程。在充分探讨 Castle-IV 变量的生成机制、统计特性的基础上，构建来自加总数据模型内部单一内生节点、非关联性内生节点及其关联性内生节点的单一 Castle-IV 变量和多重 Castle-IV 变量，并进一步对有效的 Castle-IV 变量进行识别检验。最后，以北美自由贸易区和欧盟之间的农产品贸易数据为例，利用欧盟五国与美加两国之间的转基因政策对农产品贸易影响的实证研究，探讨并验证了 Castle-IV 方法对经验研究中的加总偏误进行识别、剔除和校正的效果。研究结论进一步佐证了 Castle-IV 变量在加总偏误校正问题上的可行性与有效性。这为计量模型加总偏误校正问题提供了一套精准识别检验与校正的实施方案，加总偏误的 Castle-IV 方法是 Castle-PV 方法的优化提升，可以实现加总偏误的有效校正与一致估计，为加总偏误校正问题提供了有效的解决之道，并可以广泛应用于加总数据计量模型中的加总偏误检验识别与校正研究中，真正实现了本书的研究目的。

第 10 章是全书研究结论概要与本书设计方法的应用前景。

10.2 启示及应用前景

本书以计量模型加总偏误为研究对象，基于加总形式、偏误类型和加总统计特性，在理论上创新性地探究了计量模型加总偏误的两类内生性成因（细分数据模型内生性和加总过程内生性）及其本质、提出了 Castle-IV 方法与过程实施方案。这突破了国际学术界将加总偏误归因于模型个体异质性、多重共线性和模型误设等原因，以及采用方差比较和拟合优度来检验加总偏误而无系统解决之道的局限性。因此，本书研究成果具有十分重要的学术创新性、理论价值与应用价值。

第一，两类内生性因素的提出，为计量模型加总偏误理论研究提供了创新性的视角。现有文献虽然高度关注计量模型中的加总偏误问题，但是，对于加总偏误问题的产生原因众说纷纭。这一局面直接导致了加总偏误理论自 PPK 模型之后一度陷入困境。本书挖掘出的细分数据模型内生性和加总过程内生性作为计量模型加总偏误产生的两类根本原因，为加总偏误理论研究注入了新的活力，将加总偏误成因的解释全面集中到两类内生性因素，进而重新梳理了加总偏误成因问题。两类内生性因素的提出，也为提出创新性的多重逐步分类加总方法和分层检验方法、有限剔除法、Castle-IV 方法提供了重要的理论基础。

第二，基于两类内生性因素提出的多重逐步分类加总方法和分层检验方法，为有效地识别和锁定加总偏误的存在节点提供了重要的方法论。传统的识别方法与检验方法，局限于细分数据模型与加总数据模型之间单一的参数识别与检验。即便发现了加总偏误的存在性，也无法准确锁定加总偏误的存在节点，这为加总偏误的有效处理带来了困难。本书提出的加总偏误识别与检验的创新性方法有效地解决了传统方法的缺陷，数值模拟和实证研究也进一步证实了多重逐步分类加总方法和分层检验方法的有效性。据此，这一创新性方法将为计量模型分析中的加总偏误有效识别与检验提供重要的创新性工具。

第三，本书提出的有限剔除法，为校正计量模型中的加总偏误提供了方向性前提条件。对被锁定的相关内生性节点及回归量进行有限剔除，是依附于多重逐步分类加总方法和分层检验方法展开的。加总数据模型只有在实施多重逐步分类加总方法、分层检验识别方法和锁定相应的内生性细分数据后，才能精准地实施局部范围的细分数据模型回归量有限剔除。与传统的内生变量识别方法和替代方法不同，有限剔除法的优点在于，该方法剔除的是细分数据模型中具有显著内生性的部分回归量而非加总数据模型中的相关变量。这一有限剔除法并不会改变加总数据模型回归量的维度。简单而言，这是一种内生细分数据模型回归量剔除而非加总数据模型内生变量剔除，为加总偏误校正提供了全新的方向。既有的加总偏误校正研究，仅局限于回避总量模型、寻找总量模型代理变量等方法，这些方法并没有从实质上有效地处理加总偏误问题。

基于 Castle 过程，通过内生性细分数据模型回归量的有限剔除，可以为加总数据计量模型提供一个有效的参数估计量。

第四，本书提出的 Caste-IV 方法为宏观计量分析中的加总偏误问题提供了创新性的识别方法、检验方法与校正方法，实现了加总数据模型参数的渐近一致性估计，有助于提升宏观数据计量分析的准确性，为宏观计量模型加总偏误问题的有效识别与校正提供理论支撑和实践方案，因而具有较高的学术价值和应用价值。在未来的研究中，拟进一步将 Castle-IV 方法延伸至更为广泛的计量模型结构中，探讨宏观计量分析中更常见的各类 VAR 模型、DSGE 模型中的参数估计与参数校正等问题，以期衍生出更为一般化的加总偏误校正方法与估计方法。更进一步地，基于内生性细分数据模型回归量有限剔除的 Castle-IV 方法和 GMM 方法，还可以为存在加总偏误问题的加总数据模型参数估计带来有效一致估计量。因此，上述诸类方法的提出和有效运用，将为加总偏误问题的全面解决提供近乎革命性的创新工具，必将对加总偏误理论和应用产生深远影响。

参考文献

[1] 鲍晓华，朱钟棣. 技术性贸易壁垒的测量及其对中国进口贸易的影响 [J]. 世界经济，2006 (7)：3－14.

[2] 鲍晓华，朱钟棣. 贸易政治经济学在中国的适用性检验：以技术性贸易壁垒为例 [J]. 管理世界，2006 (1)：41－47.

[3] 鲍晓华. 我国技术性贸易壁垒的贸易效应——基于行业数据的经验研究 [J]. 经济管理，2010 (12)：7－15.

[4] 鲍晓华. 技术性贸易壁垒的经济效应和政策选择——基于发展中国家视角的分析 [M]. 上海：上海财经大学出版社，2007.

[5] 顾国达，牛晓婧和张钱江. 技术壁垒对国际贸易影响的实证分析——以中日茶叶贸易为例 [J]. 国际贸易问题. 2007 (6)：74－80.

[6] 黄新飞，陈珊珊和李腾. 价格差异、市场分割与边界效应——基于长三角15个城市的实证研究 [J]. 经济研究，2014 (12)：18－32.

[7] 江涛，覃琼霞，宋明顺. 加总模型与扩展的高斯—马尔科夫定理 [J]. 数量经济技术经济研究，2012 (6)：86－101.

[8] 覃琼霞，江涛. 计量模型中的加总偏误与检验方法研究 [J]. 数量经济技术经济研究，2011 (5)：152－161.

[9] 覃琼霞，江涛，陆文聪. 计量模型中的加总偏误与内生性：一种数值模拟方法 [J]. 数量经济技术经济研究，2013 (12)：140－157.

[10] 覃琼霞，江涛. 计量模型中的加总偏误识别与检验 [J]. 数量经济技术经济研究，2015 (8)：120－136.

[11] 覃琼霞，江涛. 加总偏误校正研究：一种 Castle-IV 方法 [J]. 数量经济技术经济研究，2019 (1)：113－132.

［12］许咏梅，高启杰．技术壁垒影响我国茶叶出口的实证分析［J］．国际贸易问题，2006（5）：86－93.

［13］余淼杰．《中国的奇迹》出版二十周年系列简报之三［R］．北京大学国家发展研究院，2014，82.

［14］袁志刚，高虹．宏观经济学演进：一个新视角［J］．改革，2016（11）：150－159.

［15］Abhishek V.，Hosanagar K. and Fader P. S. Aggregation Bias in Sponsored Search Data：The Curse and the Cure［J］．Marketing Science，2015，34（1）：59－77.

［16］Abraham A. Non-Synchronous Trading and the Investigation of Market Efficiency-The Bombay Stock Index［J］．The IUP Journal of Applied Economics，2005，4（6）：7－18.

［17］Aftab M.，Syed K. B. S. and Katper N. A. Exchange-Rate Volatility and Malaysian-Thai Bilateral Industry Trade Flows［J］．Journal of Economic Studies，2017，44（1）：99－114.

［18］Agnosteva D. E.，Anderson J. E. Intra-national Trade Costs：Measurement and Aggregation［R］．NBER Working Paper，1987（2）：2014.

［19］Allenby G. M.，Rossi P. E. There is No Aggregation Bias：Why Macro Logit Models Work［J］．Journal of Business & Economic Statistics，1991，9（1）：1－14.

［20］Angrist J. D.，Pischke J. S. Mostly Harmless Econometrics：An Empiricist's Companion［M］．Princeton University Press，Princeton，2009.

［21］Barkbu B.，Cassino V.，Gosselin A. and Piscitelli L. The New Keynesian Phillips Curve in the United States and the Euro Area：Aggregation Bias，Stability and Robustness［R］．The Bank of England´s Working Paper，285，2005.

［22］Barker T.，Pesaran M. H. Disaggregation in Econometric Modeling［M］．London and New York：Routledge：1990，30－38.

［23］Byrne J. P.，Fiess N. Euro Area Inflation：Aggregation Bias and

Convergence [J]. Review of World Economics, 2010, 146 (2): 339 -357.

[24] Byrne J. P. , Kontonikas A. and Montagnoli A. Unit Roots in Inflation and Aggregation Bias [R]. University of Glasgow Working Papers 07, 2007.

[25] Casasnovas V. L. , Aldanondo A. M. Input Aggregation Bias in Technical Efficiency with Multiple Criteria Analysis [J]. Applied Economics Letters, 2015, 22 (6): 430 -435.

[26] Chen S. , Engel C. Does 'Aggregation Bias' Explain the PPP Puzzle [J]. Pacific Economic Review, 2004, 10 (1): 49 -72.

[27] Choi S. , Furceri D. , Huang and Y. and Loungani P. Aggregate Uncertainty and Sectoral Productivity Growth: The Role of Credit Constraints [R]. IHEID Working Papers 09 -2017, Economics Section, The Graduate Institute of International Studies, 2017.

[28] Cutanda O. A. , Labeaga J. M. and Sanchis-Llopis J. Aggregation Biases in Empirical Euler Consumption Equations: Evidence from Spanish Data [J]. Empirical Economics, 2020, 58 (3): 957 -977.

[29] Daniela N. Worker Flows in Germany: Inspectingthe Time Aggregation Bias [J]. Labour Economics, 2014, 28 (C): 70 -83.

[30] Denton F. , Mountain D. Biases in Consumer Elasticities Based on Micro and Aggregate Data: An Integrated Framework and Empirical Evaluation [J]. Empirical Economics, 2016, 50 (2): 531 -560.

[31] Du Y. X. , Ju J. D. , Ramirez C. D. and Yao X. Bilateral Trade and Shocks in Political Relations: Evidence from China and some of its Major Trading Partners, 1990 - 2013. [J] Journal of International Economics, 2017, 108 (C): 211 -225.

[32] Durmaz N. , Lee J. An Empirical Analysis of Import Demand Function for Turkey: An ARDL Bounds Testing Approach [J]. The Journal of Developing Areas, 2015, 49 (4): 215 -226.

[33] Emmanuel C. L. , Michel G. J. and Isabelle L. Aggregation of Heterogenous Beliefs, Asset Pricing, and Risk Sharing in Complete Finan-

cial Markets [J]. Research in Economics, 2018, 72 (1): 117 -146.

[34] Fan J. Q., Han F. and Liu H. Challenges of Big Data Analysis [J]. National Science Review, 2014 (1): 293 -314.

[35] Feenstra R. C., Hanson G. H. Aggregation Bias in the Factor Content of Trade: Evidence from U. S. Manufacturing [J]. American Economic Review, 2000, 90 (2): 155 -160.

[36] Forni M., Hallin M., Lippi M. and Reichlin L. The Generalized Dynamic Factor Model [J]. Econometric Theory, 2001, 119 (2): 231 -255.

[37] Franta M. Time Aggregation Bias in Discrete Time Models of Aggregate Duration Data [R]. CNB Working Paper 10, 2008.

[38] Fujiki H. Hsiao C. Aggregate and Household Demand for Money: Evidence from Public Opinion Survey on Household Financial Assets and Liabilities [R]. WISE, Working Paper 14, 2013.

[39] Garrett T. A. Aggregated vs. Disaggregated Data in Regression Analysis: Implications for Inference [J]. Economics Letters, 2003, 81 (1): 61 -65.

[40] Giacomini R., Granger C. W. J. Aggregation of Space-Time Processes [J]. Journal of Econometrics, 2004, 118 (1 -2): 7 -26.

[41] Giray G. Aggregated and Disaggregated Import Demand in China: An Empirical Study [J]. Economic Modelling, 2014, 43: 1 -8.

[42] Greene W., Seaks T. The Restricted Least Squares Estimator: A Pedagogical Note [J]. Review of Economics and Statistics, 1991, 73 (3): 563 -567.

[43] Harrigan J. OECD Imports and Trade Barriers in 1983 [J]. Journal of International Economics, 1993, 35 (1 -2): 91 -111.

[44] Harrison G., Rutherford T. F. and Tarr D. G. Increased Competition and Completion of the Market in the European Union: Static and Steady State Effects [J]. Journal of Economic Integration, 1996, 11 (3): 332 -365.

[45] Helpman E., Rubinstein Y. Estimating Trade Flows: Trading

Partners and Trading Volumes [J]. Quarterly Journal of Economics, 2008, 123 (2): 441 -487.

[46] Henson S., Loader R. Impact of Sanitary and Phytosanitary Standards on Developing Countries and the Role of the SPS Agreement [J]. Agribusiness, 1999, 15 (3): 355 -369.

[47] Hoffman A., Giovannini E. Handbook on Constructing Composite Indicators [R]. OECD Statistics Working Paper, Paris, 2008: 114 -125.

[48] Hausman J. A., Newey W. K. Instrumental Variable Estimation with Heteroskedasticity and Many Instruments [R]. Quantitative Economics, 2012, 3 (2): 211 -255.

[49] Imbs J., Mumtaz H., Ravn M. O. and Rey. H. 'Aggregation Bias' Does Explain the PPP Puzzle [J]. Pacific Economic Review, 2005, 10 (1): 49 -72.

[50] Jean I., Haroon M., Morten R. and Hélène R. PPP Strikes Back: Aggregation and the Real Exchange Rate [J]. The Quarterly Journal of Economics, 2005, 120 (1): 1 -43.

[51] Jun I. Aggregation Bias Found in Korean Demand for Imported Beef [J]. Journal of Rural Development, 2011, 34 (2): 75 -91.

[52] Karadi P., Reiff A. Inflation Asymmetry, Menu Costs and Aggregation Bias-A Further Case for State Dependent Pricing [R]. MNB Working Paper, 2010.

[53] Kim T. B. Temporal Aggregation Bias and Mixed Frequency Estimation of a New Keynesian Model [R]. Duke University Working Paper, 2010.

[54] Lai P. C., Bessler D. A. On Aggregation Bias in Structural Demand Models. 2010 Annual Meeting [R]. July25 - 27, 2010, Denver, Colorado 61523, Agricultural and Applied Economics Association.

[55] Lambert D. Zero-Inflated Poisson Regression, with Application to Defects in Manufacturing [J]. Technometrics, 1992, 34 (1): 1 -14.

[56] Lamy P. EU and Asia to Pave for Trade Pact Talks [J]. Financial Times, 2004, 7.

[57] Lan L., Yue C. Y. Non-Tariff Barriers to Trade Caused by SPS Measures and Customs Procedures with Product Quality Changes [J]. Journal of Agricultural and Resource Economics, 2009, 34 (1): 196 -212.

[58] Lee K. C., Pesaran M. H. and Pierse R. G. Testing for Aggregation Bias in Linear Models [J]. The Economic Journal, 1990, 100 (400): 137 -150.

[59] Lettau M. Cyclical Aggregation Bias [R]. Bureau of Labor Statistics Working Paper, 1998.

[60] Levinson A. Energy Intensity: Prices, Policy, or Composition in US States [R]. Development Working Papers 414, Centro Studi Luca d'Agliano, University of Milano, 2017.

[61] Linden M., Ray D. Aggregation Bias-Correcting Approach to the Health-Income Relationship: Life Expectancy and GDP per Capita in 148 Countries, 1970 - 2010 [J]. Economic Modelling, 2017, 61: 126 -136.

[62] Moenius J. The Good, the Bad and the Ambiguous: Standards and Trade in Agricultural Products [R]. IATRC Summer Symposium May, 28 -30, Bonn, Germany, 2006.

[63] Monteforte L. Aggregation Bias in Macro Models: Does it Matter for the Euro Area? [J]. Economic Modelling, 2007, 24 (2): 236 -261.

[64] Pesaran M. H., Pierse P. G. and Kumar M. S. Econometric Analysis of Aggregation in the Context of Linear Prediction Models [J]. Econometrica, 1989, 57 (4): 861 -888.

[65] Roberts D., Krissoff B. Regulatory Barriers in International Horticultural Markets, Washington D. C.: USDA economic research service [R]. http://www.ers.usda.gov/publications/WRS04/jan04/wrs0401/, 2004.

[66] Robertson R., Kumar A. and Dutkowsky D. H. Purchasing Power Parity and Aggregation Bias for a Developing Country: The Case of Mexico [R]. Journal of Development Economics, 2009, 90: 237 -243.

[67] Romer P. M. Endogenous Technological Change [J]. Journal of

Political Economy, 1990, 98 (5): 71 – 102.

[68] Romer P. M. When Should We Use Intellectual Property Rights? [J]. The American Economic Review, 2002, 92 (2): 213 – 216.

[69] Saisana M., Tarantola S. State-of-the-Art Report on Current Methodologies and Practices for Composite Indicator Development [R]. Italy: European Commission, 2002: 20 – 25.

[70] Sanderson E., Windmeijer F. A Weak Instrument F-test in Linear IV Models with Multiple Endogenous Variables [J]. Journal of Econometrics, 2016: 190, 212 – 221.

[71] Staiger D., Stock J. H. Instrumental Variables Regression with Weak Instrument [J]. Economitrica, 1997, 65: 557 – 586.

[72] Stock T. M. Empirical Approaches to the Problem of Aggregation over Individuals [J]. Journal of Economic Literature, 1993, 31 (4): 1827 – 1874.

[73] Theil H. Linear Aggregation of Economic Relations [M]. Amsterdam: North Holland, 1954.

[74] Tenn S. Avoiding Aggregation Bias in Demand Estimation: A Multivariate Promotional Disaggregation Approach [J]. Quantitative Marketing and Economics, 2006, 4 (4): 383 – 405.

[75] Timmermann A. Forecast combinations [M]. Handbook of Economic Forecasting, 2006, 1 (1): 1 – 2.

[76] Trefler D. The Case of the Missing Trade and Other Mysteries [J]. American Economic Review, 1995, 85 (5): 1029 – 1046.

[77] Yan H. J. Is Noise Trading Cancelled Out by Aggregation? [J]. Management Science, 2010, 56 (7): 1047 – 1059.

[78] Yellen J. L. Macroeconomic Research after the Crisis. The Elusive "Great" Recovery: Causes and Implications for Future Business Cycle Dynamics [R]. 60th Annual Economic Conference, 2016.

[79] Yue C., Beghin J. and Jensen H. H. Tariff Equivalent of Technical Barriers to Trade With Imperfect Substitution and Trade Costs [J].

American Journal of Agricultural Economics, 2006: 947 -960.

[80] Zellner A. An Efficient Method of Estimating Seemingly Unrelated Regressions and Tests for Aggregation Bias [J]. Journal of the American Statistical Association, 1962, 57 (6): 348 -368.

后　记

时光荏苒，日月如梭，蓦然回首，半生已过，慢慢开始适应不惑之年的无奈与些许恬淡，人生成就更是羞于讨论。原本没想写点什么来纪念我人生第一本著作的出版，然而，回首走过的青葱岁月，感觉没有辜负当初的梦想和执着，自我慰藉，应该算是不负韶华，未来依然可期，因我还在努力前行，这本经过十年打磨的书稿就是见证。

淡看世事去如烟，铭记恩情存如血，大抵是很多成年人的共鸣，于我一个从“荆州屋脊”跌跌撞撞走出来的山里娃更是有着无尽的感恩之情永存于心。今天与我一位至亲学术带路人谈论起悲苦少年求学路，更加感慨若不是有无数亲人恩师挚友们的鼎力相助，我是万万不可能成为一名读书人和教书先生的。为了对得起“读书人”的名号，也为了不辜负一路走来的至深恩情，虽偶有懈怠，但终究还是告诉自己必须走正确的求学求知之路，因此，克服一切困难完成了从山娃子到博士再到学者的转变。

本书关于加总偏误研究的思想来源于博士求学阶段开始做实证研究的困惑，博士生导师陆文聪教授开阔的国际视野和严谨的治学态度以及我想要成为一名“读书人”的内在驱动告诉我要做点真正有用的学术研究，原本对计量方法近乎一窍不通的我因此开始了近乎疯狂的技术方法学习之路。当然，这也得益于越来越开放活跃的学术环境，以及那些愿意为国内学术发展做出无私奉献的学术先锋们。从 2008 年开始，几乎每年暑假甚至周末我都辗转于上海财经大学、中国人民大学、中央财经大学、厦门大学、上海社科院等名校举办的各种免费现代经济学和计量方法类的暑期培训班和学术活动，虽不能充分领会各位国际学术大师们的思想精髓，但我知道真正的学者和学术研究的样子。努力照着大师们的模样慢慢摸索，才有了一系列文章和课题的激励以及这本《计量模型中的加总偏误理论与实证研究》著作，期待能真正留下点读书的痕迹。著作的成果积累得益于浙江省自然科学基金项目（LY20G010010 & LQ12G01002）、国家统计局科学研究项目（2020LY061）以及《数量经济技术经济研究》所有编辑和匿名评审人的认可与支持。

携着记忆一路走来，最该庆幸的是拥有一个美好的家庭和完美的伴侣。坚韧不屈的母亲是我一生学习的榜样，幼年丧父，无兄弟姐妹帮衬，一生贫苦多灾多难却依然乐观向上，把我们五个兄弟姐妹拉扯成人，在所有人都觉得不应该培养我读书的情况下，还是咬牙坚持让我走出了大山。每每想起我就会告诉自己，我要努力。原生家庭激励我走出大山，上天便安排了梦想中的爱人在山外等着我。刚刚踏入大学的门，怀揣着无限的遐想和期待，唯独没有梦想过爱情会如此幸运地降临于我。一只来自大山的丑小鸭，大一便遇到了可以相知相爱护我周全、共同努力奋斗到今天的爱人，二十多年的青春美好岁月，几乎每一天都是一起度过，共同学习进步，共担风雨，没有七年之痒，没有中年之麻木，共同养出了一个阳光帅气、积极向上的小伙子，真的不知道该如何感恩才好。上天如此眷顾，除了报之以歌、砥砺前行，别无他求！

唯独遗憾的是李京文院士曾为本书作序，给了我莫大的鼓励和指导，却不能亲眼看到最终的出版，唯有加倍努力，不负期待，慰藉大师之灵！

最后，还要感谢经济科学出版社王柳松编辑的耐心与支持，以及我的研究生常润星、郭媛媛、常鑫、李蕊等多位同学帮我通读校对。

覃琼霞

2022 年 10 月 18 日于钱塘江畔